佐々木哲哉

福岡祭事考説

海鳥社

まえがき

祭りは「神仏や祖霊を招き、供物を供えたり歌舞音曲を奏したりして祈願・感謝を籠め、慰撫・鎮魂をする儀式」と定義される。

祈願・感謝を籠める儀式では、供物を供えることを中心とし、氏子が心を籠めて調製した神饌を捧げる〝献《けん》供侍座《くじざ》〟の形をとり、主として収穫祭の「宮座」にそれが見られる。

時として〝荒ぶる神〟となる神を、歌舞音曲によって慰撫し、鎮魂しようとするのが神事芸能で、儀式と別ち難く融合して芸能それ自体を神事として行うほか、神事の一部として祭式の中で行われることもある。神事の余興として行われる奉納芸能も、神慮を慰めることを眼目とする限り、同じ範疇に含まれる。そこで神事芸能を幅広く捉えると、神楽・猿楽能・風流《ふりゅう》などの歌舞音曲だけに限られず、行装を整えた行列風流、神前で行われる相撲・流鏑馬などの競技までもがその対象となる。その源流は古代信仰にあることはいうまでもないが、その形が整えられたのは中世の神社祭祀で、地域の古社にそれが見られる。福岡県の代表的な古社である宗像市の宗像神社（昭和四十四〈一九六九〉年に大社となる）の「応安神事次第[1]」に記された中世の年間諸祭を通覧すると、年頭の祝言（唱えことば）・踏歌《とうか》・的射《まとい》に始まり、神楽・猿楽・田楽・延年・舞楽・風流・流鏑馬・競馬・相撲と、獅子舞を除く一通りの神事芸能が含まれている。獅子舞は筑後の古社である久留米市の高良神社（昭和二十二年に大社）などでは神幸祭の中で演じられていた。

そのほかでは、京都八坂神社の祇園御霊会《ぎおんごりょうえ》に始まる祇園祭りが鎌倉期あたりからこの地方にも伝播している。

八坂神社の祭神はインドからの渡来神祇園牛頭天王《ごずてんのう》で、祇園精舎《しょうじゃ》の守護神といわれ、これまで日本にはなかった災厄除け・疫病除けの神として受け入れられたが、これを最初に受容したのは都市であった。人口密度の高い都市では一旦疫病が発生すると、水を媒介として急速に蔓延することから、まずは平安初期、京都八坂に祇園社が勧請され、災害をもたらす悪霊を祇園神の威力によって町々から排除するという祭りの型が生じた。山鉾を立てて街中を練り歩く山車《だし》に都会的な様々な意匠が凝らされ、室町期以降、祇園祭りは都市を経て、災害や疫病の多い夏の攘災祈願の祭りとして農村にも広がった。

　中世における地域の古社は、神仏習合形態で神宮寺を設け、広大な寺社領を擁《よう》して、神職と社僧により年間の仏神事が盛大に営まれてきた。それが中世末期の戦乱により、寺社領が武家によって蚕食され、神職・社僧の離散によって祭祀そのものの衰退や断絶が余儀なくされた。近世になると新たな氏子を加えた祭祀組織再編の中で、近世的祭事へと移行することとなる。中世から近世へと移行する間に生じた変化には、中世の郷村制を基盤に成立していた地域の古社が、近世的村落共同体の成熟に伴う一村一社の普及に伴い、広域的な信仰圏をもった総社に位置づけられ、村落神（村氏神）との間で二重氏子制をとることとなる。社記に「年間二十数度の仏神事」などと記されていた年間諸祭も、大幅に消滅し、大祭（例祭）と小祭とに分かれ、大祭は宮座や神幸祭などを伴う例祭に限られ、特にその社で重視されていた特殊神事を残して、他は社頭における祓神事だけの小祭となった。離散した神職が総社信仰圏の中で数カ村の神社を兼帯して受け持つようになったことも影響していよう。

　一村一社の村落神は、もともとが産土神として氏子集団によって祭祀が営まれてきただけに、数社を兼帯する神職が来るようになっても、祭事は氏子、神職は修祓・祝詞奏上などの神事のみということになり、年に一度の例祭が、秋から冬にかけての収穫期における宮座を中心として、それに芸能がつく程度のものになった。

ただし神楽だけは例外で、神楽がもともと神職にだけしか舞うことを許されていなかったため、離散した神職が集まってそれぞれが受け持つ神社を回りながら舞っていた。神職神楽・社家神楽と呼び、郡単位にまとまっていた。そのほかでは年初めに獅子頭や人形で各戸を祓って回る祓神事や、粥占・的射などの卜占神事、春の農耕予祝の御田植祭り、夏の祇園祭りなどが適宜加わるという布置をとってきた。そうした中で神事芸能を伴う祭礼行事は、広域的な信仰圏を持つ総社の例祭で氏子の参加により、意匠を凝らした行列風流（神幸祭など）や作り物風流（祇園山笠など）が盛大となり、他の芸能がそれに付随する形となった。歌舞を伴うものでは神楽に獅子舞が加わり、競技としては流鏑馬・奉納相撲が盛んになり、余興的なものとしては神事を離れた相撲興行（勧進相撲）が見られるようになった。神職・社僧を中心とした神社祭祀から、氏子集団による祭礼行事への移行がもたらした必然的な傾向で、その結果、神事そのものよりも、それに付随した芸能的要素が表面に出ることとなり、祭礼は共同体の成員が楽しむだけでなく、外部からの観客をも集めて、見せる行事として定着することとなった。

本書では、そうした祭り行事の歴史的な変遷を踏まえながら、各分野で福岡県の特色を見せていると思われるもののうちから、これまでの調査を中心に考察を試みることとした。その際特記すべきことは、福岡県は明治九（一八七六）年に筑前国・筑後国と豊前国（一部が大分県）が合併して成立しているだけに、民俗文化にもそれぞれの国柄による地域性が現れている。そこで、ここに取り上げる祭り行事の考証においても、そのことを念頭に入れて稿を進めることとしたい。

［註］

（1）「宗像宮毎月大小御神事次第注文事」応安八（一三七五）年『宗像神社史　下巻』所収　昭和四十一（一九六六）年　宗像神社復興期成会

福岡祭事考説——目次

筑前博多の松囃子と祇園山笠

筑後瀬高のドンキャンキャン　97

筥崎宮の御神幸　123

田川郡添田町落合の宮座

福岡市飯盛神社の流鏑馬　251

豊前今井津の祇園祭り

はじめに

福岡県行橋市大字元永の元永山に鎮座する須佐神社、通称「今井の祇園さん」は、中世に京都の八坂祇園社を勧請したものと伝えられ、豊前地方における祇園信仰伝播の基地として、祭礼の幟山は豊前一円に広がり、筑前系の人形山に対する豊前系の幟山として特色を見せている。江戸時代までは祇園社。須佐神社の呼称は明治元（一八六八）年の「神佛分離令」に基づき、祇園社の祭神祇園牛頭天王を、日本でもっとも強力な神と信ぜられていた素盞嗚命（須佐之男命）に置き換えて付けられたものである。豊前地方では須佐神社、筑前地方では須賀神社、一部に「今井の祇園さん」を勧請した須佐神社が加わり、筑後地方では須佐神社・須賀神社・素盞嗚神社・八坂神社が混在している。

元永は江戸時代までは豊前国仲津郡元永村。小倉藩の手永制《てながせい》（大庄屋の管轄区域）のもとでは元永手永に属し、英彦山山系の鷹巣山に源を発して北流する祓川が周防灘に注ぐ河口の東岸に位置している。その元永にある祇園社を「今井の祇園さん」と呼ぶのは、祓川河口周辺一帯を「今井津」と呼んで、東岸の沓《くつ》尾《お》・元永・真《ま》菰《こも》、西岸の今井・金屋・蓑島の各村をその氏子圏としていたことによる。また、祇園社は当初金屋村に勧請されていたとも、今井村前簾《まえすだれ》にあったのを、のち元永山の妙見社に併祠したともいわれている。妙見社も明治の「神佛分離令」により太祖大神社と改称され、元永山西側山麓の一の鳥居には「須佐神社・太祖大神社」と併記された扁額が掲げられており、そこから神殿・拝殿・社務所のある標高約三〇メートルの間に、通称〝百段ガンギ〟と呼ばれる一四四段の石階が参道となっている。「今井の祇園さん」を詠《うた》った俚謡《りよう》に、「俺とお前は今井の祇園、一つ鳥居に二柱」「今井祇園さんは百段ガンギ、サマと参れば九十九段」というのがある。

祓川西岸の今井は、藩政時代には仲津郡平嶋手永に所属して今井村。今井村東町には平嶋手永十四カ村の総社である熊野神社がある。また、今井村市場町にある浄喜寺は明応四（一四九五）年九月の開基で、東本願寺の直末寺として豊前地方における真宗大谷派の拠点となっている。(1) 元永の祇園社から祓川を渡って、同じく英彦山豊前坊を水源とし周防灘に注ぐ今川の東岸に位置する金屋村までの間に、祇園社・熊野神社・浄喜寺の門前町にあたる集落が形成されている。その北部はかつて根津の浜、今井津と呼ばれた海岸線であった。中世以降幾度か干拓が繰り返され、現在では陸続きとなっている蓑島も江戸時代の絵図では島として描かれている。また、文久年間（一八六一～六四）に陸地化されたことを意味する「文久」という地名も現存しており、小字にも浦・浜・新地・新開など、浜辺や港、埋立地を示すものが散見される。

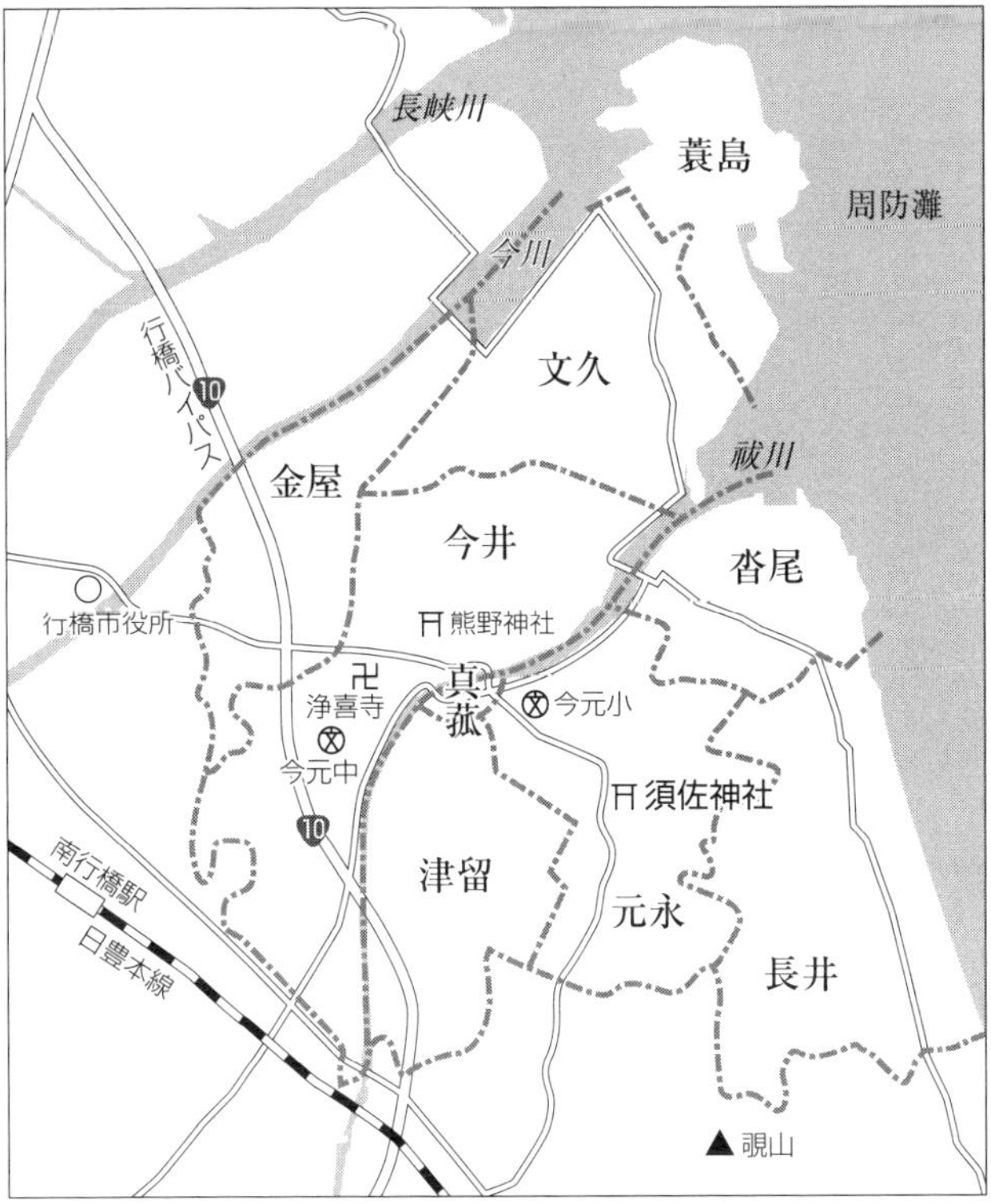

図1　今井津関係地図

　つまるところ、今井津は祓川河口周辺をさ

須佐神社・太祖大神社鳥居

す広域的地名で、古くは内陸部の物資を集積して、周防灘から瀬戸内航路を経て上方へと輸送していた港湾都市であった。その港町風景が祓川河口付近にささやかながらも残っており、町並みも今井村東町・同西町・同中須町・同市場町と分かれた中に、浜小路・観通寺小路・権現小路などの町区画を示す呼称が見られる。

周防灘に面した沿岸部では底曳き網を主とした沿岸漁業が行われ、蓑島・沓尾・長井には漁港もある。

また今川東岸の金屋村は古くは今井村に属していたが、地名はかつて鋳物師が居住していたことに由来するといわれている。応永二十八（一四二一）年鋳造の彦山霊山寺の梵鐘（現在は浄喜寺所蔵）には、「鋳物師大工豊前國今居住　左衛門尉藤原安氏作」との刻銘があり、永享十二（一四四〇）年鋳造の福津市（旧宗像郡津屋崎町）縫殿宮の梵鐘にも、「豊前州今井庄東金屋大工　藤原吉安」との銘がある。金屋村が鋳物師を含む職人町であった形跡が窺われる。

今井津が周防灘に面した港湾都市であったことは、瀬戸内海を通じて中央文化の流入に格好の条件を備えていたことを意味しており、博多の櫛田神社と並んで中世にいち早く京都の八坂祇園社を勧請して、祇園祭礼を創始する条件を満たしていたということにもなろう。しかも今井津祇園祭りでは、今井村東町・同西町・同中須町、金屋村から出されていた四基の山車に、〝八ッ撥《やっばち》〟と呼ぶ稚児が乗って祓川を渡り、そのうち今井村東町の八ッ撥が京都八坂祇園祭りの長刀鉾の稚児と同じく〝注連切り〟を行っていたことが記録に残されている（後述）。惜しむらくは記録に見える山車で現存するのが今井村西町のものだけとなり、山車の川渡りもなくなって、八ッ撥だけが青年の肩車で渡河をして神社に遷幸するところに、わずかながら祇園様の尸童《よりまし》の名残りが留められている。そのほかで古風を残しているのが連歌奉納で、現在では実際に祭礼で行われている連歌興行としては全国唯一のものとなっている。

この今井津の祇園祭りは、連歌奉納、今井西町に唯一残っている幟山の山車と、八ッ撥の川渡り遷幸行事、神幣奉納（後述）が、昭和三十五（一九六〇）年一月十二日付で「今井祇園祭」として福岡県無形文化財の指定を受け、昭和五十一年四月二十四日の法改正により、「今井祇園行事」として県指定無形民俗文化財となっている。

行橋市教育委員会では、すでに衰退現象が著しく、行事の全体構造がつかみ難くなっているとはいえ、なお残存部分に中世の遺風を留めているものであることから、平成十二（二〇〇〇）年度に記録保存のための実態調査を実施し、『今井祇園祭――福岡県行橋市大字今井・大字元永周辺伝承の無形民俗文化財調査報告』（行橋市文化財調査報告書第31集　平成十四年　行橋市教育委員会　以下『報告書』と略記）として刊行し、併せてＶＴＲも制作した。『報告書』には平成十二年の祭り行事の詳細な記録のほかに、古文書、明治末期からの山車・舁き山・傘鉾および八ッ撥の写真、参考文献などが豊富に収録されており、「今井津祇園祭り」の消滅部分を補って、ある程度までその復元を可能にしている。本稿では現地調査に『報告書』の資料、ＶＴＲを援用して可能な限りその全体像に近づき、「今井津祇園祭り」のメカニズムを考察することとしたい。

今井津祇園社の勧請と祇園祭り

今井津祇園社の勧請と祇園祭りの創始については三説がある。

その一は、元慶七（八八三）年、豊前国で所領八百町を有していた杉山勘解由《かげゆ》が禁中に出仕していた折に、領内に疫病が蔓延しているのを知り、悪疫鎮圧に神威の高い祇園神のことを聞いて、臣下の榊原右京とともに海路今居津に下り金屋村にこれを勧請、榊原に社務を司らせ、神感を仰いだ。その後、延長八（九三〇）年、この神を元永の妙見山に移し、山車の神事と祈禱を興した（『祇園三所天王勧請記』 年代不詳 宇佐八幡宮文書之四 小山田文書 『報告書』所収）。

その二は、昌泰元（八九八）年から三年にかけて今井津に疫病が蔓延した時に、中良身なる者が根津金屋に瑞籬《みずがき》を設けて祇園神を祀ったところ終熄した。延長八年八月十五日金屋より元永村妙見山に奉遷、安和元（九六八）年六月十五日に初めて祇園祭りを行ったが数年で中絶した。保延二（一一三六）年六月に山車鉾を作り、神馬を曳き鐘鼓を響かせ、十四日に根津の川原の行宮に遷幸し、翌十五日に還幸した（『京都郡神社明細帳』年代不詳 『京都郡誌』所収 大正八〈一九一九〉年）。

その三は、建長六（一二五四）年疫癘《えきれい》流行の時、今居村の地頭職福嶋采女正重房が、その党類村上左馬頭と共に上洛し、祇園社を勧請して今居村前廉に社を建て、翌七年六月十五日に八坂の臨時祭に準じて車を作り、鉾山を飾って神事を行い、社司榊原右京が供奉して神務を執行した（『祇園社勧請伝記』 建長七年 末次文書 『報告書』所収）。その後天正年中（一五七三～九二）に兵乱が起こり、産子神人らが兵火を畏れ、今居津祇園社を前廉の地より元永村妙見山に社を建てて移した（『発句帳序説』 元文四〈一七三九〉年 末次文書 『報告書』所収）。

祇園祭りの濫觴が京都八坂祇園社の祇園御霊会にあることは周知のとおりである。八坂祇園社の社伝（『祇園社本縁起』）によれば、祇園御霊会は貞観十一（八六九）年六月、全国にわたる疫病流行に際し、卜部日良麻呂がこれを牛頭天王の祟りであるとし、勅を奏して六十六本の鉾を立ててこれを祭り、その消除を祈ったのに由来するという。しかし、それは一般に八坂祇園社が創建されたといわれる貞観十八年（『二十二社註式』『社家条々記録』『伊呂波字類抄』など）以前のことであり、他に確証もないことから、むしろ『二十二社註式』にある「天禄元（九七〇）年六月十四日御霊会を始む。今年より之を行ふ」の方に信憑性が窺われる。「御霊会」は『三代実録』貞観五年五月二十日の条に、近年相次いで起こる疫病や天災地変が政治的な無実の罪により失脚した人々の怨霊（御霊）の祟りであろうと、それを慰撫鎮魂するため朝命により神泉苑で法会が催されたとあるのが文献的初見で、政府はそれ以後も疫疾や災害が頻発するたびに仁王経や法華経を修せしめている。それが、祇園社の勧請によって「祇園御霊会」に移行したものと思われる。『古事類苑』には、

祇園御霊会ハ毎年六月十四日若クハ十五日ニ行フ所ノ斎会ニシテ天禄元年ニ始リシモノト云フ。御霊会ハ宮中ノ大祭ニシテ先ヅ神輿洗、神輿迎ヘアリ。十四日ニ神輿三基旅所ニ神幸アリテ同日還幸アリ。此日馬長及ビ山鉾等の盛儀アリ。此類、往時ハ内裏又ハ院宮、若クハ摂関大臣等ヨリ寄進セシモノナリシヲ後世ハ専ラ氏子ヨリ共進スル事トナレリ。而シテ其山鉾ハ尤美観ヲ極ムト云フ。（後略）

と記されている。

祇園御霊会に民衆が加わるようになると、神輿に風流・拍子物が従って一段と賑やかになり、御霊よりも疫神鎮送の意味から、鉾・長刀や人形が現れ、鎌倉から室町期にかけて災害の多い夏の祇園祭りとして定着していった。室町時代の公卿一条兼良（応永九～文明十三〈一四〇二～八一〉年）の『尺素往来』には祇園祭りの結構として、定鉾《しずめぼこ》・鵲鉾《かささぎぼこ》・跳鉾《おどりぼこ》などの名とともに、笠車・風流の造り山、八ッ撥の曲舞などをあげている。

今井の祇園祭りも、祇園社勧請に三つの説をあげているが、最初の二つ、元慶七年説、昌泰元（八九八）年

説は、京都八坂祇園の場合と徴しても年代的に信憑性が薄く、祇園祭が各地で夏の災害除けの祭りとして、定着していった鎌倉から室町期を想定するのが妥当かと思われる。伊藤常足の『太宰管内志』（天保十二〈一八四一〉年）も建長六年説をとり、概略次のように述べている（口語訳）。

建長六年、今井津に疫癘が流行し人民が苦悩した。その時今井村の地頭職福島采女と村上左馬頭両人が相談をして、今井津内前簾に祇園社を勧請、榊原右京を神官としたところ疫癘が忽ち退除された。そこで翌年六月十五日、八坂臨時祭に準じて鉾山・鎊車《かざりぐるま》を造り神事を行ったが是より以来恒例となった。その時の受け持ちは、鉾二本を元永村・眞菰村、鎊車四丁を今井村東・今井村西・今井村中須・金屋村だった。其の後天正年中の兵乱に産民等が兵火を恐れ、社を元永村東岡片山妙見宮の社地に移した。此時に妙見宮の塩田家と祇園社の榊原家が一つになり改姓して片山を名乗った。享禄三年六月、祇園神事の時に、福島・村上両氏（村上は今の浄喜寺）で興行連歌三百韻を始め、六月朔日、十三日夜、十四日夜に連歌興行を行なった。これは現在も怠らず続いている。今の神官は片山摂津守、本郷飛騨守、片山丹後の三家で、片山・本郷は一年交代で務めている。此の二社は小倉より中津に通う官道の道筋よりは半里ばかり左方の浜辺にあって簑島に近く、汐干の時には徒歩渡りもする処である。

今井の祇園と云うのは近国に知られた社である。六月の祭りには郡中の人が集って式を行うので甚だ賑やかである。山笠六基を造り、十四日の夕には車上で連歌興行がある。其時宋匠は山笠の台上に居る。山笠の造り方は京都の祇園に似ている。今井の町と元永の町との間に汐入の川があり、山笠を引き渡す。それで車を太く造るとの事である。

ここでかなり具体的に、神職・社家、山車の種類と受け持ち地区、連歌興行、祇園祭りの盛況などに触れている。

社家組織とその盛衰

祇園社は村落の成立とともに祀られてきた地域守護神＝産土神とは異なり、村に災害の起こった時などに、攘《じょう》災《さい》祈願のため、災害除去に強力な威力を発揮すると信ぜられた祇園牛頭天王を勧請したもので、その土地の支配層・有力者などによる場合が多い。今井津祇園社でも勧請に三説あるうち、前述のように、建長六（一二五四）年の今居村地頭職福嶋采女正重房による勧請説が有力である。「福島家系」（建久三〈一一九二〉～安政六〈一八五九〉年　福嶋文書　『報告書』所収）によれば、福島氏の出自は周防大内氏で、大内正恒十三代貞弘の曾孫宗房が建久三年豊前国の地頭職として今井津に住み、その曾孫重房が同じく今井津の地頭職で、「建長六年十月に村上左馬頭と京都から祇園牛頭天王を勧請、今井津前簾の地に社を建て、翌七年守田・庄野・辻・末次らと図って、祇園会を始め、山鉾を飾り、八ッ撥を執行した。これを〝六頭〟と呼んだ」とある。また、さきの『祇園社勧請伝記』『発句帳序説』には「八坂の里の臨時祭に准じて車を作り鉾山を飾り、社司榊原右京が神事を勤めた」として、「享禄三（一五三〇）年六月祇園会の時に、福嶋杢左衛門尉信眞が宗匠となって連歌三百韻の興行を始めた」とある。この頃の今井津は今井千軒といわれるほどの繁栄を見せており、その中に長者が六家あって〝六党（頭）〟と呼ばれていた。すなわち、福嶋出雲守・村上壱岐守・辻雅楽助・末次平蔵・守田与三左衛門・庄野彦五郎らの六家である。この六家によって連歌興行を含む今井津祇園祭りの結構が整えられている。そうした繁栄を極めていた今井津が、永禄から天正（一五五八～九二）期にかけて、大友氏の侵攻による戦乱の渦中に巻き込まれ、六家のうち福嶋新右衛門信貞は香春へ（香春に祇園社を勧請）、辻雅楽助は周防国山口へ（山口に祇園社を勧請）、守田又太夫は沓尾浦で蟄居（善左衛門が後継）、庄野直方・末次平蔵は筑前へ、浄喜寺の村上はしばらく小倉で難を避けていた。その後、天正十五（一五八七）年、豊臣秀吉の九州平定によって戦乱が治まると、福嶋采女守・庄野茂五郎・村上左馬守（浄喜寺）らは今井津に戻って祇園祭りの復興をしている（『祇園社略縁起』年代不詳　末次文書『報告書』所収）。復興された今井津祇園祭りは、元永村・真菰村から錺山《かざりやま》二本、今井村東・今井村西・今井村中須・金屋村から錺車四挺が出て、沓尾浦よりは傘鉾の寄進が加わり、錺車には八ッ撥が乗り、享禄三年に始まった連歌興行、祇園社勧請当時の神幣奉納とともに神事の軸をなしていた。

　祇園祭りは、陰暦五月二十五日から六月十五日の二十日間にわたり、六頭を中心とした三百韻の連歌興行、氏子集団による注連卸《おろ》し、錺山・錺車の製作と運行、八ッ撥・神幣奉納などの行事が続くが（後掲）、連歌興行以外の氏子集団による祭り行事は、各町の「主願《じがん》」と称する責任者が中心となって営まれた。近世の今井津における村組織は、安政六年の金屋村の記録に、百姓総代（良平・久治郎）、主願（彦助・吉兵衛・世兵衛・雄二郎）、宮柱（紋蔵）、方頭（音右衛門・定兵衛）、庄屋（民蔵）などの役割とその名が記されており（「金屋村祇園会本車御願一件」村上文書『報告書』所収）、このうち村落祭祀に関わっていたのが宮柱と主願であった。この段階では金屋村の主願は四名であるが、祇園祭りを含めた祭礼の諸準備には多くの手間がかかるので、村ごとに異同があったもようである。今井西町における平成十二（二〇〇〇）年の聞き取り調査によれば、平成三年までは主願が六名で、祇園祭りにはその補佐役として祇園係六名がついていた。主願の任期は原則として三年であるが、平成十二年の祇園会では、顧問二名、主願八名、祇園係三名の、合わせて十三名によって構成されていた。先の六頭には戦乱により欠員が生じていたが、六頭は他人に譲ることができないため、連歌の際にもその家の連歌名で代作をして補っていた。

つまるところ今井津祇園祭りは六頭と各町の宮柱・主願を中心として運営されていたということになる。

祇園祭りの祭礼構造

今井津祇園祭りは、前述のとおり陰暦五月二十五日から六月十五日まで二十日間にわたって執行されていたので、「二十日祇園」と呼ばれていた。祇園祭礼は八坂祇園に准じて、陰暦六月十五日が例祭日であるが、規模の大きなところほど、行事や準備に日数をかけ、その仕上げが例祭日という仕組みになっていた。

表1は今井津「二十日祇園」の日程を陰暦と陽暦の比較で示したが、陰暦は天正十五（一五八七）年に復興された行事を踏襲したもの、陽暦は現行のものである。陰暦から陽暦への移行は明治五（一八七二）年で、十二月三日をもって六年一月一日とした。そうした明治政府の一方的な措置が、民間での長年使い慣れてきた暦とは馴染《なじ》めず、定着するまでにはかなりの年数を要している。今井津祇園祭りの日程も陽暦採否の論議が絶えず、明治四十五年に初めて陽暦を採用、七月朔日を陰暦六月十五日に当てた日程で執行するようにしたが、大正十二（一九二三）年からは再び陰暦六月十五日の日程に戻し、その後も試行錯誤を重ねたあげくに、昭和三十七（一九六二）年になってようやく陽暦八月三日を陰暦六月十五日に当てる新日程の採用となって現在に至っている。

往時の今井津祇園祭りの日程とその概要についてはさきに取り上げた『祇園社略縁起』があるので、一応それに準拠し、補足すべきものには関連資料を用いる。日程は当然のことながら陰暦である。

祇園会の儀式は、五月二十五日に行われる連歌興行を〝祇園始め〟とする。祇園会を創始した福島家で、六

表1　今井祇園祭り陰・陽暦比較

陰暦		陽暦	
五・二五	連歌発句定め並びに一巡	七・一五	連歌発句定め並びに一巡
	鐘おろし　直会		鐘おろし　直会
五・二九	輪上げ	七・一五頃	輪上げ
		七・一八	花笠組立て
	竹もらい	七・二〇	竹切り（注連立て用）
六・朔日	社頭連歌百韻奉納	七・二一	社頭連歌
六・七	注連卸し	七・二二	八ッ撥御くじ取り
	八ッ撥御くじ取り	七・二三	注連立て
六・九	善徳寺で発句定め	七・二五	神幣作り
六・一〇	浄喜寺で発句定め	七・二七	浄喜寺連歌
	綱打ち（今井西）	七・三〇	山車立て
六・一二	綱打ち（今井東）		綱打ち
六・一二～一四	車曳き初め	八・一	山車幟立て
六・一三	花見の座（今井東）		（夜）提灯山曳き
	（夜）車上連歌		
六・一四	花見の座（今井西）	八・二	花見の座　山車幕張り
	幣切り		（夜）車上連歌　夜祇園
	（夜）車上連歌　夜市	八・三	餝車曳き
六・一五	神幣・八撥遷幸		神弊・八ッ撥遷幸
			眉墨落とし・桶かぶり
		八・四	山車崩し
六・二〇	注連あげ	八・五	注連あげ

月朔日に神社で行われる「社頭連歌」百韻の〝発句定め〟がある。

福島家当主の発句を六頭を中心とした連歌座の人々が繋いで、半数の五十韻になったところで当主が読み上げ、読み終わったのを合図に庭先で鉦太鼓が打ち鳴らされる。ここの祇園会では鉦太鼓がその始まりを告げる合図で、今井村東町で五月二十五日に打ち始められ、それから追々各町に及んだ。

二十八・九日には〝輪上げ〟といって、前年から川の湿地帯に埋めてあった山車の車輪を掘り出すが、京都の〝神輿洗い〟に該当するものである。

六月朔日には祇園社の拝殿で「社頭連歌」が行われ、さきに福島家で詠んだ五十韻と合わせて百韻の連歌を完成して奉納をする。

七日には各町に注連を張る「注連卸し」、神社では「八ッ撥の御くじ取り」がある。福島家当主を始め三町の主願が拝殿に上り、七歳未満の男の子の名前を書き付けた神籤《みくじ》を頂戴する。

九日には浄喜寺（村上家）の分家にあたる善徳寺で、十三日夜に行われる「車上連歌」の「発句定め」、十日には浄喜寺で同じく十四日夜の分の「発句定め」がある。十三日夜は東町、十四日夜は西町の山車に福島家当主が乗り、夜祇園（前夜祭）に集まった群衆との間で、二夜に二百韻の連歌が詠まれる。これが「車上連歌」で、「社頭連歌」と合わせて三百韻の連歌奉納が完成する。これは皆京都の儀式に准じている。

十日には今井西町で、十二日には東町で、山車を曳く綱の「綱打ち」を行い、十四日まで山車の「曳き初め」を行う。

十三日は今井東町で、十四日には西町で、化粧をし衣装を調えて尸童《よりまし》となった八ッ撥を美しく飾った花笠の下に碁盤を置いて掛けさせ、氏子の人々に披露をする「花見の座」がある。八ッ撥はもと今井村東・西・中須、金屋村から四名が出ていたが、金屋村が、いつの頃からか出さなくなって、のちには三名になった。

また、十四日には祇園神を勧請してきた時の御幣に用いた幣串に、新しく御幣を切り立て、ご祈禱をして「御神入れ」をし、その下で役人中が盃を頂戴する。

そして十五日は大祭当日で、御幣と八ッ撥奉納となるが、その時の鉾山・鉾車の動きについては、『京都郡誌』（大正八年）所収の『豊前国志』（高田吉近　明治初期か？）に記録されている（後述）。

元禄年中（一六八八〜一七〇四）六月大祭の時に藩主小笠原忠雄が代拝使を遣わして幣帛を捧げ、以後それが恒例となって明治維新に及んだ。大祭は藩主の監督に属し、代拝使の筋奉行は郡内の大庄屋、子供役、庄屋らを指揮してこれを執行し、鉾山・鉾車などは仲津郡より出る人夫が加勢した。

鉾山・鉾車は、元永村・真菰村より鉾山がそれぞれ一本ずつ、今井村東町・同村西町・同村中須町・金屋村より鉾車がそれぞれ一挺ずつ出され、沓尾村より傘鉾一対が寄進されている。元永・真菰二村は祇園社のある祓川東岸に位置するので渡河の必要がないため小ぶりで軽量の舁き山である。沓尾村の傘鉾は対岸の鉾車を迎える役目で、傘鉾が行かなければ鉾車が渡河できないことになっていた。祓川の河口は潮の退いた時には徒歩で渡れるので、今井村三町と金屋村の鉾車は、さきの『太宰管内志』に記されていたような太い車を取り付け、太く編んだ長い藁縄で曳いて渡河をした。今井村中須町を除いてそれぞれに八ッ撥が乗っていたが、今井村東町の八ッ撥だけが京都八坂祇園の長刀鉾と同じ「注連切り」をしていた。

『豊前国志』には、正徳元（一七一一）年五月二十六日の日付で「仲津郡今井津祇園会行車行列之次第」が記録されており、①今井村の市場、②渡河地点の河原、③渡河をして東岸祇園社の注連の内に入った時の、山車の順序が示されている。即ち市場では、今井村西町・同東町・中須町・金屋村の車で、今井村西町の車が曳き立てられた時、今井村の庄屋・方頭から元永村へその旨が注進される。元永村・真菰村ではその知らせがあり次第、対岸で待ち受け、西岸からの車が渡河してきた時点では、元永村・真菰村の鉾山が先導して、今井村東町・同村西町・同村中須町・金屋村の鉾車の順で、祇園社の注連の内に入る。行列の記録はこれまでであるが、さきの「八ッ撥の注連切り」はここの注連縄を切ることで、鉾山・鉾車が祇園社の神域に入るのを意味している。神殿まではこの先、一四四段の石段を登らねばならないので、山車は手前の鳥居までで、八ッ撥だけが若者に抱かれて石段を登って行ったものと思われる。

なお、『豊前国志』には、明治四年六月の小倉県民事課による「納幣式御定書」が記録されており、「今井村福嶋新五郎は、今井須佐神社神祭の節、納幣は従来のとおり神殿で行い、御酒・御供を頂戴すること」とある。この納幣に用いる幣串のことは、福嶋文書の「覚」（年代不詳）に「神幣串　壱本　長七尺弐寸　巾三寸厚壱寸五分程位　両面ニ窪み有之」とあり、建長年中（一二四九～五六）京都より勧請の時に持ち帰った御幣の幣串である、としている。祭礼の度に御幣を新しく切って取り替えていた。

今井津祇園祭りの祭礼構造を文献資料によって辿ってきたが、現況では、消滅と簡略化が進んで、伝承だけでは全体構造の把握が困難になっている。しかし、現在伝承されている行事と文献資料の併用によって、ある程度まで復元の可能性が残されている。そこで、平成十二年度の『報告書』に記載されている文献・調査報告・VTR、現地調査などにより、現況を通して祇園祭り全体のメカニズムを考察することとしたい。

今井津祇園祭りのメカニズム

今井津の祇園祭りは、昭和三十七(一九六二)年に陽暦へと移行し、陽暦八月三日を陰暦六月十五日の例祭にあてた「二十日祇園」になった。したがってその日程も前掲の表1下段のように、陰暦五月二十五日の〝祇園始め〟にあたる「連歌発句定め並びに一巡」と「鐘おろし」も陽暦七月十五日になっており、以後、八月三日までの二十日間に、連歌・山車・八ッ撥御くじ・花見の座・納幣・八ッ撥遷幸などの祭礼行事が組み込まれている。そこで、これからは平成十二(二〇〇〇)年度の行事を辿りながら、それぞれの行事の持つ意味・内容を探ってゆくこととしたい。

連歌

連歌は、短歌の上の句(五・七・五)と下の句(七・七)を、複数の人が詠み連ね完成させる詩歌で、百韻、五十韻、四十四韻(世吉《よよし》)を単位とし、発句から挙句《あげく》まで、季節・景色・恋などの句を織り交ぜて構成される。

七月十五日、今井東町の旧地頭職福島家で「発句定め並びに一巡」の座が設けられる。床の間に「祇園牛頭天王」の御神号を掛け、御神酒・御饌米・塩を供える。正面に発句者の福島家当主・宋匠(宮司)・執筆《しゅひつ》が位

福島家連歌

置し、手前左側から、善徳寺の村上、浄喜寺の今居（明治初期に村上より改姓）、六頭の子孫（庄野・末次・守田ら）・市長（もとは大庄屋）・区長（もとは庄屋）・連歌好士・神社総代（もとは宮柱）の十四名が左回りに座を占め、その順に句を出し一巡する。この年の題は「賦青何《ふすあおなに》」で、福島家当主が発句を詠む。「ちはへかし言の葉山の郭公《ほととぎす》」、付句が「潮涼しくもさせる川口」。一巡最後の句は二十二句目の短句。執筆がいちいち確認をして書き留める。一巡すると座を改め、一同床の間の御神号に向って正座。御祓いを受けた後、福島家当主が発句から二十二句までを読み上げる。朗唱の声が消えかかる時、庭上で待ち受けていた鉦・太鼓が一斉に鳴り始める。連歌を神が受納遊ばされた表現という。昔から「今井祇園は鉦祇園」といわれ、鉦の打ち始めは今井祇園の開始だとされたが、鉦打ちに先立つ連歌こそが祇園祭りの始まりで、それを主催するのが今井津に祇園牛頭天王を勧請してきた福島・村上氏であった。

福島家の発句定め一巡で詠まれた二十二句は、七月二十一日の神社拝殿における「社頭連歌」へと受け継がれ、同じ出席者で残りの二十二句が詠まれる。福島家の二十二句と合わせて四十四句、〝世吉《よよし》〟という。福島家の発句定めにも社頭連歌にも直会《なおらえ》膳がつく。福島家では、七品の膳に餡入りの連歌餅、神社では六頭の家から持ち寄られる恒例の料理、黒豆を二粒埋めた握り飯などもつく。次いで七月二十七日には「浄喜寺連歌」が浄喜寺の奥座敷で行われ、発句定め一巡で十二句が詠まれる。浄喜寺で一巡再編した連歌は、八月二日の夜祇園で、今井西町の山車の上と下とで詠み継がれ〝半世吉連歌〟として完結する。山車の上に福島家当主と宋匠が並び、山車の下で提灯を手にした浄喜寺代表が高々と提灯を差し上げ「お連歌をーッ」と高唱すると、福島

家当主がこれまでの連歌を披露し、山車を取り囲む群集に付け句を呼びかける。「車上連歌」である。群衆の中から大声で付け句が唱えられ、宋匠が「採択」と言えば採択句を披露して次に進み、挙げ句に至る十句が詠み続けられる。別名を「笠着連歌」という。今井村東町の山車が出ていた頃は、「浄喜寺連歌」の前に「善徳寺連歌」があり、八月一日の東町「車上連歌」に受け継がれていた。今井津祇園祭りの連歌は、近世から大正時代までは、福島家から神社への「社頭連歌」、「善徳寺連歌」から今井村東町の山車への「車上連歌」、「浄喜寺連歌」から今井村西町の「車上連歌」への三座で各百韻の三巻、戦後には善徳寺・東町の「車上連歌」がなくなり二座で各五十韻の二巻、昭和五十七年からは〝世吉（四十四韻）〟の二巻（うち一巻は半世吉）となって現在に至っている。衰退したとはいえ、中世の法楽連歌が現在まで伝えられていることは貴重な遺産というべきである。

鉦・太鼓打ち

社頭連歌

山車

祇園祭りは京都八坂神社の祇園御霊会に始まり、災害・疫病の多い夏の攘災祈願の祭りとして山鉾を立て、人形や幟で飾った山車が街中を祓って回る形が各地に広まっていった。今井津祇園祭りでも、前述のように元永村・真菰村より筋山がそれぞれ一本ずつ、今井村東町・同村西町・同村中須町・金

車上連歌

屋村より餝車が一挺ずつ出され、沓尾村より笠鉾一対が寄進されていた。山車が街中を祓って回ったあと、再び疫霊が入って来ないよう町の辻々に〝注連立て〟をした。七月二十日竹切りに行き、二十三日に周辺の今井東・西、金屋、中須、元永、沓尾、長井、文久、辰などの要所々々に注連縄を張る。

山車は明治になって、真菰・中須・金屋からの奉納が断絶している。かつて今井千軒といわれていた港湾都市がその機能を失ったので衰退したとも考えられるが、藩政時代の藩主小笠原侯のこの祭りに対する並々ならぬ援助がなくなったことも大きく影響したと思われる。結果的に、祓川両岸の村々が呼応して行列を組み、左岸からの渡河もあった祭礼構造が崩れ、神社への遷幸は八ッ撥と花傘・神幣のみとなり、残った山車がそれぞれの地区内を曳き回すだけになった。元永のものは舁き山（次頁の写真）だったので、若者が神社前の道を舁き回っていた。その模様は、宮武省三氏の『九州路の祭儀と民俗』（昭和十八〈一九四三〉年　三元社）の「今井祇園祭と八撥」に活写されている。大正十四（一九二五）年陽暦八月三日のことで、若者が汗みどろになって舁き回っているのを、

通る道筋の家々が戸口に水を用意してほでる若衆にかけてやる。其役目は年頃の娘か少年連に任されているものの如く、わけて赤湯巻に浴衣、赤襷の生娘がバケツ又はドンゴロス製の水袋を手にして水を汲みてはかけ、かけては汲み、若衆のぐるりを縫ふて活躍するいじらしさ、全くエロ、グロこき交ぜて、田舎ならでは見る能はざる風情である。

と記している。これらの山車も戦争の激化とともに漸次姿を消し、昭和四十三年には今井西町の艕車を残すだけとなってしまった。

左：元永の舁き山（大正12年頃）／右：沓尾の傘鉾（昭和４年頃）（２点とも『今井祇園祭』〈行橋市文化財調査報告書第31集　行橋市教育委員会〉より）

今井西町では山車の組み立てに先立ち、一週間前の七月十五日頃に祓川河口の河床に埋めてあった車輪を掘り出す〝輪上げ〟がある。輪は直径一・五メートル、幅五五センチメートルの楠木の寄せ木細工で四個。古老の話では、以前は祇園祭りの始まりを告げる〝鉦おろし〟の日に行われていたとのことで、日没より深夜にかけて沿道に麦藁を燃やし、燃え盛る炎の中を、軸穴に挿木を通して車を立て若者がこれに登り、挿木に付けてある縄を大勢で曳いていたという。この煙にあたると災厄を免れ病気をしないと伝えられていた。

注連立て

木製の車輪

山車の組み立ては七月三十日。四個の車輪を組み合わせて固定し、床木に四本柱を立てて床板が張られ、周囲を高欄で囲み格子屋根で覆う。屋根の天井窓から二本の山鉾を立てるが、オオヤンボ・コヤンボと呼ぶ。長いヒノキの先端に御幣を取り付け、割れ竹で包み荒縄で巻き、途中に〝幣切り鎌〟を付ける。組み立てられた山車を輿木に乗せると骨格が出来上がり、地上から山鉾の先端の御幣まで約一五メートルになる。「綱打ち」は山車の曳き綱を作る作業で、打ち鉦に合わせながら三ツ組に端縄を撚《よ》り合わせて長さ六〇メートルの太い綱を二本作る。「幟立て」は八月一日。紙で作った四方花を格子屋根の四隅に飾りつけ、長さ八メートルの頑丈な竹に通した青・赤・白・黄・黒五色の幟で周りを取り巻く。『祇園社略縁起』には、「東西南北五行の形」とある。豊前地方特有の幟山である。夜になると格子屋根の下に小笠原侯の定紋の三階菱を描いた提灯が取り付けられ、鉾車を組み立てた公民館前から熊野神社入り口までの一〇〇メートルほどを曳いて引き返す。明けて八月二日早朝、鉾車に五色の胴幕が巻かれ一段と華やかなものとなり、例祭前夜の「夜祇園」に前述の「車上連歌」がある。そして八月三日の例大祭当日、本来なら町回りをして悪霊を祓い、他の鉾車とともに今井村市場に集結して、中須から渡河して元永の祇園社へと向かうところであるが、他の鉾車が消滅してしまった現在では、西町の鉾車だけが市場への曲がり角まで行き、公民館前に戻って熊野神社入り口までを曳くだけになっている。かつての華やかな山車の行列はなくなったとはいえ、一基だけでも原型を留めた鉾車が残っていることは、これまた貴重な遺産というべきである。

図２　今井西町の山車（提灯山曳き）
（『今井祇園祭』〈行橋市文化財調査報告書第31集　行橋市教育委員会〉より）

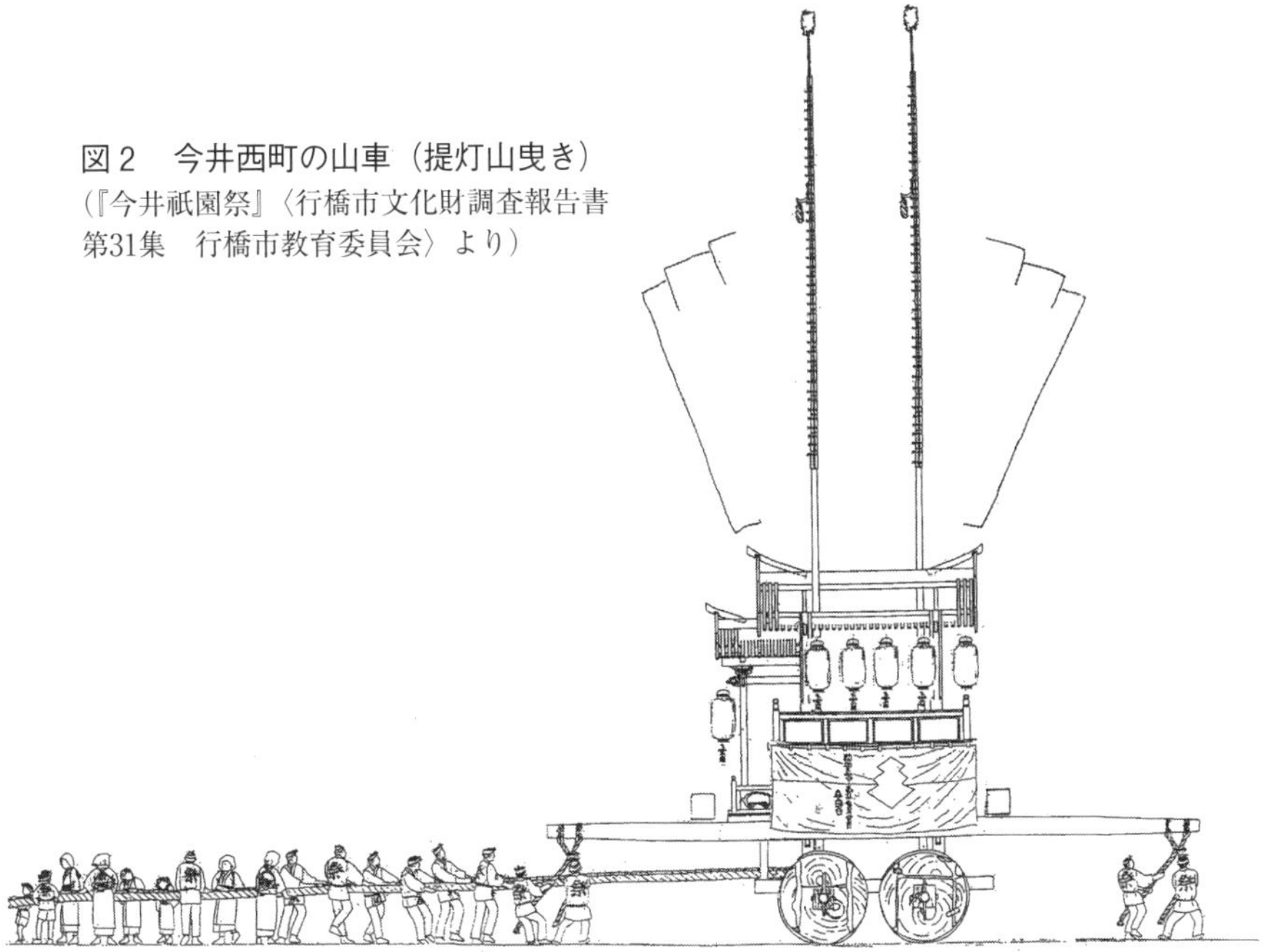

八ッ撥

神はこの世に姿を現さない。したがって神霊の乗り移っている（憑依《ひょうい》）と信じられる高い樹木や巨石などを神の〝依代《よりしろ》〟として崇める。今井津祇園祭りの山鉾も依代で、先端の御幣に神霊が憑依していると信じられている。〝依代〟に対して、人間、ことに穢れのない童児に神霊が憑依した場合を〝尸童《よりまし》〟という。今井津祇園祭りの八ッ撥がそれである。八ッ撥は前述の『尺素往来』に「八ッ撥の曲舞」とあり、喜多村信節《のぶよ》の『嬉遊笑覧』（文政十三〈一八三〇〉年）にも「両手で鞨鼓《かっこ》を打つ曲舞のことで、八は数

今井西町の鉾車

の八ではなく重ねて打つの意」というような説明がなされている。今井津では『豊前国志』にあったように、今井村東町・西町・中須町、金屋村の鎊車に戸童として乗っていたが、鞨鼓のことには触れられていない。明治以後今井村中須町・金屋村の山車が消滅、残っていた山車・八ッ撥も戦時中に中断、昭和二十五年に今井東町・西町の八ッ撥が復活したが、昭和六十一年には今井西町だけになってしまった。しかし、今井西町の八ッ撥が伝統的な姿を留めていることによって、ある程度まで古型を探ることができる。

七月二十二日に神社で「八ッ撥の御くじ取り」が行われる。福島家当主と区長・主観が拝殿に赴き、町内の七歳から三歳までの男児の名前を書いた和紙を丸めて盆に載せ、宮司がその上を御幣で祓い、付いて上がったのを区長に渡し、区長は扇子で受け、開いて名前を読み上げる。平成十二年の八ッ撥は末次龍一家の三歳の男児であった。区長は御くじをたたんで青竹に挟み、拝殿の縁先で待ち構えている小若（小学上級生）連中の頭《かしら》に渡す。小若連中は手に手にタブの小枝を持って八ッ撥の御くじを挟んだ青竹を先頭に石段を駆け下り、八ッ撥に決まった末次家に駆け込む。土足のまま乱入し、タブの枝で襖や障子を叩き破って暴れ回る。それを繰り返すうちにその家の主人がくじを見つけて取り上げると静まり、くじは神棚に供えられ、その下に御神酒・鯛その他の供物が供えられる。暴れるのは悪霊を祓うためと言われているが、八ッ撥に決まった家では神の宿として、畳替え、襖・障子の張替えなどをして家内を清めねばならない。小若の乱暴狼藉はその前提となる破壊にほかならない。末次家では急遽修理をして神の宿を設けると、夕刻主願が来て玄関先に注連縄を張り、座敷の床の間に須佐之男命の御神号を掛けて祭壇を設ける。この日から神の子になった八ッ撥が御祓いを受けて碁盤に腰掛ける。神童であるから足を地に着けてはならない。以後、毎日の生活も婦人の手を離れ、別火精進、忌籠もり潔斎の生活を経て神格化される。着物・布団類もすべて新調する。父親も毎朝沓尾の浜の禊ぎ場で身を潔め、潮井を汲んで帰り、家の周囲に撒いて潔める。一切が男の世話による生活をして「花見の座」を迎える。

八ッ撥を氏子に披露するのが「花見の座」で、八月二日熊野神社で行われる。造花で美しく飾った直径約二メートルほどの花傘の中央に心花《しんばな》を下げて天井から吊るし、その下に碁盤を据えて八ッ撥を座らせる。神霊が花傘の下に籠もる態を表している。〝花傘作り〟は七月十四、五日頃から。以前は金屋村の辰地区で制作され、寄進されていたが、現在は寄付金となり、制作は今井西公民館で今井西町の人々の手で行われている。竹ヒゴに緑色の色紙を巻きつけた傘の骨三六五本（閏年は三六六本）に隙間なく紅白の造花を付ける。中央に下げる心花は十二本（閏年は十三本）の花串の根元を奉書で包み、先端に仏具の小さな鐘を吊るす。完成した花傘は、一日辰地区に運ばれて直会が行われ、頃合いを見計らって今井西町の主観たちが鉦を叩いて〝花傘貰い〟に行く。辰地区で制作されていた頃の名残りである。

花見の座を出る八ッ撥

例祭前日の八月二日、「花見の座」に出る前に八ッ撥は風呂に入って身を清め、父親が化粧をし、着付けをしてやる。化粧はお白粉を塗り、口紅をつけ高眉を描く。衣装は唐衣に緋袴、頭に金冠（通称オショボ）をかむり紐で結び、手にもお白粉を塗って金扇を持つ。昼前に鼻化粧をした若者連中が来て八ッ撥を抱え熊野神社に向かう。沿道の人々が拍手で見送る。手を合わせて拝む者もいる。道中若者・小若がワリャリャー、ホイホイと掛け声をかけ、サンヤリ（青竹）を打ち鳴らしながら、神社に着くと、左回りに社殿を三度回って、拝殿に上がり花傘の下で金扇を手にした八ッ撥を碁盤の上に座らせる。社殿を左回りに三度回るのは氏神熊野神社の神霊を八ッ撥に憑依させる儀礼である。やがて花見の客一同の拍手に送られ、若者に抱えられて座を後にし、神の宿に戻って翌日の須佐神社への遷幸に備える。

神幣

今井津祇園祭りで欠かせないものに「神幣」がある。地元では〝大幣《おおべい》〟と呼んでいるが、建長年中（一二四九〜五六）京都より祇園神を勧請してきた時の御幣の幣束であると伝えられ〝神木〟と呼ばれている。八角柱二本を合わせて黒漆を塗った二・二メートルの大きなもので、直径四・八センチメートルの金属の輪が付けられている。七月二十五日に今井西町の主願が神社に幣串を受け取りに行く。神幣は代々福島家で神職の手により古式に則って作られてきた。シデには中折紙三六五枚（閏年は三六六枚）を用い、独特の裁ち方で切り揃える。同じく中折紙二枚に白米五合ずつを包んで日月を象ったもの、中折紙十一枚を合わせ孟宗竹を削いで作った骨で表裏から交互に挟み麻緒で縛った鏡が作られる。幣束の頭に鏡・日月を付け、麻緒とシデの束を取り付けると「神幣」が出来上がる。大祭の日に福島家当主が担いで八ッ撥行列の先頭に立ち、神社に奉納する。

福島氏に担がれた神幣

夜祇園

大祭の前日、八月二日の前夜祭を「夜祇園」と呼ぶ。「今井の祇園さん」といえば〝夜祇園〟を指すくらい往時は盛況を極めた。厄除け・開運・無病息災の祈願に、近世には仲津郡をあげて行われる最大の祭礼行事で、北九州・筑豊からの参詣者も多く、遠方からの参詣者は浄喜寺の本堂に雑魚寝で泊めてもらった。参道には夜店が立ち並び、名物の飴を土産に買う者が多かった。〃夜祇園〃を詠った里謡に、「買っておくれよ箱入り浴衣、今井祇園に着て詣ろ」「明けて六月ぁ今井の祇園、サマと夜市がおもしろい」というのがある。なお、この夜今井西町の山車では浄喜寺連歌に続く「車上連歌」が行われる。

例大祭

八月三日は須佐神社の例大祭で、神社では祭典が行われ、今井西町の餝車曳き、神幣奉納、八ッ撥遷幸、眉墨落とし、桶かぶりなどの行事がある。餝車曳きは、本来なら今井村東町・同西町・同中須町、金屋村から山車が出て、それぞれの町回りをしたあと、前述のとおり市場に集合して行列を作り祓川を渡河していたのが、現在では今井西町の山車だけとなり、渡河がなくなってしまった。午後二時に町内の人々が集まり、公民館前から東町との境にあたる熊野神社参道入り口まで山車を曳き、そこで綱を西と東に分けて綱引きをし、西側に引き戻し、もと四町の山車が集合していた市場への曲がり角から公民館前まで戻って終わる。沿道の各家々からはバケツに水を入れて曳き手に力水をかけ、鉦を叩き掛け声を掛けながら曳く。

午後三時、〃山車曳き〃を終えて、八ッ撥遷幸となる。裃姿の区長が神幣を担いで末次家に八ッ撥を迎えに行き、若者に抱かれた八ッ撥を山車まで連れて行く。かつて尸童の八ッ撥を乗せた山車で町回りをし、町中の疫霊を憑依させて須佐神社に遷幸し、祇園神に疫霊退散をしてもらったというメカニズムが覗

夜祇園（『今井祇園祭』〈行橋市文化財調査報告書第31集　行橋市教育委員会〉より）

今井西町の鎊車曳き

かれている。八ッ撥は山車の前から引き返して、祓川の川渡りをする。今元公民館前の浅瀬を、神幣を先頭に若者が八ッ撥を肩に乗せ花傘をかざして渡る。役員は白足袋に草鞋履き、若者・小若は白足袋に縄の角結び。ワリャリャー、ホイホイと掛け声も勇ましく、青竹のサンヤリを激しく打ち鳴らしながら渡る。サンヤリは八ッ撥の嫌うカラスを追い払うためという。川を渡って元永に着くと、一四四段の石段を登り、神幣と花傘の心花を神社に納め、八ッ撥を囲んだ若者・小若は、神殿を右回りに三度回ってそのまま石段を下って川岸へと向かう。前にも紹介した宮武省三は、「今井祇園祭と八撥」でその時の印象を次のように述べている。

今井祇園祭りの風変わりなことは、行列が社前につくと、一同は勢よく幾級もある石段をかけ上り、別に立とまるやうなことはせず、只其儘エイエイと叫びつゝ神殿のぐるりを廻はりて直さま引返すことである。あれだけ道中ワイワイ叫《お》めいて来たからには神殿にも上りて、ゆっくり神さんでも拝むのかと思へば、さ様なことは更になく、サッサと又大勢は八撥稚児を擁護して急ぎ帰ったのである。なんといふ気忙しひ社参であらう。實に呆気ないものであったが、それだけ又私には九年前の見物ながら、未だ其當時の光景が、ありありと目にちらつく印象深きものであった（昭和八年七月廿六日記）。

さきの「花見の座」のところで、熊野神社に来た八ッ撥が社殿を左回りに三度回るのは、熊野神社の神霊を憑依させる儀礼であることを指摘したが、この事例は各地の祭り行事にしばしば見られることである。その逆の右回り三度は憑依していた神霊を神社に降臨している神に戻すことを意味している。この場合山車に乗って町回りをした八ッ撥に憑依した疫霊を祇園神に遷すことになる。現地調査でその場にいて、八ッ撥を擁護した一団が神殿の左手に向きかけた時、古老が「右だ、右だ」と声をかけ、元に戻させたのを実見したのは貴重な体験であった。

神殿を回った一行は、掛け声を掛けながら石段を下り、サンヤリを打ち叩き、先頭を行く唐団扇を叩き破って暴れながらもと来た道を通って川を渡る。八ッ撥に憑依していた神霊を祇園神に遷したあとの開放感と受け取れる。今井西町に帰り氏神熊野神社境内に入って、須佐神社の時と同じく社殿を右回りに三周して今井公園へと向かう。これも憑依していた氏神熊野神社の神霊を元に遷し終えたのを意味している。

八ッ撥の川渡り

今井公園に入ると、公園の中央には四本の篠竹を立て注連縄を張った中に水を湛えた大半切《はんぎ》りを置き、上に板を敷き土器《かわらけ》に洗

桶かぶり

米と塩を入れて用意がしてある。午後四時半、八ッ撥が着くと、塩と洗米を水に入れ、八ッ撥を抱いていた若者が八ッ撥の黛《まゆずみ》（タカマユ）を洗い落とす。須佐神社と熊野神社で尸童を離れ、この場で眉落としをした八ッ撥は普通の子供に戻る。八ッ撥が水桶を離れると、それを合図に、上半身裸、短パンツの若者たちは黛を落とした水を浴びようと争って桶の中に入ろうとする。中に入った者を独占させまいと桶を激しく回して振り落とす。周囲から力水がかけられ、水浸しの中で回る桶に最後まで残った者をみんなで桶ごと高々と差し上げ、三度回して地面に下ろし、空になった桶を地面に伏せる。最後に二本締めの手打ちで例大祭の行事を終わる。

翌四日、山車を崩して部材を熊野神社の神楽殿に収納し、辻々の注連縄を外し（注連あげ）、車輪も祓川の河川敷まで運んで土中に埋めて、翌年の祇園祭りまで保存しておく。

おわりに

二十日間にわたる今井津祇園祭りは、豊前地方最大の祭礼行事である。各地のマチやムラでは、平素から招福除災、五穀豊穣を祈って産土神に祈願を籠めるが、時により自然の災害、疫病の流行が著しい時には、より強力な神威を持つ神の力を求めたくなる。その対象となったのが祇園神で、京都八坂神社を本社とする。今井津には鎌倉期に祇園神を勧請して、八坂祇園に模した山鉾を立て、周りに五色の幟で飾りを施した華やかな山車の巡行する祇園祭りを創始した。

今井津祇園神の霊験あらたかなことが喧伝されると、各地からその神威にあやかろうと、代表者を派遣して参籠させ、御幡や特殊神符を持ち帰らせて、ムラに社を設け祇園社を勧請する。また、例祭日に代参者を派遣して参籠させ、護符を持ち帰らせる〝今井祇園代参講〟を万年願としていたところもある。(2)

今井津祇園社の各地への勧請は、概ね室町末期の永禄年間（一五五八〜七〇）から江戸中期にかけてのことで、時代を追ってその信仰圏が広がり、豊前一国に留まらず、筑前・筑後・豊後国にまで及び、今井津祇園社に届出のあった分社の総数は百社を超えている。筑前地方には博多津の総鎮守櫛田神社の相殿に祀る祇園社があり、筑前一円から豊前地方の一部にまで信仰圏を広げていたが、祭礼行事に筑前系の人形山と豊前系の幟山のあることは「はじめに」にも触れたとおりである。今井津祇園祭りの幟山には、最盛時には飾車四挺と飾山二本があり、飾車のうち三挺には戸童の八ッ撥が乗って祓川を渡河していたのが見もので、前夜祭の「夜祇園」とともに、各地から多くの「今井の祇園さん詣り」の人々を集めていた。そのうち、「今井津祇園祭り」の豪華さに刺激されて、自分のムラでも幟山の山車を造り、ムラ中を曳き回したり、川渡りをするところも生じることになる。代表的なものにみやこ町の生立《おいたつ》八幡宮神幸祭や、田川市伊田風治八幡宮の川渡り神幸祭などがあり、その他にも幟山は祓川・今川・彦山川流域に散在している。伊田風治八幡宮の川渡り神幸祭などが年を追うて盛んになっているのに比べて、本社である今井津祇園祭りでは山車が衰退し、幟山が曳き山一基だけとなり、川渡りも八ッ撥が若者の肩車で渡河するのみで、華麗な飾車曳きの行列が見られなくなっているのは、いかにも寂しいことである。しかし、一基だけとはいえ、幟山と八ッ撥がその原型を留め、全国唯一の存在となっている祭礼における連歌興行とともに神事の軸をなし、豊富な文献資料と併せて、ある程度までその復元を可能にしていることは、貴重な伝承というべきである。本稿では現地調査と行橋市教育委員会の平成十二

（二〇〇〇）年度に行った調査報告書をもとにその復元を試み、祭礼のメカニズムを探ってみた。

［註］

（1）寺伝によれば、大内家の家臣で仲津郡を領していた村上良成が本願寺蓮如上人に帰依して得度、法名を慶善とし、明応四年九月二十八日蓮如直筆の寺号と安阿弥作の阿弥陀如来像を授与されて開基したという。以後良祐・良慶も代々本願寺門跡に師事したが、良慶は天正四年の石山合戦に教如上人の危機を救ったことで感状を賜り、その縁故で東西本願分立の際には教如の東本願寺創建に加わって、その直末寺となった。以後は豊前地方における真宗大谷派の拠点となり、小倉藩領に二十カ寺の末寺を擁した。

（2）多くは「村中が三軒になるまでは続ける」などといって継続することを神に誓うこと。

［参考文献］

『今井祇園祭――福岡県行橋市大字今井・大字元永周辺伝承の無形民俗文化財調査報告』（行橋市文化財調査報告書第31集）平成十四（二〇〇二）年　行橋市教育委員会

『八坂神社』　八坂神社　平成九（一九九七）年　学生社

『古事類苑　神祇部』　明治四十一～昭和五（一九〇八～三〇）年　神宮司庁

『嬉遊笑覧』　喜多村信節　文政十三（一八三〇）年　『日本随筆大成　別巻七～十』所収　昭和五十四（一九七九）年　吉川弘文館

『太宰管内志』　伊藤常足　天保十二（一八四一）年　（翻刻）明治四十一～四十三（一九〇八～一〇）年　日本歴史地理学会

『尺素往来』　一条兼良　室町時代

筑前博多の松囃子と祇園山笠

はじめに

春の〝としごいのまつり（祈年祭）〟と、冬の〝にいなめのまつり（新嘗祭）〟とが対応する農村の祭りは、五穀豊穣祈願の祭りである。これに対して、正月十五日（小正月）の松囃子《まつばやし》と、六月十五日の祇園祭りに代表される博多の祭りは、招福・除災祈願の祭りである。

博多湾に面し、石堂川（御笠川）と那珂川に東西を限られた十町（約一・一キロメートル）四方が博多津。我が国の西の門戸にあたり、古くから泉州堺と並ぶ貿易港として栄えてきた。それだけに室町期以降の市《いち》をもとに形成されたマチや、江戸期に成立した城下町とは異なる、古代からの純粋な商業都市であった。〝総鎮守〟といわれる櫛田神社にしても、一般農村に見られるような村落形成当初から祖霊神・産土神《うぶすなかみ》として祀られてきた神社とは異なり、都市化の過程で地域守護神として肥前国神埼庄から勧請されたと伝えられる鎮守神である。したがって、年に一度の例祭（旧暦九月の〝おくんち〟）よりも、むしろ、商人・職人が年初めにその年の福運を祈る〝松囃子〟と、夏の災厄・疫病退散を祈願する〝祇園祭り〟の、いわゆる都市型祭礼行事の方が、市中をあげての〝お櫛田さんの祭り〟になっている。

松囃子は室町時代に流行を見た行列風流《ふりゅう》で、伏見宮貞成《さだふさ》親王の日記『看聞御記《かんもんぎょき》』（応永二十三～文安五〈一四一六～四八〉年）や、『満済准后日記《まんざいじゅごうにっき》』（応永十八～永享七〈一四一一～三五〉年）などにその盛行ぶりが記されている。『看聞御記』によると、正月七日から十五日にかけて、村々の地下人《じげびと》や公卿侍・大名らによる〝風流の松囃子〟が次々と宮廷を訪れ、猿楽《さるがく》その他の祝賀の歌舞を行って酒宴を催し、大勢の見物人が集まったとある。松囃子の行列には様々な趣向が凝らされ、祝賀の歌舞に七福神の舞・鶴亀舞・獅子舞などがあって、宮廷のほか、豪家などにも訪れていたことが、他の日記類をとおしても窺われる。『満済准后日記』では、貞和二（一三四六）年、足利義満が六歳で播州（兵庫県）に下向した際に、赤松家のものがその無聊《ぶりよう》を慰めるために風流を催したのが縁となり、以後正月十三日に赤松氏による十組の松囃子が御所に繰り込むのが恒例になったとあり、それが松囃子の起源とされている。

〝松囃子〟はその名義からして、新しい年の幸せをもたらす歳神の依代《よりしろ》である松を、山から伐り出していた民俗行事を芸能化したと見られる行列風流で、〝はやす〟には〝殖《ふ》える〟という意味のあることから、新年の祝賀行事として、室町時代京都を中心にその意匠化が進んだということになろう。

一方の祇園祭りもその発祥は京都で、平安時代に疫病が蔓延したのを、歴史上非業の死を遂げた人々の怨霊の祟りであるとして、貞観五（八六三）年に神泉苑で早良親王ら六人の霊を弔う〝御霊会《ごりようえ》〟が催されたが、その後八坂に祇園社が勧請されて、貞観十一年には国数に応じる六十六本の鉾を立てて〝祇園御霊会〟が営まれた。この祇園御霊会が六月の行事として定着し〝祇園祭り〟となったのは、天禄元（九七〇）年からで、長保元（九九九）年には大嘗祭の標山《しめのやま》に似せた山車《だし》が現れ、室町時代になると豪華な作り山・鷺鉾なども加わって、見る祭りとして京都市中の人気を集めるようになった。やがてそれが災害の多い夏の攘災祈願の祭りとして農村にも広がり、各地に夏祭りを誕生させた。

祇園祭りは山車に祇園神の依代となる鉾を立てて町を練り歩くが、それに様々な意匠を凝らした作り物風流で、博多の場合は岩・波・館などの細工を背景に人形を飾りつけた笠鉾型で「山笠」と呼ばれた。山笠の名は、

『看聞御記』に応永二十七年の祇園祭りの項で、「風流之山笠」とあるのが初見である。

松囃子と祇園山笠は、本来はそれぞれ別個に取り扱うべき性質のものであろうが、招福・除災という一連の行事が博多の町組織と密接に結びつき、お櫛田さんの二大行事として、相互に関連を取りつつ営まれているところに切り離されぬ要素がある。

博多松囃子と祇園山笠の起源

博多松囃子

博多松囃子の記録の上での初見は、『策彦入明記《さくげんにゅうみんき》』の「初渡集」に、策彦和尚が天文八（一五三九）年正月六・七日の両日、博多龍華庵《りょうげあん》で「澳浜《おきのはま》のものたちの松囃子を見た」とあるもので、博多でも室町末期に浜方の者による松囃子が行われていたことを示している。『神屋宗湛《かみやそうたん》日記』にも、文禄四（一五九五）年十月二十九日の朝、博多松囃子の一行が、正月と同じように福神・大黒・恵比須を仕立てて名島城を訪れ、城主の小早川秀秋から銭五十貫文を賜ったことが記されている。

博多松囃子の起源については、『博多古説拾遺』（元文三〈一七三八〉年）や『石城志』（明和二〈一七六五〉年）に古老の伝えと断って、

むかし店屋町《てんやまち》には諸国の問屋があって諸式を売買していたが、足利時代、問屋仲間から正月十五日に福神を仕立てて博多の商人仲間に贈り、商人仲間はその返礼として恵比須・大黒を仕立てて問屋に贈っていた。恵比須は官内町、大黒は洲崎町で作った。また、北浜・澳浜の者たちは小さな舞台を拵えて、童子に

高砂・老松のキリを舞わせて祝ったのが、その後恒例となった。

と記されている。室町末期、正月十五日に諸国の問屋筋と博多の商人仲間との間で、恵比須・大黒を仕立てて贈答が行われ、北浜・澳浜の者たちによる〝稚児の舞〟が舞われていたことは、博多松囃子の古型を暗示するものとして興味深い。すなわち、海運業で栄えた博多では新しく迎える歳神が、海の彼方から訪れる〝寄り神〟の恵比須神を中心とした福神で、それをもてなしたのが浜の者たちであったということである。しかし、いずれにしても伝播の経路や開始の時期は詳《つまび》らかでない。

祇園山笠

祇園山笠も、その初源は必ずしも明らかでない。文献的には『九州軍記』（慶長六〈一六〇一〉年）に、
永享四（一四三二）年六月十五日に博多津の櫛田祇園社の祭りがあって、三社の神輿が沖の浜に御幸をする後ろから、山のように十二双の造り物を組み立て、上に人形のようなものを据えてこれを担いで行った。前代にはかつて無かったことだったので、見物のものが身分の上下を問わず、数知れぬほどであった。
とあるのが最初のものである。伝説では、寛元元（一二四三）年、博多に疫病が蔓延した際に、承天寺の聖一国師（円爾）が施餓鬼《せがき》棚に乗って津中を舁き回らせ、聖水を撒いて病魔退散を祈請したのが始まりとされており、現在の山笠の台および台の周囲を囲む杉垣などが、承天寺の施餓鬼棚の形式を伝えたものといわれている。この伝承に基づいて、古来、博多祇園山笠には承天寺の護符を取り付け、同寺の授与する守り札を山笠の舁き

手が身につけて災難除けとする風習があり、山笠の外題は承天寺でつけてもらうしきたりがあった。櫛田神社に相殿神として祇園神が勧請されたのは、社伝によれば天慶四（九四一）年となっているが、京都八坂神社で祇園会の定着したのが天禄元（九七〇）年六月ということからすれば明らかに誤伝というべきで、時代的にはもう少し下がるものと思われる。承天寺聖一国師の伝説も、仁治三（一二四二）年の承天寺創建に合わせたものであろう。それが、人形を飾った華麗な作り山笠の出現を見るまでには、やはり『九州軍記』にもあるとおり、八坂祇園の祭りが華やかになった室町期を待たねばならなかった。貝原益軒の『筑前国続風土記』も後述するように『九州軍記』の永享四年を引用している。『九州軍記』には若干資料批判の余地が残っているが、「前代にはかつて無かったことだったので」というくだりには、信憑性が窺われる。

室町期に博多祇園山笠の存在を裏付ける資料としては、筥崎宮の田村家文書に、康正二（一四五六）年十一月、祇園会の作り物のために箱崎の松を切ることを禁じた「禁制」が見られるほか、天文九年七月の博多における大友奉行人の手日記にも、「博多祇園会の事」とある。

室町期の博多は周防大内氏の対明貿易の拠点として繁栄を極め、博多商人は朝鮮・琉球貿易にも進出し、博多の町はその富力によって潤っていただけに、その活力が松囃子・祇園山笠にも反映したことは当然のことといえる。

博多の繁栄に思いがけぬ挫折をもたらしたのが、天文二十年の、陶晴賢《すえはるかた》の謀反による大内氏の滅亡で、力の均衡を失った北部九州は、豊後の大友氏と、大内氏に代わる新勢力の毛利氏、肥前の龍造寺氏、薩摩の島津氏の連合勢力が激しく争い、その戦火をまともに受けた博多の市街地は灰燼に帰し、全くの廃墟と化してしまった。

博多復興と松囃子・祇園山笠

天正十五（一五八七）年、大友氏の要請により西下した豊臣秀吉は島津氏を破り、箱崎に滞陣したが、この間に廃墟と化した博多の復興を思い立ち、地元の豪商神屋宗湛・島井宗室らの意見を取り入れて町割りを定めた。石堂川（御笠川）と那珂川を東西の限度とし、矢倉門のくぼ地を南、大浜を北の限度とした十町四方の地に、竪（南北）・横（東西）の町筋を割り付けて〝流《ながれ》〟と称し、川に沿って走る南北の筋を、東より東町流・呉服町流・西町流・土居町流、それと交叉する東西の筋を魚町流・石堂流、そして那珂川寄りの北西部で竪・横の小路を組み込んだ一角を洲崎流とした。いわゆる〝太閤町割り〟と呼ばれているもので、各流はまた十町内外の町（町・番・小路・浜などと呼ぶ）からなっていた。これが博多復興後の町組織で、自治行政の単位であると同時に、松囃子・山笠の運営組織にもなった。この七流は江戸期になって、新町流・厨子（途子）流が加わり、元禄年間（一六八八〜一七〇四）には九流一一三町、その後、多少の変動・組み替えがありながら、おおむね百町内外で江戸時代を推移してきた（表1、図1参照）。

そこで、この町割りと近世博多松囃子・山笠との関係であるが、松囃子は後述するように、福神（福禄寿）・恵比須・大黒の三福神と、稚児、〝通りもん〟からなっているが、三福神は福神が魚町流、恵比須が石堂流、大黒が洲崎流と、横（東西）の町筋を中心に割り当てられ、稚児は残る竪（南北）の町筋、東町流・呉服町流・西町流・土居町流が毎年交替で当番を引き受け、稚児の乗る仮閣《さじき》を曳く役は厨子流が勤めることになっていた。当番以外の流は〝通りもん〟として、様々な服装で歌舞音曲を奏でながら行列に従った。この役割分担を見ると、前述の『博多古説拾遺』に「恵比須は官内町で、大黒は洲崎町で作った」とあるのと符合し、また北

表1　博多町割りの推移（括弧内は家数）

東町流	『筑前国続風土記』宝永六（一七〇九）年	『石城志』明和二（一七六五）年	『筑前国続風土記附録』寛政十（一七九八）年
	御供所町（二〇）	御供所町（二五）	御供所町
	聖福寺前町（一九）	（聖福寺前町を含む）	
	金屋小路町（三六）	金屋小路町（四〇）	金屋小路町
	北船町（二七）	北舟町（二七）	北船町
	東町上（三三）	東町上（三三）	東町上
	東町下（一九）	東町下（二二）	東町下
	浜口町上（二六）	浜口町上（三五）	浜口町上
	浜口町中（三三）	浜口町中（四〇）	浜口町中
	浜口町下（三〇）	浜口町下（三二）	浜口町下
	廿家町東（一九）		
	鏡町東（一八）	鏡町（三二）	鏡町
	十一町	九町	九町

呉服町流	『筑前国続風土記』宝永六（一七〇九）年	『石城志』明和二（一七六五）年	『筑前国続風土記附録』寛政十（一七九八）年
	小山町上（一〇）	小山町上（四〇）	小山町上
	小山町下（三六）	小山町下（三九）	小山町下
	呉服町（二一）	呉服町上（二九）	呉服町上
	呉服町下（二〇）	呉服町下（二二）	呉服町下
	一小路町上（三〇）	一小路町上（三二）	市小路町上
	一小路町中（三〇）	一小路町中（二九）	市小路町中
	一小路町下（三一）	一小路町下（三六）	市小路町下
	廿家町西（一一）	廿家町（二一）	廿家町
	茅堂町東（一四）	萱堂町（三三）	萱堂町
	鏡町西（一二）		
	奥小路東（一三）		
	十一町	九町	九町

西町流	『筑前国続風土記』宝永六（一七〇九）年	『石城志』明和二（一七六五）年	『筑前国続風土記附録』寛政十（一七九八）年
	萬行寺前町（四三）	萬行寺前町（四七）	萬行寺前町
	竹若番（三六）	竹若番（三七）	竹若番
	箔屋番（三六）	箔屋番（三九）	箔屋番
	西町上（一一）	西町上（二八）	西町上
	西町下（二九）	西町下（三七）	西町下
	蔵本番（四四）	蔵本番（四五）	蔵本番
	奈良屋番（三〇）	奈良屋番（三五）	奈良屋番
	金屋番（四四）	釜屋番（四二）	釜屋番
	奥小路町（一九）	奥小路町（二四）	奥小路町
	茅堂町（一八）		

石堂流	『筑前国続風土記』宝永六（一七〇九）年	『石城志』明和二（一七六五）年	『筑前国続風土記附録』寛政十（一七九八）年
	蓮池町（二一）	蓮池町（二一）	蓮池町
	立町上（二六）	竪町上（二六）	竪町上
	立町中（三九）	竪町中（四〇）	竪町中
	立町下（五六）	竪町下（五八）	竪町下
	金屋町上（一三）	金屋町上（五七）	金屋町上
	金屋町中（三九）		金屋町中
	金屋町下（二七）	金屋町下（二八）	金屋町下
	金屋町横町（二一）	金屋町横町（二一）	金屋町横町
	官内町（三六）	官内町（三四）	官内町
	石堂町（二二）	中石堂町（二二）	中石堂町
	中間町（二五）	中間町（二五）	中間町
	綱場町（三三）	綱場町（三一）	綱場町
	十二町	十一町	十二町

魚町流	『筑前国続風土記』宝永六（一七〇九）年	『石城志』明和二（一七六五）年	『筑前国続風土記附録』寛政十（一七九八）年
	西門町（二四）	西門町（二四）	西門町
	中小路上（二二）	中小路町（四一）	中小路町
	中小路下（二〇）		
	魚町上ノ上（二一）	魚町上（三八）	魚町上
	魚町上ノ下（一八）		
	魚町中ノ上（二八）	魚町中（二七）	魚町中
	魚町中ノ下（二七）	魚町下（二五）	魚町下
	店屋町上（二二）	店屋町上（二三）	店屋町上
	店屋町下（二一）	店屋町下（二二）	店屋町下
	古小路町（二九）	古小路町（三〇）	古小路町
	中島町（六三）	中島町（六三）	中嶋町
	十一町	九町	九町

新町流	『筑前国続風土記』宝永六（一七〇九）年	『石城志』明和二（一七六五）年	『筑前国続風土記附録』寛政十（一七九八）年
	辻堂作出町（二六）		
	辻堂町上（一四）	辻堂町上（二三）	辻堂町上
	辻堂町中（一〇）		
	辻堂町下（一九）	辻堂町下（一八）	辻堂町下
	馬場新町（四三）	馬場新町（四五）	馬場新町
	鷹師町上（三五）	祇園町上（三六）	祇園町上
	鷹師町下（四四）	祇園町下（五二）	祇園町下
	瓦町（四三）	瓦町（四七）	瓦町
			節田土家町

西町流	土居町流	洲崎流
古渓町（二四） 芥屋町（五一） 十二町	櫛田社家町（一一） 大乗寺前町（一八） 土居町上（五一） 土居町中（三二） 土居町下（二七） 行町上（二二） 行町下（二五） 浜小路町（三二） 西方寺前町（二五） 西方寺前町下（一七） 片土居町（三九） 土居川口町（三五） 新川端町（二三） 十三町	掛町（二八） 洲崎麴屋番（三二） 橋口町（一五） 新川端町上（三三） 川端上（二〇） 川端下（六） 洲崎裏町（二五） 洲崎町上（三八） 洲崎町中（四三） 対馬小路上（三二） 対馬小路中（二五） 対馬小路横町（七） 対馬小路下（三三） 妙楽寺町（三二） 妙楽寺裏町（九） 妙楽寺新町（一八） 古門戸町（三八） 古門戸横町（一一） 十八町
古渓町（二七） 芥屋町（五三） 十一町	櫛田社家町（一五） 大乗寺前町（二一） 土居町上（五二） 土居町中（三七） 土居町下（三三） 行町（四八） 浜小路町（三一） 西方寺前町（四七） 片土居町（四四） 川口町（三三） 新川端町（三七） 十一町	掛町（二七） 麴屋番（三一） 橋口町（一五） 新川端町下（三三） 川端町（二一） 鰯町上（三三） 鰯町下（三三） 須崎町上（五五） 須崎町中（五八） 須崎町下（三三） 対馬小路上（三四） 対馬小路中（四二） 対馬小路下（三三） 妙楽寺前町（三六） 妙楽寺新町（二一） 古門戸町（四四） 十六町
古渓町 芥屋町 十一町	大乗寺前町 土居町上 土居町中 土居町下 行町 浜小路町 西方寺前町 片土居町 土居川口町 新川端町上 十町	掛町 麴屋番 橋口町 新川端町下 川端町 鰯町上 鰯町下 須崎町上 須崎町中 対馬小路上 対馬小路中 対馬小路下 妙楽寺町 妙楽寺裏町 妙楽寺新町 古門戸町 古門戸横町 十七町

	新町流	厨子流
九流一一三町	立町浜（三六） 浜口浜（二九） 市小路浜（三三） 西町浜（六一） 十二町	奥堂町上（二三） 奥堂町中（二四） 奥堂町下（二二） 櫛田前町（二四） 今熊町（二四） 普賢堂町上（二五） 普賢堂町下（二六） 桶屋町上（一三） 桶屋町下（三〇） 赤間町上（三五） 赤間町下（三五） （厨子町上） （厨子町下） 十三町
九流九十九町	竪町浜（四三） 浜口町浜（三四） 一小路町浜（三四） 西町浜（六三） 十町	奥堂町上（二四） 奥堂町中（二四） 奥堂町下（二二） 櫛田前町（二三） 今熊町（二六） 普賢堂町上（二五） 普賢堂町下（二六） 桶屋町上（三四） 桶屋町下（三五） 赤間町上（三七） 赤間町下（三六） 途子町上（三三） 途子町下（三五） 十三町
九流一〇五町	竪町浜 竪町浜裏町 浜口町浜 浜口町浜裏町 市小路町浜 市小路町浜裏町 西町浜 西町浜裏町 十五町	奥堂町上 奥堂町中 奥堂町下 櫛田前町 今熊町 普賢堂町上 普賢堂町下 桶屋町上 桶屋町下 赤間町上 赤間町下 厨子町上 厨子町下 十三町

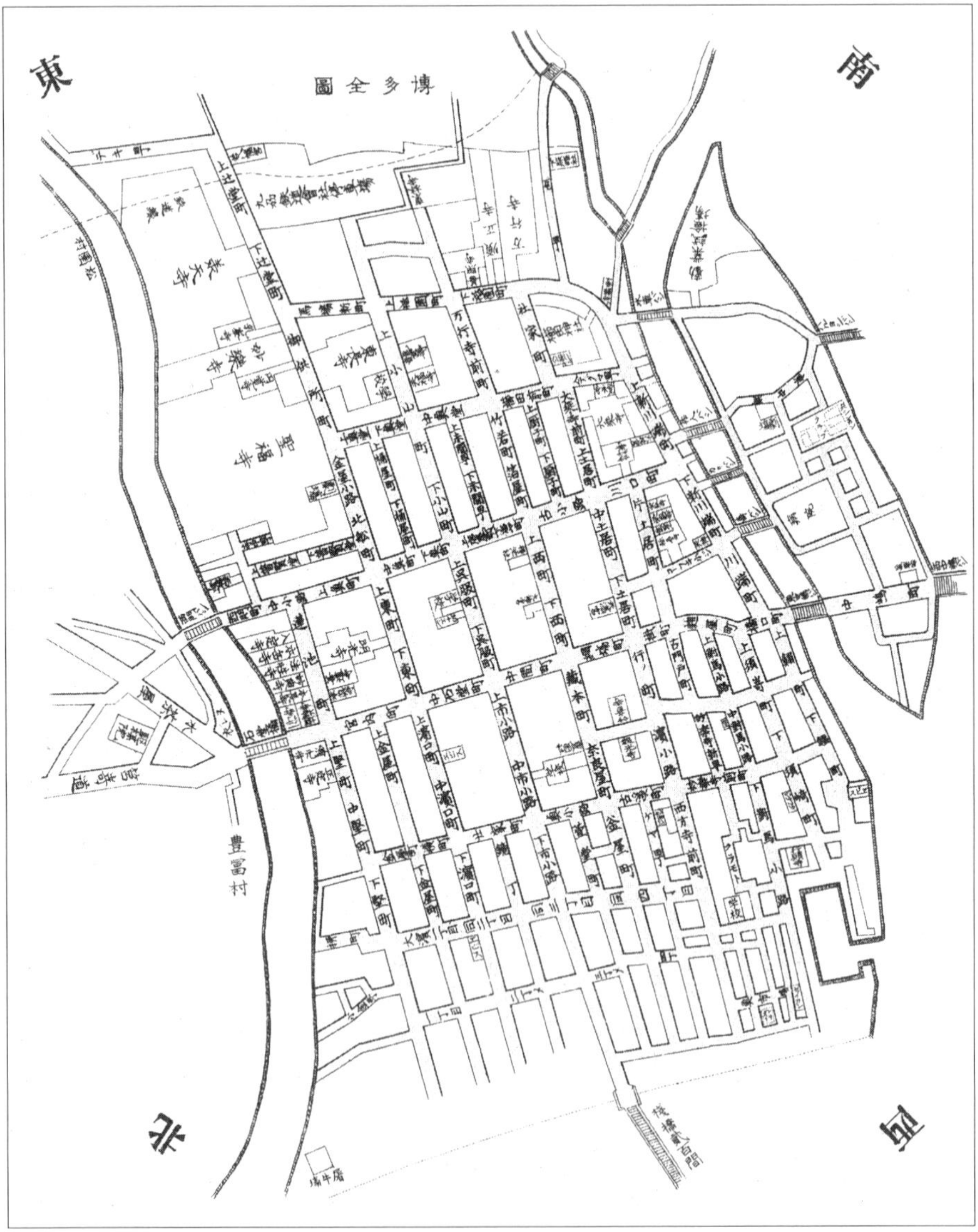

図１　「博多全図」（『石城志』〔津田元顧・元貫　九州公論社〕より）

浜・澳浜の者たちが小さな舞台を拵えて〝稚児の舞〟を舞わせていたのを、竪町筋の四流で受け持つようになっているのがわかる。

山笠も松囃子同様に流を単位に運営されてきた。さきの『九州軍記』に「十二双の作り物」とあるが、近世博多祇園山笠の作り山は六台である。伝えによれば、博多山笠は初めは十二台だったが、大内義隆が博多を支配していた時、周防山口の祇園会に博多の六台を分けて作らせたので、博多は六台になったという（『博多古説拾遺』）。そのため博多では例年、あとから加わった新町流・厨子流を除く七流のうちから輪番で六台の山笠を出し、残る一流が能当番（山笠が町々を祓い回っている間に舞う〝鎮めの能〟）を勤めることを慣例としてきた。各流では毎年当番町を決め、山作りから山笠行事全体の運営を受け持った。

近世の松囃子

中断と復興

博多復興後の松囃子復活は極めて早く、前述のように『神屋宗湛日記』には、文禄四（一五九五）年、博多松囃子の一行が名島城を訪れたことを記している。しかし、江戸期に入ってまもなく、松囃子には慶長五（一六〇〇）年から四十一年間にわたる中断の時期があり、藩主黒田忠之の命により、寛永十九（一六四二）年正月十五日に再興されている（『筑前国続風土記』）。中断の理由については『石城志』に、「松囃子は以前には正月七日の行事であったが、慶長四年の正月、うち連れて筥崎八幡宮に参詣した折、小早川秀秋の家臣との間にいさかいがあってそれを殺害したために秀秋の激怒をかって、それ以後中止された」とある。四十年余に及ぶ空白があっただけに、松囃子の再興にあたっては古例を知る者も少なく、伊藤宗巴《そうは》らが中心となって津中の古老を集めて記憶を辿った結果、ようやくにしてその形を復元、寛永十九年正月十五日、再び松囃子を興行して福岡城に至り、その後、福岡・博多両市中を巡って祝賀をしたという。この中断は、直接の原因に小早川秀秋の怒りをかったということがあったとしても、実質的にはむしろ、翌慶長五年筑前に入部した黒田家の福岡城築城と新しい城下町の形成という、その後の客観的情勢の変化に対応するまでの期間であったようにも思われる。『石城志』には、松囃子再興の時の事情に伊藤家の『家記』を引いて、「その頃の福岡にはあぶれ者が多く、平生博多の者との間が不和であったので、松囃子が妨害されることを案じて伊藤宗巴を先に立てて登城したところ、手出しをするものもなく無事に済んだ」と記し、当時いまだ情勢不穏であった新興城下町の様相を伝えている。その時の宗巴の功績をたたえ、その後は毎年の松囃子の際に、伊藤家（三笠屋）の門前で稚児の舞を舞わせ、町年寄が祝儀を述べるのが慣例になったという後日談も残っている。

復興された松囃子について、『筑前国続風土記』には、元禄年間（一六八八～一七〇四）の模様が次のように記されている。

その方式は、まず貧人を雇って、福禄寿・夷（恵比須）・大黒の姿をさせ、それを馬に乗せて頭上から傘をさしかけ、囃子ことばを唱える。その後ろから、小さな仮閣《さじき》に車をつけたものに、舞衣を着た子供を乗せて曳いて行き、国主の館（福岡城）に着くと、笛・大小の鼓・太鼓に合わせて、猿楽の謡に似た曲節のある短い謡いものを謡い、祝言の舞を舞わせる。そのあと国主から酒肴を賜って退出、城から帰って櫛田の社に詣で、崇福寺に参って博多市中を廻る。また、三十三人の女の子に鶴の頭を飾った花笠を被らせて大黒の後ろから従わせるほか、三福神の先には傘鉾というものを作って各々五本ずつ持って行く。

この模様は、奥村玉蘭の『筑前名所図会』にも活写されている。博多松囃子と山笠に関する記録には、このほか『櫛田社鑑』（文化四〈一八〇七〉年）、『松囃子山笠記録』（寛文九～明治五〈一六六九～一八七二〉年）、『山笠記』（山崎藤四郎　明治二十六年）、『追懐松山遺事』（山崎藤四郎　明治四十三年）、博多年行司会所の記録『博多津要録』（寛文六～宝暦九〈一六六六～一七五九〉年）などが櫛田神社に所蔵されているので、それらを手がかりにして、まずは江戸時代中後期を中心に博多松囃子の概要をまとめておきたい。

松囃子の行列（『筑前名所図会』より　福岡市博物館蔵）

組織と構成

近世の博多松囃子は、前述のように福神（福禄寿）・恵比須・大黒の三福神と、稚児、〝通りもん〟とからなり、その役割分担は、三福神が七流のうち横町筋の受け持ちで、福神が魚町流、恵比須が石堂流、大黒が洲崎流、稚児は竪町筋の東町流・呉服町流・西町流・土居町流が毎年交替で当番町を引き受け、稚児の乗る仮閣を曳く役は厨子流が勤めることになっていた。稚児当番は四流の約四十カ町を回すので、三十二、三年ごとに順番が来ていた。当番町以外の町々は〝通りもん〟と称して、それぞれに趣向を凝らした作りものを飾った台を曳いたり、様々な扮装で歌舞音曲を奏でながら行列に従った。

松囃子行列の組み立ては、三福神が福神・恵比須・大黒の順に、それぞれ五本の傘鉾を先に立てて進み、その後ろから仮閣に乗った稚児、〝通りもん〟が続く。笠鉾は当初長さ一尺ほどの羽子板を鉾に見立てて持ち歩いたが、いつの頃からか笠鉾の上に普通の羽子板を取り付けるようになり、寛政八（一七九六）年からはそれもなくなって、福神の笠鉾には団扇、恵比須には宝珠、大黒には槌を取り付けるようになった。笠の周りには模様のついた絹布を垂らし、内側に帯と砂金袋を下げた。三福神は仮面をかぶり、それぞれの衣装を着け、持ち物を持って馬に乗り、頭上から傘をさしかける。恵比須だけは天冠を戴く女恵比須も付いた夫婦恵比須であった。三福神の後ろからはそれぞれの流ごとに、子供が綱を付けた小太鼓を引っ張って叩きながら、福神・恵比須・大黒の〝言い立て〟を唱えて歩く（〝言い立て〟の詞章は『石城志』に記載されている）。大黒の後ろには鶴の頭を飾り付けた花笠をかぶった三十三人の娘（三十三羽の鶴）が続くが、これも一時中断されていたのを寛政年間に復活させたものという。稚児は十歳ぐらいの男の子に天冠を戴かせ、緋の袴に舞衣を着せ、小型の仮閣に車を付けたものに乗せて、流町々のものが付き添い、囃しことばを唱えながら曳いて行く。稚児の〝言い立て〟は初めの頃はなかったが、文化年中（一八〇四～一八）から新たに始まったという。稚児の後ろに続く〝通りもん〟は、津中の町々が思い思いの趣向を凝らしたもので、定まった形はなかった。稚児の乗り物と同じような仮閣に、人物鳥獣、山川草木などの作り物を飾ったり、山車の上で操り人形や歌舞伎踊りを演じたり、多い時にはその数が三、四十台にも及んだ。それを囲んで、〝跡巻《あとまき》〟と称する一群が加わるが、男女の子供を着飾らせ、大人は遊女や白拍子の装い、その他思い思いの仮装をして、笛・太鼓・鉦・三味線で囃し立て、唄を歌い、口々に〝戯れ言〟を唱えて、人々がひきもきらずに通る様は目を奪うものがあり、沿道には遠近の見物客が満ち溢れたという。いかにも自由都市博多らしい風情である。

　松囃子の行列は博多から那珂川を渡り、天神町《てんじんのちょう》・大名町《だいみょうまち》を経て、まず福岡城を訪れ、当初は本丸の門外と、本丸に入って庭上で〝稚児の舞〟が演じられたが、寛文九年からは城内下屋敷で行われるようになった。〝稚児の舞〟は、笛・太鼓に合わせて、猿楽の曲節で祝言の謡《うたい》を謡いながら舞い、藩主以下家老・諸役人が列座して祝賀を受けた。祝儀として年行司と稚児に御酒・吸物が振る舞われ、〝一束一本《いっそくいっぽん》〟（杉原紙一束・扇一本）が与えられた。その間に三福神以下の行列の者たちも城内に入って〝囃子ことば〟を唱えて祝い、玄関式台で御酒を賜わった。その様子が『石城志』には、「藩主の御館の前には松囃子の者どもに与えるために酒を半切桶に湛え、取皿・土器などを取り揃えているのを、われ先に戴こうと、競い集まって、柄杓を折り、土器を砕いて押し合う様子は大層騒がしい」と記されている。

博多松囃子（『筑前歳時図記』より　国立公文書館蔵）

城中の祝賀を終わると、下の橋から城を出て町奉行のもとに寄り、簀子町《すのこまち》から橋口町までの六町筋を経て博多へ帰り、各流町々を祝って回る。松囃子の訪問を受けると、家々では祝儀の酒肴を振る舞い、三福神に茶の一包みを贈ることになっていた。その間に稚児が主だったところで祝賀の舞を舞うが、その場所は城中・町奉行両家のほか、博多津中では、櫛田社・大乗寺・東長寺・承天寺・聖福寺・妙楽寺・年行司宅・三笠屋・柴藤家・当番の町年寄・翌年の

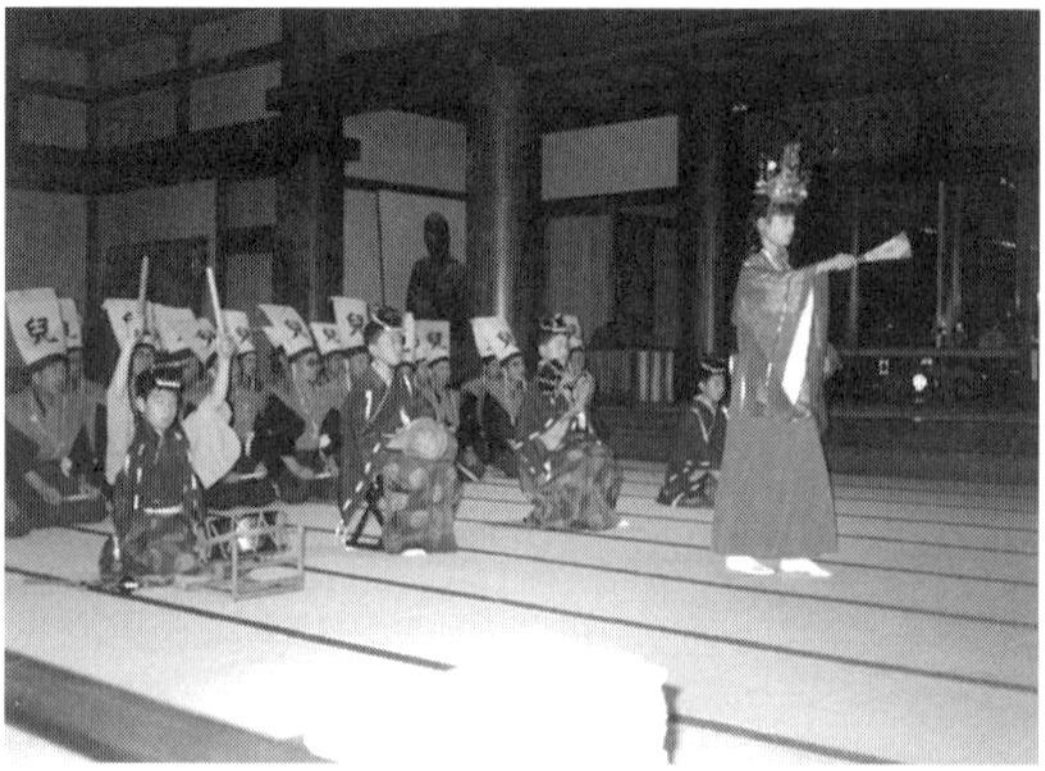

松囃子の稚児

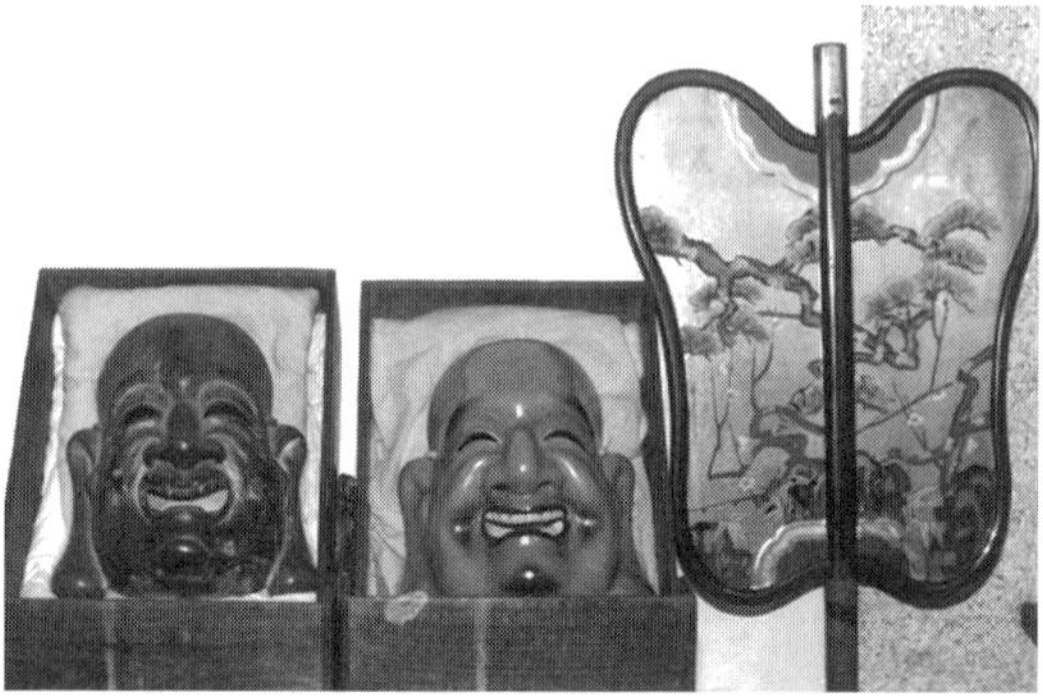

福神流の面

町年寄・稚児頭取の宅と定まっていた。こうして博多津中は終日松囃子の行列風流で賑わったが、〃通りもん〃に加わった跡巻の者たちは、途中で酒屋に寄ったり振る舞い酒を受けたりして、泥酔して道路に倒れたり、前後不覚になる者も多かったという。『石城志』にはそれを、「まことに太平のしるしと見えて大層めでたい」と記している。

松囃子の意義

博多松囃子はその構成と動きから窺うと、中心となっているのが稚児で、稚児の舞う祝賀の舞には、松囃子本来の意味が含まれているように見受けられる。博多松囃子の稚児は「毘沙門天（あるいは弁財天）の化身」とされているが、祭りにおける稚児は神の憑《より》坐《まし》ということで、それ自体が神格化されたものである。したがって、この場合も年の初めに訪れた神が、その土地の支配層を始め、各家を訪問して、祝福を分かつという意識が根底に潜んでいたと見るべきであろう。『筑前国続風土記』の、三福神を仕立てるのに「まず貧人を雇って」とあるのも、貧人そのものよりも、むしろその土地のものではない、他所から来た者＝神という意識が前提になっていたものと思われる。稚児も、三十三羽の鶴になる女性も、同じように本来は他所から雇うものということになっていた。三福神の仮面はそれを着けた姿が神そのものであるだけに、事前に〃面祭り〃を行うなど、鄭重に取り扱ってきた。『石城志』によると、福神の仮面は古作で、箱書きに店屋《てんや》町の生薬屋《きぐすりや》相部藤兵衛の祖先の名が記されており、大黒の仮面も同じく古作であったのが、元禄八（一六九五）年に喧嘩があって壊れたので作り替えたもの。恵比須の仮面は慶長四年の箱崎松原の喧嘩（前述）の時に紛失していたものを、宝暦十二（一七六二）年、福岡名島町の彫工佐田文蔵に陰陽（男女）二面を打たせたなどと、それぞれの由緒が語られている。

松囃子の中心となる〝稚児の舞〟は、囃子方ともども、従前から夜須郡甘木村（現・朝倉市甘木）の能役者梅津金左衛門に稚児当番から頼んで勤めてもらっていた。ところが江戸時代も中期になると、その接待のことや費用の点で、稚児当番との間にとかくもめごとが多くなった。このままでは恒例の松囃子に支障が生じかねないということで、町奉行船曳与左衛門の指示によって、正徳四（一七一四）年から博多津中で勤めることとなり、箔屋番《はくやのばん》の河原田平次が中心となって、町役者太鼓打権七、狂言師三五郎両名を稚児頭取として、稚児も津中から十歳ばかりの子供を選んで舞の指導をすることとなった（『博多津要録』『石城志』）。

松囃子の運営

松囃子の諸経費は、〝通りもん〟以外はすべて当番町の負担で賄われていた。毎年順番に当番町を回すという仕組みからすれば、一応公平のように見られるが、各町で戸数にかなりの開きがあるところから、実情にはかなり厳しいものがあったと思われる。行事が次第に派手になるにつれ、藩でも幕府の奢侈禁止に倣《なら》って、寛文八（一六六八）年に「松囃子の笠鉾に金銀の箔や金糸を使ってはならない。子供にも箔入りや縫紋入りの着物を着せるな。諸事簡略にせよ」と命じているが、必ずしもそのとおりにならなかったと見られるのは、各当番町ごとに苦しいながらも前例を崩したくないという意識が働いてのことであったと思われる。経費調達に悩んだ実情を示す一つの例に、享保四（一七一九）年、石堂流から町年寄十一名の連署で、恵比須の馬具二組を購入するのにお役所銀を拝領したいという申し出が奉行所に出されているのが『博多津要録』に見られる。わずかに鞍・鐙《あぶみ》・轡《くつわ》・手綱などのことであったが、それまで損料を払って借りていたが、借りられなくなったためとの理由で、馬具を奉行所からの預かり品とする旨の預り証までが添えられている。この松囃子の経費に津中の公的支出金である〝定切銭《じょうきりせん》〟が割り当てられるようになったのは寛保元（一七四一）年からであった。福神当番町に銭六十目、以下恵比須両神一四五匁、大黒七十目、稚児六百目、笠鉾一九五匁という額であったが、今まですべてが当番町の負担であっただけに、大きな福音《ふくいん》であった。このあと、延享四（一七四七）年には松囃子の時に大雨が降って、三福神と稚児の装束が損じたのを、定切銭とは別に、津中からの切銭で補うことも許可された。町奉行所ではこのほかにも、寛延四（一七五一）年から、従来松囃子の稚児に与えていた祝儀の〝一束一本〟を銀百疋（十五匁）とすることに改め、少しでも当番町が潤うように配慮を示している。

博多と福岡の確執

祭りにはとかく喧嘩がつきものであるが、松囃子の場合にもしばしば争いごとがあった。慶長四年の箱崎松原における喧嘩のことは前にも触れたが、この時には恵比須の仮面が紛失している。元禄八年の喧嘩は、大黒当番の古門戸町《こもんどちょう》の者が、〝跡巻〟に加わっていた浜口町浜の者と大喧嘩をして大黒面を割ってしまうという事件であった。もめごとの多かったのは、福岡六町筋（簀子《すのこ》町・大工町・本町・呉服町・上名島町・中名島町）で、福岡城からの帰途に、松囃子の〝跡巻〟連中がしばしば喧嘩騒ぎを起こしているのが、『博多津要録』の記載に見られる。貞享二（一六八五）年には、博多金屋町と竪町浜の者三人が六町筋の簀子町の若者七人と喧嘩をして、双方とも入牢させられるという事件があり、以後、松囃子が通る時には外に出ないで家の中から見るように町奉行所から六町筋に言い渡された。前にも述べたように、福岡は新興城下町であったことから、藩では何かにつけその育成に便宜を図っていた。そのことが、博多町人の不満を誘い、鬱憤《うつぷん》が六町筋に向けられたものと思われ、それ以後も松囃子〝跡巻〟連中の、福岡での通りに面した家々の表戸を破るなどの乱暴が繰り返されている。それを見かねた町奉行所では、寛保三年十一月、博多年行司を呼び出し、「近年松囃子〝跡巻〟のものが、福岡六町筋で目に余る狼藉を働いているが、この町は藩から普請をしてやった所なので、乱暴を働かぬよう厳しく取り締まるように」と命じ、翌年の松囃子の直前にも、再度厳しく申し渡している。それでもなお、祭り酒の勢いに任せた騒ぎは治まらなかったと見えて、宝暦五（一七五五）年正月、松囃子の始まる前に、奉行所は年行司を始め津中の年寄・組頭を集めて、「松囃子はお上をお祝いする日であるから、作り物は勝手次第、一人でも多く加わるようにして欲しいが、心得違いの喧嘩や乱暴をしないように」と、いちいち条項を示して申し渡し、翌日には福岡の年行司、六町筋の年寄らを集めて、博多への申し渡し事項を伝えて注意を促している。

この通達はかえって松囃子連中の不満をかったものと見えて、その年の松囃子では、福岡六町筋に入ると、傘鉾をたたみ、囃子も止め、稚児の台もたたんで通り、〝通りもん〟も囃子や歌舞を止め、道も途中から勝手に変えて大名小路を通って博多に帰ってしまった。しかもその反動が博多に入って現れ、東長寺で乱暴を働くという事件まで引き起こしている。この無言の抵抗が翌年も行われたので、奉行所は、次の年（宝暦七年）「松囃子がこの頃淋しくなったのでもっと賑やかにするように」と申し渡し、十歳以下の子供の紬・絹物の着用まで認めた。博多年行司の方でも、福岡での騒ぎを鎮めようと宝暦九年には博多から人数を繰り出して、六町筋の主だった店の前で松囃子連中の接待をさせたりして、それなりの対応に努めている。そうした配慮や努力にもかかわらず、松囃子の騒擾は幕末まで続いているが、それも逆の見方に立てば博多における松囃子の盛行を物語る一面であったといえよう。

福岡城へ向けての新年祝賀の博多松囃子は、明治の廃藩置県まで毎年欠かされることなく続けられていた。

近世の祇園山笠

山笠の再興

近世初期の博多祇園山笠については、『筑前国続風土記』にかなり詳しい記述が見られるので概要を記しておこう。

六月十五日に祇園の祭礼がある。猿楽も行われる。またこの祭りに大きな作り山をこしらえて博多津中を担いで歩く。このことは永享四（一四三二）年六月十五日に始まった。むかしは作り山の数が十二本であったが、いつの頃からかその数が減って六本になった。その様式は木で高く台を拵え、周りを布でつつみ飾り、上に人形その他のものを据えて、昔の古事などをまねた衣服や甲冑を着せ、武器を持たせ旗幟をささせ、様々な情景のものを作って、これを舁き捧げて櫛田の社前に入ったのち、博多の町中を舁き廻る。京都の祇園祭りに比べてもその規模が非常に大きい。ことに京都のものと違うのは、毎年異なった形のものを作り替えることで、このことは今もって続いている。この日は近隣の武士や庶民が集まるだけでなく、国中の男女や隣国の遊客までが作り山を見ようとして祭りの前から博多の町に集まり、宿泊するものも多かった。作り山の通るところは見物人が巷に満ちて、暑い盛りなのに押し合ってところ狭しという有様である。このように人が多く集まる祭りはよその国にもまれである。雨などが降り続くと作り山も飾れないので、山を見ようとして遠くから来た遊客は幾日も泊まることになる。貧しい家ではしまいにはもてなしに飽いて、互いに気まずい思いをしているのがおかしい。

近世に再興された祇園山笠は、ここに記されているように作り山の数が六本。以前十二本であったのが六本になったのは、前述のように大内義隆が周防山口に六本を分与したためというが確証はない。益軒も「いつの頃からか」と疑問視している。しかし、とにかく基幹となる七流で六本の作り山を受け持ち、一流が交替で能当番を勤めてきた。

各流は九カ町から十数カ町で構成されていたが、そのうち、東町・市小路《いちしようじ》町・西町・土居町・魚町・石堂町・金沢番（掛町）の各町が、それぞれの流を統括して〝頭の町《かしらちよう》〟と呼ばれていた。各流とも、初めは町々で人足銭を切り立てて頭の町に納め、流全体で毎年の祇園祭礼を勤めていたが、大勢ではとかくもめごとが多いということで、寛文十三（一六七三）年から各流ごとに当番町を決めて行うようになった。原則的には一町単位であったが、戸数の少ない町ではいくつかが組んで当番町になることもあって、山笠当番は五、六年おきから、十二、三年おき、能当番はこれに七年を掛けた時期に回ってきた（『櫛田社鑑』）。なお、この七流に加わらない厨子流と新町流は、祇園祭礼で行われる能の公儀桟敷作りと、町奉行・年行司の桟敷作りをそれぞれ受け持つことになっていた（『博多津要録』）。

作り山

作り山は、初めの頃は勇ましい合戦物（〝修羅物〟）を中心に、女性を主人公とした優美な〝鬘物《かずらもの》〟を加えていたが、宝永五（一七〇八）年からは、公命によって、一・三・五番の奇数山を〝修羅物（さし山）〟に、二・四・六番の偶数山を〝鬘物（堂山）〟に仕立てることになった（『櫛田社鑑』）。『松囃子山笠記録』（櫛田神社蔵）には、その時の番付が次のように記されている（括弧内は飾り人形）。

一、大渡合戦（義貞　与市入道　大舘左馬佐氏明　尊氏馬）　土居町下
二、小袖売（聖辛王　乳母　手代　待宵姫）　古門戸町
三、巴関東下向　前粟津ヶ原合戦（一条次郎　郎党　巴御前馬　ちちふ馬）　呉服町下
四、一宮親王鞠遊（親王　秀房　白菊前　藤房）　万行寺前町
五、生田合戦（新中納言知盛　梶原平三　梶原源太　蒲御曹子馬）　魚町上
六、松風村雨（中納言行平　松風姫　トウロ　村雨姫）　官内町
能　東町流れ　浜口町下

作り山には、古来、松を飾りに使用していたことが、さきの筥崎宮の「禁制」からも窺われるが、『石城志』には、大友宗麟から山笠に限って十里松原の松を伐ることが許された旨の記載が見られる。当初は作り山一つに三本であったのが、延享二（一七四五）年からは、当番町に二本宛と制限され、さらに宝暦十四（一七六四）年からは生松をやめて作り松を飾ることになった。山車に飾られる松は松囃子の笠鉾と同じく神の依代を意味しており、「山笠」の名もそこから出たと思われる。作り山の結構は、『筑陽記』（宝永二年）に「高さは六、七間（一〇～一二・三メートル）ほど、小山の形に高低の嶺を作って色絹で包み、名将勇士の合戦あるいは和漢の有名な物語の場面や人馬を作って、真物の甲冑・弓矢・太刀を帯びさせ、馬具・鐙まで取り付け、指物でそれを飾る。兵具などは家士たちの宿願によったり、またはその見栄えを試そうと貸してくれるのを用いる」とある。作り山の人形に着せる甲冑を福岡藩士たちから借りていたことは、『櫛田社鑑』にも旧記を引用

して、「自分のものに姓名を書き表し、我れ劣らじと美を尽くして着用の鎧を出すことをこの祭礼の慣例としている。治世にも武を忘れないという気持ちからであろう。こうしたしきたりから、今でも家中から借用する道具は、当番町から藩庁に申し出ることになっている」と記されている。

この作り山の結構については、郷土史家の橋詰武生氏（明治二十四～昭和五十四〈一八九一～一九七九〉年）が、昭和三十九年に『旧暦採用時代の山笠――主として藩政時代』と題してまとめたものを櫛田神社に奉納したのが、現在では境内の「博多歴史館」に展示されているので、多少の重複はあるが引用しておく。

　宝永五年藩命（黒田綱政）に依って、頂上飾物の規制が行はれた。
　一、三、五の奇数番の山笠を修羅又は差物といひ、二、四、六の偶数番の山笠をかずら、または堂山と称した。

素山の図（『追懐松山遺事』より。福岡市博物館蔵）

　差物山の差物は、矢切の上に城構へ又はそれと類似のものを掲げて差物を指し旗を立てる。此旗は博多織の正絹で長さ三丈に達する。差物には三社の神額、又は鶴亀等を附し、更に招き小旗を前後に五本宛、両横に二本、都合十四本を掲げる。堂山の方は頂上に御堂若しくはそれと類似のものを据え、清道を立てる。
　山笠の台は高さ六尺方一間、四本の柱の左右に年月及当番町名と年寄助役（後世は町総代）

の姓名を墨書し、各柱には鉄製の沓を嵌《は》め、四方の貫は樫の木を以てした。この樫貫の上に六本の棒を載せ台を置く。此際棒を莩縄をもって結び付くることを棒付けと云ふ。棒は長さ四間の松棒。前後とも両端を一番棒と称し、中部へ二番棒、三番棒と名づけ、次第に棒付けの高さが低くなっているので三番棒を擔う者は一番棒の者より背が低からねばならない。又、棒の形により、鼻・中・台下と擔ひ所が高低している。故に擔ひ手は都合三十六人を要する。一番棒の位置は台の外であるから、台の両横に杉木を棒形に作って棒の下に結び付けている。これを〝胡瓜がき〟と称する。形が胡瓜を半分に割ったようであるからである。胡瓜がきにも二人を要するから山笠を舁くには前後両側を合せ結局四十人の勢を要する訳である。一番棒の先には鐶を打って縄を下げる。この縄を取って直行左右等進路を導く役を〝鼻取り〟という。

台の上に方一間の木縁に割竹を以て編んだものをおく。これを〝しおり〟と称する。しおりの上に四本柱を立てる。この柱の長さ二十六、七尺乃至三十尺あって、上細りに組上げ、その最上辺を〝きゃたつ〟という。また四本柱及び柱と柱との間に二本、前後八本の長い竹を柱の中央から柱と桁とに結びつける。この竹の先にきゃたつの上部二間以内の所に棒を入れ、又は木の十文字を入れて堅固にし、竹と桁柱との隙間には木を以て突張り、更に縄で結ぶ。これを〝矢切り〟と称するのである。この矢切りの上が恰も差物山ならば城構えであり、堂山ならば台をのせる場所に当る。

当番町では、まず四月朔日、山笠製作の場所を設けて製作に着手する。このことを〝小屋入り〟という。

（以下略）

作り山の人形作りは、代々土居町の人形師小堀家の受け持ちであった。小堀家の旧記によると、先祖は京都四条の木偶《でくし》師小堀善左衛門で、永享九年三月、招かれて博多に来て櫛田神社社内に住み、津中から扶持をもら

三苫英之「山笠図屏風」（天保元・2〈1830・31〉年　部分　福岡市博物館蔵）

い、その年から甲冑を着け指物を指した作り山の人形を作ったという。その後四代目善左衛門の弟善三郎が、別家をして人形の下籠やその他の付属品を作り、両家で作り山を仕立てていたが、やがて本家が絶えると、善三郎の末裔が土居町に住んで小堀人形屋と呼ばれ、明治期に入るまで山笠人形の製作を独占していた。山笠の台はそれぞれの当番町で作っていたが、宝暦二年、市小路下の三苫惣吉が初めてその町の二番山を製作し、安永年間（一七七二～八一）からは、六本とも一手に作り、その後も毎年惣吉の子孫が山笠の製作にあたったという。

　山笠の実施にあたっては町奉行の許可が必要で、作り山の標題とともに山笠絵図を提出することになっていたが、絵師は津中から上田家が代々これを勧めていた。

　作り山の費用は、従来各流で家々から切り立てる抜銭《ぬきせん》で賄われていたが、寛保元（一七四一）年から松囃子の場合と同じく、定切銭のうちより支給されることとなり、作り山一本につき銀八百目が渡されたが、そのうち二百目を奉行所預かりとして能当番に六五〇目が支給された。山笠の当番町では、残る六百目のうちから絵図・人形・山笠の仕立て賃などを賄った。ちなみに山笠絵図の描き賃は一本につき十三匁であったのが、宝暦四年に十五匁、文化四（一八〇七）年には銭二十五匁と増額されている。同年の人形代は一体につき銭四十五匁、牛馬一匹につき五十匁であった。このほか、祇園会には津中から御供料として六十目の鳥目が神納されることになっていたが、これは毎月の定切銭に加えて奉行所より神社に奉納された（『博多津要録』）。

山笠行事

櫛田社の祇園会は陰暦六月十五日であるが、山笠行事は朔日から十五日間にわたって行われる。『石城志』および『櫛田社鑑』によって、江戸中期から後期にかけての山笠行事の概要を述べるとおよそ次のとおりである。

六月朔日には櫛田社の相殿に祀られている祇園神に神事が行われたあと、津中の辻々に注連が引き渡される。これを〝注連卸《しめおろ》し〟と呼ぶ。櫛田の祠官天野氏が町々の年寄のもとに赴いて祓えの儀式を行い、この日作り山の台を海水で清めて、山飾りの準備に入る。また、各流ではこの日氷餅と祇園饅頭を作って祝った。

十一日未明、前日の十日に飾り付けを済ませていた山笠を当番町から舁き出し、その町の流中を舁き回る。これを〝流舁き〟と呼んで見物に来る者が多かった。寛文年間までは十三日、洲崎町にあった町奉行の屋敷に作り山を舁いて行く〝笠揃え〟という行事があったという。祇園会の前日十四日は本格的な山笠の飾り付けをするが、夜通し神社に詣って山笠を見て回る者が多かった。

十五日の祇園会当日は、丑の上刻（午前二時頃）、神社で神前に御供が供えられる。同じ頃、津中の若者を始め近郷から集まってきた山舁き加勢の者たちが海水に浸って身を浄め、一番山から六番山まで、作り山を土居町の小堀人形屋の前に舁いて行き、そこで御祓いを受け、櫛田社の手前、土居町流の大乗寺前町に勢揃いをする。卯の上刻（午前六時頃）に一番山から順に社内に入って、神前に一本ずつ山笠を据えて祝い唄を歌う。それから境内を出て祇園町を通り、東長寺の門前に据え、馬場新町から辻堂町に至って承天寺門前に据え、御供所町を通って聖福寺門前に舁き据えたのち、東町流を金屋小路町《かなやしょうじ》・北舟町・東町・浜口町と舁き下り、廿家町《にじゅうやまち》を経て呉服町流を市小路町・呉服町・小山町と上って、中奥堂町から西町流に入って竹若番・箔屋番《はくやのばん》・西町・蔵本番・奈良屋番を下り、古渓町から土居流の浜小路町・行町《ぎょうのちょう》を経て、最後は洲崎流を古門戸町・対馬小路町・洲崎町・橋口町・川端町と舁き回ってそれぞれの町に帰った。なおこの日、六番山笠が櫛田を出ると、境内の能舞台では〝鎮めの能〟が舞われる。能は甘木の梅津太夫、囃子方・地謡《じうたい》は津中の者が勤め、「翁」ほか、狂言を加えて四番が舞われた。

博多祇園会（『筑前歳時図記』より　国立公文書館蔵）

以上が山笠行事の概要であるが、櫛田神社神職山崎藤四郎が著した『追懐松山遺事』（明治四十三〈一九一〇〉年）に博多祇園山笠の慣行についての詳細な記述が見られるので、江戸時代からの慣例を記したと見られるもののうち、付記すべきものを摘記すると、およそ次のとおりである。

○四月朔日より各当番町で山笠を作る場所を設けて山笠作りに取り掛かるのを〝小屋入

り〃という。この日から山作りの職人・大工が入り込み、屋形・岩浪などの製作に着手し、以後、六月下旬までは経費の計算などで町中がかかりきりとなる。

○山笠は前年または前々年から町中でたびたび評議のうえ作り山の題材を選定し、山作りの者に図面を描かせて、その図面によって山笠を作る。また、五月末までに山笠絵図二枚を絵師に描かせて、一枚は藩主に献じ、一枚は年行司に与える。山笠に関する年行司よりの通達はすべて一番山の当番町を通じて行う。

○五月二十四、五日頃から日柄を選んで山笠の台（素山）を立てる。六月朔日までは山飾りも簡単で、人形も衣装を着せず浴衣のままであった。五月二十八日より山の番付団扇を市中に売り出す。

○五月晦日の夜、当番町の者が打ち揃って箱崎浜に汐井取りに行く。

○六月朔日から山笠を飾って、朔日・三日・五日・七日と一日おきに舁き廻り、八・九両日は十日飾りの手入れをする。十日飾りを本飾りといい、充分に飾り付けをする。十日の夜は山の前後に大篝火を焚き、家ごとに高提灯を掲げる。十四日夜も同様で、たとえ暴風雨でも山は飾ったままで下ろさない。十二・十三両日はあまり飾らず、十四日は追山の準備のために山を低くし、人形以外の大きな飾りを取り除き、旗なども短くする。

○十五日八ッ時（午前二時）、神社で神職による献饌、神楽奉納ののち座主東長寺、配下の大乗寺・入定寺の僧たちにより、神前で法楽《ほうらく》理趣三昧《りしゅざんまい》の秘法が修せられる。

○町奉行は配下の者二、三人を従えて六ッ時（午前六時）前に出向き、能舞台前の桟敷へ着座、年行司は町奉行桟敷前で山笠櫛田入りの監督をし、六番山櫛田入りの後、側面の桟敷に直って能を見る。奉行は最初の「翁」が終わると退座して引き取る。

○能当番町は、十二、三日頃から能舞台の準備をし、十五日未明に年寄・助役が麻裃で出向き、能舞台の袖で能の世話を勤める。

追山

博多祇園会で山笠が津中を舁き回るのは、祇園神の威力によって流町々の災いを祓うためのもので、その順路と、六番山が出たあとに舞われる〝鎮めの能〟が何よりもよくそのことを示している。山笠に人形を飾るのも、人形《ひとがた》に災いを吸い取らせるという原初的な信仰に基づくものである。本来厳かであるべき山笠の巡行が、祭り気分の高まる中で次第に激しい動きを示してくるのもまた当然の成り行きであった。『櫛田社鑑』には、貞享四（一六八七）年の祇園山笠で、石堂流の四番山笠が途中での昼食を抜きにして、三番山の土居町流を散々に追い上げるという事件があり、それ以後途中の昼食がなくなった、という逸話が記されている。その前にあった若者組の喧嘩がもとであったとされているが、『博多津要録』には、宝暦六年の町奉行からの通達の中に、「以前より山笠の回る時に先山を追いかけることがたびたびあって、特にこの二十年ほどはそれが当たり前になり、いつも争いが起こり怪我人も出ているので、一番山が東長寺から馬場新町の辻に出たのを見計らって二番山が櫛田を舁き出すように取り極めをしていたが、それも近頃では乱れている」とあって、後ろの山が先の山に追い着こうとして速さを競うことが慣習化されてきたことを示している。以前には途中に昼食をとる場所までを決めたりして、山笠の動きもゆったりとしたものであったのが、速さを競うようになると、休息も取らず、時には東長寺や聖福寺に入らない山も出る始末で、寺側から奉行所にしばしば苦情の申し出があっている（寛保四年・宝暦六年など）。そうした紛争を少なくするために、奉行所では各流の年寄を集めて注意を与えるほか、寛政七（一七九五）年には、東町流の六番山が前を行く洲崎流の五番山に追いついた時に、山を留めて先山の離れるのを待ったということで、銭三貫目を褒美として与えたりもした。その効果であろうか、

『松囃子山笠記録』には、享和元（一八〇一）年に「石堂流の六番山が早くて、土居町流の五番山に追いついたが、山を下ろして五番山を一町ほど先に行かせ、それを三度繰り返したのが、おとなしく見えて大層評判がよかった」とあり、文化十三年には、東町流の二番山に洲崎流の三番山が追いついた時、先山に猶予を与えたので、寛政七年の例にならって褒美が与えられたとか、天保二（一八三一）年に三番山が二番山に追いついたが、四度も止まって待ったとかの記述が見られる。しかし、傾向としては速さを競うことが相変わらず続いていた模様で、のちには後ろの山に追いつかれまいとするあまり、できるだけ山の重量を軽くするようにさえなった。近世後期には前述のように作り山の本飾りは十・十一日だけとなり、十四・十五両日は山を低くして、屋形のような大きなものは取り除き、指物を減らしたり旗を短くしたりして、貧弱なものになってしまった。これでは見栄えも悪く、せっかく見物に来た他国の人にもすまないと、天保十一年には各流当番町が作り山を手を抜かずに飾ることを申し合わせ、その監督方を奉行所に申し出ている。〝追山〟の呼び名が生じたのもその頃からのことであろう。

山舁き加勢

重量のある山笠を、車を付けずに動かすのには多くの人数を要するので、当番町ではその流に所属する町々のほか、無役となっている町からの加勢を受けていたが、近郷の農村からも山舁き人夫を雇っていた。その範囲は、隣接の早良・那珂・席田《むしろだ》・糟屋四郡が中心で、各流それぞれに、平素の下肥《しもごえ》取りなどでつながりをもつ地域に親村となる村を定めて人集めを依頼していた。それが慣習化されるにつれ、農村ではちょうど田の草取りに忙しい時期でもあり、在郷の農民が村をあげて博多の祭りに参加するのは思わしくないということであろうか、郡奉行衆から山舁き加勢が禁止された。人数不足に悩んだ津中では、延享元年の春から、郡奉行衆に掛け合ってもらうよう町奉行所に願い出て、同四年になってようやくその許可が得られ、以前のとおり舁き手を雇うことができるようになった。近郷よりの山舁き加勢は、その後も時々問題を起こしており、宝暦六（一七五六）年に、当番町六町の年寄・組頭より、在郷の者が雇いにくくなったので、流だけで人数が揃えられるよう、各町を督励して欲しい旨の願いが年行司に出されたり、天明三（一七八三）年には、米価高騰のために山舁き人夫を雇わないことが申し合わせられたりしているが、山舁き加勢の慣習そのものは江戸期を通じて受け継がれていた。

近・現代の松ばやしと祇園山笠

明治維新と松囃子・山笠

慶応三（一八六七）年十月、徳川慶喜の大政奉還によって、徳川幕府は二六四年の歴史の幕を閉じ、王政復古の大号令とともに明治新政府が誕生した。天皇を中心とした中央集権国家を目指した新政府は、慶応四年三月十四日の「五箇条の御誓文」に基づく政策を次々と発布したが、その中から博多の松囃子・山笠に関連したものをあげると、①慶応四年三月の「神佛分離令」、②明治二（一八六九）年六月の版籍奉還と同四年七月の廃藩置県、③明治五年十二月の太陽暦採用、④同年七月の祭礼行事の禁止などがある。

「神佛分離令」では、櫛田神社の相殿に祀られていた祇園神を渡来神として廃し、素盞鳴尊を祭神とする須賀神社に改めた。しかし、地元ではあくまでも〝お櫛田さん〟であり〝祇園さん〟であった。

版籍奉還による廃藩置県では、福岡藩は明治四年七月十四日に福岡県となり、藩主黒田長知に代わって有栖川宮熾仁親王が福岡県令（知事）に就任、同年九月県庁を福岡城内に設けた。

太陽暦採用は、明治五年の陰暦十二月三日を陽暦明治六年一月一日とした。陰暦の廃止は長い間農作業を始め年中行事のすべてをこれに依存してきただけに、民間ではおいそれと順応できず、陽暦を採用しても再び陰暦へと復帰したり、各地で試行錯誤を重ねながら定着するまでにはかなりの年数を要している。山笠のごときは明治二十・二十一・二十二年の三カ年は陽暦で実施したものの、翌年再び陰暦に復帰、政令が公布されてから三十九年後の明治四十四年になってようやく陽暦でひと月遅れの七月十五日を祇園さんの例祭日とするようになっている。

祭礼行事の禁止は明治五年七月十三日に「諸神祭礼ノ節俄芸卜唱へ男女混淆以て風俗を紊スヲ禁ズ」という通達が出されているが、五箇条の御誓文の「旧来の陋習を破り」にあたるもので、文明開化、外国文化の移入に躍起となるあまり、我が国の伝統文化までを旧来の陋習として切り捨てようとした明治新政府の狭量さが窺われる。

この政策にまず影響を受けたのが松囃子で、それまで黒田の殿様に年頭の祝賀を申し上げていたのが、版籍奉還によりその相手がいなくなり、目標を変えねばならなくなった。明治の世になっても伝統の松囃子は続けたいと、明治五年正月に松囃子連は県庁に向かって繰り出した。当時県庁は福岡城の旧藩主の館で、新知事は官員たちと玄関に列席し、松囃子の祝賀を受け、年行司・稚児たちは冷酒・土器を賜った。松囃子復興の機運と期待したのも束の間、福岡県では、明治五年十一月に松囃子も山笠も禁止してしまった。

そのあたりのいきさつや経過については、井上精三氏の『どんたく・山笠・放生会』（昭和五十九〈一九八四〉年）、橋詰武生氏の『明治の博多記』（昭和四十六年）、落石栄吉氏の『博多祇園山笠史談』（昭和三十六年）、『戦後博多復興史』（昭和四十二年）、博多祇園山笠振興会の『博多山笠記録』（昭和五十年）などに詳しいので、それらに準拠しながら稿を進めたい。

明治五年十一月に、松囃子・山笠を禁止した当事者は、県令有栖川宮が三月に退任して帰京のあと、空席を埋め三頭と呼ばれていた塩谷参事（旧岩国藩士）・水野権参事（旧幕臣）・団尚静（旧福岡藩士）ら、博多の伝統行事には疎い者たちで、通達は次のような内容のものであった。

従来神仏の祭祀そのほか行事の日に、意味も無く戯技を楽しみ金銭を浪費することは悪弊である。それは破産衰家のもととなるだけでなく、敬神の首意に反するばかりか風俗にも宜しくない。まして文明開化の際不都合である。依って来年、癸酉（明治六年）より正月松囃子、六月山笠を始めその他の作り物の類を大小にかかわらず一切禁止。盆踊りも十四・十五日両日以外はしてはならない。もっとも天長節など決まった祝日は身分相応に祝賀をせよ。

祭礼行事は禁止するが、天長節のような国で定めた祝日なら祝ってもいい、という県側の勝手な言い分であるが、博多の者には、天皇に対する関心はなく、陽暦十一月三日の天長節には盛り上がりを見せなかった。むしろ陽暦二月十一日の紀元節が陰暦では正月十日で、十五日の松囃子に近いことから、明治十年に合併していた博多と福岡が一体となった松ばやし（以下〝松ばやし〟と表記）を、明治十二年二月十一日に「紀元節博福祝」として行った。三福神は魚町流の中魚町が福神、石堂流の下金屋町・横町が恵比須、洲崎流の下鰯町が大黒、稚児は呉服町流の廿家町・萱堂町で、笠鉾・通りもんも昔通りの賑やかさ、福岡部からもおよそ二十台の引き台や通りもんを出した。紀元節奉祝松ばやしは、稚児・三福神とも櫛田神社に集合、土居町を過ぎ掛町から中島町に出て、福岡六町筋を通って西公園の光雲《てるも》神社（黒田長政を祀る）に参詣し、帰途は県知事官舎に祝意を表し、その後は自由に各町を巡った。

明治5年の「山笠図」
（福岡市博物館蔵）

一方の山笠は、落石氏の『博多祇園山笠史談』には明治元年から四年までは毎年の当番町と山笠標題の記載が見られるが、具体的な内容については触れられていない。井上氏によれば、明治四年にこの年の山笠六当番町が連名で、「時節柄遠慮すべきだと思いますが、長い伝統を持ち、神慮を慰め、悪疫退散の山笠を今年もお許し下さい」と申し出たがその年は許しが出ず、翌明治五年に許可があって、高さ五十二、三尺（約一六メートル）の華麗な山笠を立て、古例どおり舁き回ったが、翌六年に再び山笠禁止令が出されたので、この年の山笠が江戸時代からの最後のものとなり、以後高い山笠と、それを舁き回る華麗と豪勢さは見られなくなった。『追懐松山遺事』にも「蓋シ従前ノ体面ヲ有セル博多山笠ハ実ニ当年ヲ以テ其最終トス」と記されており、落石氏も、「高い舁き山の最終」と見出しを付けて、六基の山笠の表《おもて》と見送《みおく》り（背面）の標題・人形などの名称を記し、「標題左右の脇書は寛文九（一六六九）年以来、本年で二百四年、全部記録されているが、本年が高い山の最終なので特記した」と愛惜をこめて記録しており、明治六・七年は山笠の記載はなく「能楽のみ」となっている。明治五年の記録は次の通りである。

姜氏　車賀　趙衰

一、晋国覇業基　　　　　　小山町上

（見送り）文公童子

兵庫頭源頼政　猪早太

二、一矢雲上鎮　　　　　　竹若番

（見送り）鵺

羽柴秀吉　四王天但馬守

三、蚊龍驥天機　　　　　　金屋町上

（見送り）加藤虎之助

ぬり笠女　鬼

四、大津絵　　　　　　　　東町上

（見送り）恵方神

龍神　彦火々出見尊

五、双珠光国瑞　　　　　　新川端町下

（見送り）乙姫

六、豊公之栄花　　豊太閤　舞女　　店屋町下
（見送り）千利休
能当番　　大乗寺前町

松囃子・山笠禁止令の出たのが前述の通り明治五年十一月。六・七年と山笠の六当番町は執拗に復活を県に申請したが拒絶された。しかし、博多の者の熱意に負けてか、明治八年になって追山の二日前、六月十三日夕刻になって許可が下りた。この年の各当番町では、背景の岩波屋形や人形の衣装を調える暇もなく、ともかく何でもよいから山笠を飾ろうと、浴衣《ゆかた》を着せた人形一体を台上に乗せただけの山笠を作った。〝ゆかた山〟と呼び、「山笠再興誉」「神祭復古歓」などの標題をつけて復活を喜んだが、その翌年から再び禁止、明治十五年まで、能の奉納だけで山笠を見ることができなかった。

明治・大正・戦前の松ばやしとどんたく

松ばやしは、明治十二年の「紀元節博福祝」以後も中断されることなく継続された。明治二十七、八年の日清戦争の折には、二十八年秋に戦死者の霊を慰める鎮魂祭が福岡城内で行われ、翌二十九年に鎮魂碑が落成したので、十一月二十一日に盛大な鎮魂祭が催された。この日は各町内から〝通りもん〟が繰り出され、松ばやしも出動した。こうして、春の紀元節と秋の鎮魂祭の年二回、松ばやし・通りもんが出動したが、のちには鎮魂祭が主体となって、春は取りやめられることが多かった。休日・休業を意味する外来語の〝どんたく〟が用

いられるようになったのはこの頃からであろうと、井上氏は当時の新聞記事を検討した中で述べている。日清戦争に続く日露戦争の勝利は福岡市民を熱狂させ、鎮魂祭も招魂祭と名を変え、〝松ばやし〟と〝通りもん〟のどんたくが、福岡連隊の城内練兵場に繰り込んで、勝報のあるたびに祝勝会を兼ねた招魂祭に湧きたった。ことに明治三十八年五月二十七日の日本海海戦の大勝利は福岡市民を興奮させ、六月一・二両日の大勝祝賀会の会場である築港埋立地は二万人余りの人で埋め尽くされ、式典のあと市中に繰り出したどんたく隊は踊り歌い、それまでで最高の奉祝どんたくになったという。

戦地からの出征軍人の凱旋も一段落ついた明治三十九年三月九日、東公園で軍人歓迎招待会が開かれたが、三福神・どんたくも出場、翌十日の城内練兵場での招魂祭にも参加した。その後、明治四十・四十一年が五月、四十二年以降が四月と開催日が変わっていたが、大正四（一九一五）年に四月三十日、五月一日と決まってから昭和十三年まで続けられた。昭和六年満洲事変が始まり十五年戦争へと拡大してゆく過程では、どんたくどころではなく、昭和十三年を最後に、戦前の〝松ばやし〟〝どんたく〟は取り止めとなった。

明治・大正期から戦時中の山笠

明治九（一八七六）年から七年間、博多の祇園祭りは、能の奉納だけで山笠は飾ることも舁くことも許されなかった。流の中には叱られるのを覚悟で、台だけに「神祭」と書いた額や御幣・榊を立て注連を張って舁いたところもあった。博多の者たちの山笠に対する執念に県も動かされてか、明治十六年になって山笠の復興を許した。『博多祇園山笠史談』には、「旧六月十日より十五日まで山笠奉納、明治六年以来十一年ぶりに本格的山笠が再興したが、電信線架設のため以前より低し」と記している。電信線は明治六年十月に架設。そのために高い飾り山だと架線に引っかかるので、低くせざるを得なくなった。低い山笠は残念だと、その後各町世話人が募金をして電信線を高くするよう電信局に陳情、明治二十五年になってようやく聞き届けられ、やや高い山笠が建てられるようになったが、それでも昔の山笠に比べると五尺（約一・五一メートル）も低かった。明治三十年に電灯線が張り巡らされるようになって、いよいよ山笠の運行は困難になった。山笠廃止論も台頭し、当局の許可も得られなかったので、この年は櫛田神社境内に「鈴鹿山」と題する飾り山を奉納し、山舁きも中止して各当番町に作り物を飾った。翌三十一年、博多祇園山笠を廃止するという曽我部福岡県知事の提議に福岡市会議員の多数が賛成し、市議会の問題となった。ちなみに福岡市制が施行され、市議会が成立したのは明治二十二年四月のことだった。廃止論の根拠は、山笠が高いので時々電線を切る、半裸の男が町中を練り回るのは見苦しい、暴飲暴食による不衛生の三点だった。収まらないのが江戸時代以来山笠を守り続けてきた博多の人々。反対運動に立ち上がり、「九州日報」の主筆古島一雄の力添えもあって廃止論を撤回させた。

明治三十八年、山笠の組織を揺るがす事件が勃発した。六月十三日の〝追山馴らし〟の時である。太鼓の合図で蔵本番（西町流）の一番山が勢いよく〝櫛田入り〟をして境内を飛び出し祇園町に入った頃、ゴロゴロと雷が鳴った。山留めの担当者がこれを太鼓の音と勘違いして、山留めの竿をサッと上げたので、二番山の上店屋町（魚町流＝福神流）の山が歓声を上げて櫛田入りをし、境内を出て行った。所定より一分以上も早い舁き出しだった。二番山が早く出るなら我々もと三番山から六番山まで時間を無視して飛び出したので、大混乱となった。混乱の責任を問われたのは二番山の福神流であったが、福神流ではそれを不服として今後山を建てずと決議したため、大正元年までの七年間、山笠は五本となった。大正二年になって福神流が能当番を勤めることとなり、円満解決してまた六本となった。ちなみに、博多七流のうち、横町筋の石堂流・魚町流・洲崎流は松囃子の恵比須・福神・大黒を受け持っていたことから、明治以降、山笠の流を呼ぶ時にも松囃子の恵比須流

・福神流・大黒流の呼び名が用いられるようになっていた。

明治末期に起こった山笠の大きな変化に、いま一つ舁き山と飾り山の分離がある。明治四十三年三月に福岡で九州沖縄八県連合共進会が開催されるので、電車を開通させることとなったが、その路線が山笠のコースと重なるところでは、電車の架線が地上五メートルなので丈の高い山笠の運行が全く不可能となった。様々に工夫を凝らしたが、結局は丈の高い飾り山は据え山として固定し、運行は高さ三メートルほどの舁き山にせざるを得なくなった。

多事多難の中、明治四十四年から新暦採用、追山が七月十五日となり、大正期を経て昭和期に入るが、松ばやしと違って、十五年戦争に入っても毎年の山笠は神事だけに細々ながら続けられていた。特記すべきは、昭和十年、七月十五日の追山終了後、恵比須流の山笠を中島橋を経て福岡市役所前に舁き入れ、手打ちをして市長に贈呈したことである。博多の山笠の初めての福岡入りで、この山笠は翌年春の博多築港大博覧会に出品された。

博多の人々によって守り続けられてきた祇園山笠も、戦争の激化とともに昭和十九年で一応の終止符が打たれ、二十・二十一の両年は中止のやむなきに至った。

戦後のどんたくと松ばやし

昭和二十（一九四五）年六月十九日の夜、米軍機の空襲によって博多の町の大部分が廃墟と化した。次いで八月十五日の無条件降伏。博多の人々は虚脱状態に陥ったが、そうした中でも立ち上がりの気運が生じ、奈良屋校区の有志が終戦の翌年二十一年五月、瓦礫の中で松ばやしを行って人々を感激させた。傘鉾はありあわせの布を繋ぎ合わせ、肩衣は紙で作り、三福神の馬はハリボテで、傘鉾を先頭に〝言い立て〟を唱えて行進した。これに刺激されて、翌二十二年三月には、福岡市・商工会議所・商店街代表・市民有志が集まって、市民全部が参加する復興第一回のどんたくを、五月二十四、五日の二日間開催することを決めた。廃墟の中からの復興は、道路の整備と商店街の復活から進められていたが、二十四日には新しく出来た幅員五〇メートルの昭和大通り（現明治通り）で復興祭を行い、三台の花電車も走って景気を添え、十六カ所に仮設舞台を設置し、二日間にわたり、松ばやしを始め、商店街の曳き台も繰り出して戦後最大の賑わいを呈した。

二十四年からはどんたくの日を新憲法記念日の五月三・四日とし、「松囃子どんたく港祭り」と名付けられた。その後しばらく五月五日の〝子供の日〟を入れた三日間行われた時期もあったが、昭和三十二年、「博多どんたく松囃子港祭り振興会」が結成され、三・四日を〝どんたくの日〟とし、各種演芸団体・商店街に出場を勧誘し、優秀どんたく隊に賞金を贈ることにした。これらが効を奏して、吹奏楽団・商店宣伝用の飾り車など、車両五十台が連なって市内を行進、初めてどんたくにパレードが展開された。この年からパレードが主体となり、三十七年からは〝市民の祭り〟とすることになり、積極的にその振興を図った結果、婦人会七千人の参加を始め、団体・会社・銀行・商店街・陸上自衛隊・県警音楽隊・小学生鼓笛隊も出場して、延べ十五万人と報ぜられた。山陽新幹線が博多まで開通した昭和五十年には県外からの見物客も増大、他都市からの観光PR団体のパレード参加もあって、公表数二百万という年もあり、国内最大級の都市祭りに数えられるようになった。

このようにパレードが主体となっているどんたくの中でも、〝松ばやし〟は昔ながらの伝統と格式をもって出場している。「博多松ばやし保存会」によってパレードとは別に独自のコースを取って、三福神・傘鉾・稚児・〝通りもん〟が古い博多の町々を巡り、要所要所で〝稚児の舞〟を舞い、〝通りもん〟には肩衣（羽織を裏

福神

傘鉾

恵比須

通りもん

大黒

高砂連（通りもん）

子供の言い立て

松囃子の接待

返しにした肩裏〈スラセ〉と呼ぶ着方が粋な着こなしとされた）に〝軽衫《かるさん》〟と呼ぶ裁着袴《たつつけばかま》を穿《は》き、白足袋に下駄か草鞋がけ、背に〝預かり笹（笹の小枝に細い色紙の短冊を下げたもの）〟を挿し、頭に頭巾やにわか面をつけた人々が、接待の用意をしている昔からの博多の家々に「祝うたぁ」と言って訪れ、酒肴の振る舞いを受け、〝一束一本〟を戴いて回る。伝統的な「松囃子」が、県無形民俗文化財として戦後も生きているのを見ることができる。

戦後の祇園山笠

昭和二十（一九四五）年六月十九日の福岡大空襲によって、博多の大部分が焼土と化した中で、櫛田神社は焼失を免れ、山笠の舁き棒も無事だったことは不幸中の幸いであった。廃墟の中で松ばやしの復活は比較的早かったが、山笠は終戦の翌二十一年と二十二年はまだ敗戦の傷痕が深く、一本の山笠も建たなかった。しかしこの際〝子供山笠〟でも作ってはという声が出て、二十二年七月には西浜町と恵比須町で二本の子供山笠を作り、子供たちが元気よく勢い水《きおいみず》を浴びながら博多の町中を舁き回った。これが契機となり、昭和二十三年七月、待望の舁き山五本と子供山二本が櫛田入りをした。実に四年ぶりの快挙であった。舁き山は戦災地の中対馬小路（大黒流）、非戦災地の大浜二丁目新町東（浜流）、下竪町（恵比須流）、小金町（浜流）、恵比須市千代校区（大津町）、子供山は戦災地の西浜町二丁目に、奥小路と萱堂町の合同だった。博多山笠に、石堂川を渡って千代校区が参加したことは画期的なことだった。これら七本の山笠は十二日の〝馴らし舁き〟も十五日の追山も一応戦前どおりの型で行い、久しぶりで山笠気分を盛り上げた。一方、復興した商店街博多五町（下新川端・寿通り・川端・麴屋番・綱場）では高さ一丈一尺（三・三メートル）の飾り山を建てた。

翌二十四年には「博多祇園山笠振興期成会」（三十年に「振興会」）が結成され、山笠振興のため広く門戸を開放し、従来の七流れに、櫛田流・岡流・浜流・築港流・中洲流が加わって十二流、翌二十五年には千代流（前年の大津流れ）の加入によって十三流となった。なお、この年からは櫛田神社にも飾り山を奉納し、博多五町のほか、博多川を渡って東中洲・新天町にも飾り山が建てられるようになった。

戦後もっとも盛況を示したのが昭和二十七年で、舁き山十四本に飾り山十三本の合計二十七本が建てられた。舁き山には、博多外から唐人町と、南流と称した渡辺通り一丁目が、飾り山には唐人町・南流・綱場町・寿通りなどが加わった。

「好事魔多し」の喩え、空前の盛り上がりを見せた山笠が、翌二十八年、福岡地方を襲った関門トンネルが水没するような大水害で手痛い打撃を受け（「二十八水」と語り継がれている）、水害復旧工事のために山笠自体が経済的にも存亡の危機に直面することとなった。山笠振興期成会でも連日緊急役員会を開いて対策を協議、結局規模を縮小して決行することになったが、新しく加入した流の辞退があって、それ以後舁き山・飾り山とも八本から九本で推移した。

この間に、博多祇園山笠は博多松ばやしとともに、昭和二十八年に福岡県の、翌二十九年には国の無形文化財に指定され（のち無形民俗文化財）、山笠は三十九年に国から「記録作成の措置を講ずべき無形の民俗資料」として指定の対象となり、翌四十年に記録報告書を提出している。また同年、松囃子も同じく無形文化財の指定を受けている。

天正年間（一五七三〜九二）の〝太閤町割り〟以来、長い歴史を刻んで博多祇園山笠と松囃子の運営基盤となってきた〝流〟に、大きな変革のもたらされたのが、昭和三十七年五月の「住居表示に関する法律」の施行である。この法律によって博多の町の区画整理、町名変更が行われ、今までの〝道路方式〟による町名表示が、

〝街区方式〟に変更された。〝道路方式〟は道路に面して建てられた住居の背後が他町との境となるので〝背割り方式〟ともいい、〝街区方式〟は道路が境界となって区画され、それに町名をつけるので〝道路割り方式〟ともいった。博多の町は〝背割り方式〟だったので、向こう三軒両隣が同じ町内であり、町の連続する道筋が流で、山笠や松囃子は流で運営されてきた。それが〝街区方式〟の主要道路で割られたために、町が二分されたところもあり、必然的に流の再編成をせざるを得なくなった。中でも土居町流は土居町を始めとする大半の町が消滅したために存続が困難となったが、有志によって土居流保存会が結成され、土居町筋沿いの旧町体制を維持して流が復活することとなり、引き続き山笠の当番が勤められるようになった。山笠振興会を始めとする諸会合でも審議を重ねた結果、従来の流を基本とし、これを一つの集団とみなし、その名は昔どおりの〝流〟の名で呼ぶことにした。すなわち、西町流、東町流、土居町流、呉服町流は、西流、東流、土居流、呉服流と呼称し、大黒流、恵比須流、福神流はそのままとした。ただし、大正二（一九一三）年から単独で追山当日の〝鎮めの能〟を引き受けていた福神流が、八カ町から三カ町に減少したため、昭和三十九年に能当番を返上すると申し出たので、能は櫛田神社が引き受けることとなり、松囃子の時だけ福神流として福禄寿を受け持ち、山笠の七流からは外された。また、呉服流は、昭和四十一年に道路幅の広い大博通りの完成により、東流と恵比須流に分割され、流そのものは消滅した。結局のところ、山笠は伝統的な七流のうち二流が消滅したが、新たに中洲流と千代流が加わって七流を維持している。

この町組織を平成二十五（二〇一三）年時点で示すと次の通りになる（『博多祇園山笠大全』〈西日本新聞社・福岡市博物館編　平成二十五年〉による）。

①東　流＝御供所町・東長寺新道・奥堂町・金屋小路・上桶屋町・下桶屋町・北船町・上普賢堂町・下普賢堂町・普賢堂町・魚町・上東町・下東町・上浜口町・下浜口町・鏡町・駅前

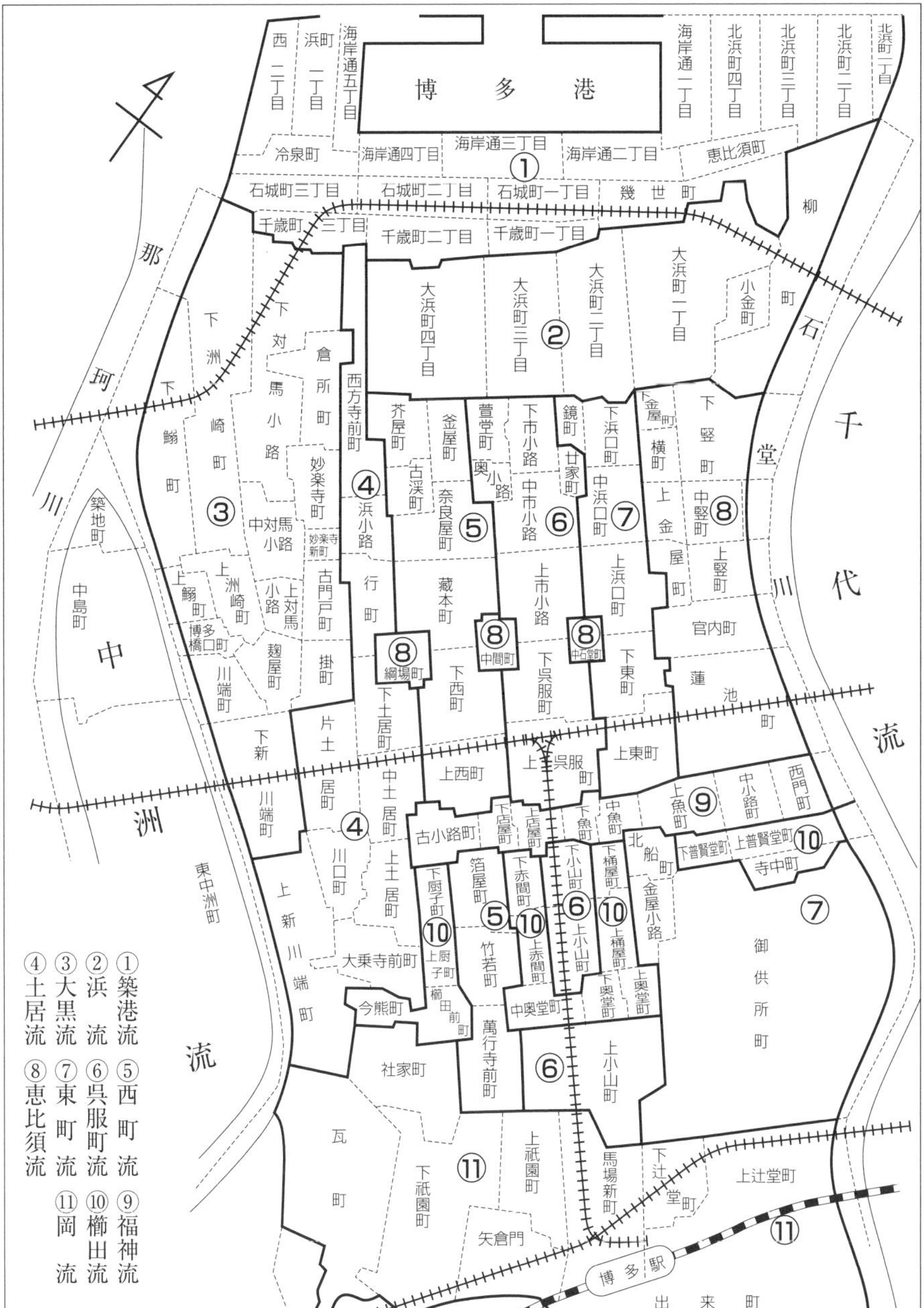

図2　流れ分布図
（『博多祇園山笠史談』〈落石栄吉　博多祇園山笠振興会〉をもとに作成）

②西　流＝冷泉町上・冷泉町下・店屋町・綱場町・奈良屋町

③土居流＝西方寺前町・浜小路・行町《ぎょうのちょう》・上土居町・中土居町・下土居町・川口町・上新川端町・大乗寺前町

④大黒流＝川端中央街・下新川端町・川端町・寿通・麴屋番・須崎町（一区〜三区）・古門戸町一区・同二区・対馬小路一区・同二区

⑤恵比須流＝官内町・中石堂町・中間町・綱場町・蓮池町・上竪町・中竪町・下竪町・上金屋町・下金屋町・横町

⑥中洲流＝中洲一丁目・同二丁目・同三丁目・同四丁目・同五町目

⑦千代流＝旧千代町一帯・千代小学校校区全体

このうち、恵比須流・大黒流と番外の福神流が博多松囃子の三福神の当番を勤めており、東流と西流がそれぞれ二年交替で稚児の当番を勤めている。

現在の祇園山笠

現在の博多祇園山笠は、舁き山と飾り山とからなっており、舁き山は博多の伝統的な七流を基幹とし、呉服流と福神流のあとを中洲流・千代流で補って七本を維持し、それに番外として土居流に所属する上川端通りの、高さを加減することのできる飾り山が「動く飾り山」として〝櫛田入り〟〝追山馴らし〟に参加している。舁き山で追山に加わっている七流の中には、並行して飾り山を建てている流もあるが、飾り山はその分布が福岡市全域に広がっている。福岡市博物館の調査による平成二十五年時点での飾り山の分布は次の通りである。

○舁き山と重複して立てられているもの

東流・中洲流・千代流・上川端通り

○市内に分布しているもの

天神一丁目・渡辺通一丁目・福岡ドーム・博多駅商店連合会・キャナルシティ博多・ソラリアプラザ・新天町・博多リバレイン・櫛田神社

櫛田神社の氏子だけの祭り行事が、舁き山と飾り山の二つに分かれると、どんたくと同じように市民の祭りとなり、飾り山は祇園祭り本来の信仰的要素よりも、据え山の装飾的効果で人集めの観光的なイベントになっている。しかし祇園山笠の本命は流の町々を移動しながら悪霊を祓って回る舁き山である。

山笠の運営は各流に所属する町々が輪番で当番町となり、山の製作から行事の進行一切を受け持つ当番町制と、流全体で行う流当番制とがあり、大黒・土居・西・中洲の四流が当番町制、恵比須流・東流・千代流が流当番制になっている。

「どんたくがすめば山笠たい」ということばを聞くが、当番町は年が明けると山笠の体制に入っていた。山笠の標題を決め、人形師を選定して製作を依頼する。七月十五日までの諸準備の日程を作成したり、受け持ち分担を決めたりする。

山笠は徹底した年齢階梯制によって運営されてきた。年長組の年寄から、中年組・若者組・子供組の序列である。流によって多少異なるが、全体のみかじめが年寄、当番町の責任者が中年組、中年組の指導のもとに全面的な運営にあたるのが若者組で、若者組のすることを見習って身体で覚えるのが子供組。十五、六歳頃から若者組に入る。若者が中年組に入るのは三十歳前後からである。若者組の中でも新入りと、経験を積んだ者とで序列があり、後輩は先輩に対して絶対服従であった。若者組の中から年功や家格・統率力などを勘案して、年寄が〝赤手拭（赤てのごい）〟を与えるが、山笠運営の中心となる名誉な役で、「嫁にやるなら赤手拭へ」とさえ言われていた。山笠振興会では、赤手拭のほか、総務・町総代・山笠委員・取締・衛生と図柄を異にした六本の手拭を作り、階級と役目を示した。たすきも、台上がり・前さばき・鼻どり・交通整理の四種類がある。五月下旬に流の総会を持ち、山笠の標題、構成の承認、山大工の紹介などの手順を踏んで、六月一日の振興会総会で報告、七月十五日の追山へ向けての全体的な連携についての打ち合わせが行われる。総会が終わると各流とも一斉に実動にかかる。〝小屋入り〟と呼ぶ事務所開き、舁き棒の受け取り、棒洗い、八ツ文字縄など独特の技法での山笠台の組み立て、棒締めなどを終わり、山小屋も出来て山の飾り付けをする。

七月一日、各町は町界に笹竹を立てて注連縄を張り、神職の御祓いを受ける〝注連卸し〟を行う。完成した舁き山に神職を招いて〝御神入れ〟をしてもらい、飾り山を一般に公開する。この日の夕刻、当番町の箱崎浜での〝お汐井採り〟がある。流のお汐井採りは九日夕刻。各流の全員がオッショイ、オッショイと掛け声を掛けながら箱崎浜で夕日を拝んで海砂を〝汐井テボ〟に入れて帰る。石堂橋を渡る頃に日がとっぷり暮れるので、提灯に灯を入れる。流汐井採りが終わると舁き山が動き出す。十日夕刻には〝流舁き〟。それぞれの流区域内で走り始める。十一日は朝山で、まだ薄暗い午前五時から六時まで流舁きをする。〝祝儀山〟ともいい、長年流に貢献してきた長老などが台上がりをする。土居流では舁き山に子供を乗せ、古風を守る流では町総代や旧役員が麻帷子を着て山を見守る。午後からは他所の流を回る〝他流舁き〟が行われるが、その前に、流でこの一年間に亡くなった功労者宅に山笠を舁き入れ、「祝いめでた」を歌う〝追善山〟をするところもある。十二日は〝追山馴らし〟で、追山よりも一キロメートル短い約四キロメートルのコースを駆け抜ける。追山へ向けた予行演習である。十三日は〝集団山見せ〟。博多の祇園山笠が、祭り期間中に一度だけ福岡に舁き入れる行事で、呉服町交差点から天神の福岡市役所前までで、地元の知名人が台上がりをする。昭和三十七（一九六

お汐井採り

山留め

山笠台の組み立て（八ツ文字縄）

追山のスタート前

朝山

飾り山

流舁き

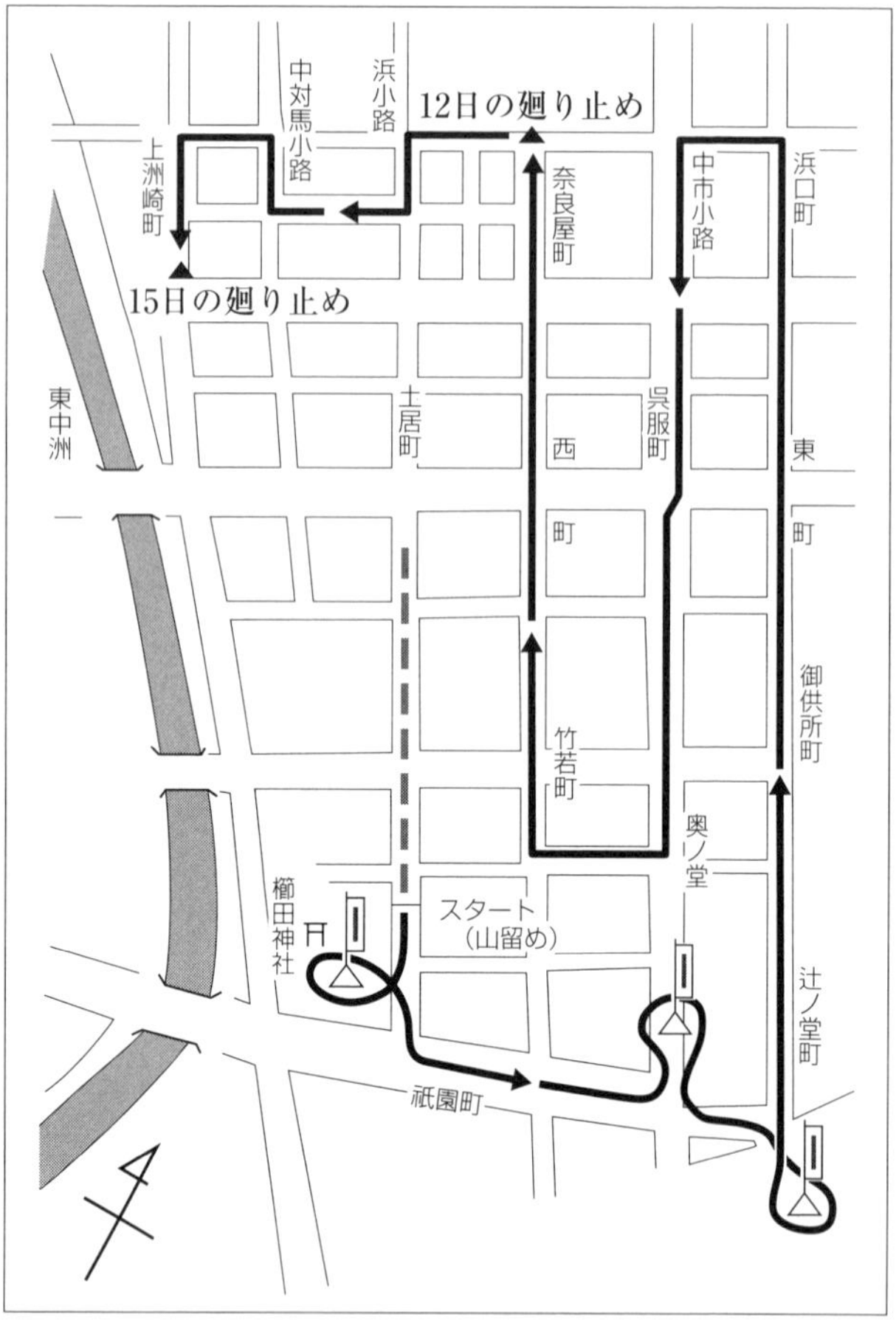

図３　追山と馴らしの順路
（『どんたく・山笠・放生会』〈井上精三　葦書房〉をもとに作成）

二）年から始まった。十四日夕刻からは、翌日の追山へ向けて最後の調整をする〝流舁き〟。そして、十五日の追山当日を迎える。

　十五日は早朝薄暗いうちに、上川端通りの山笠を含めて八台の舁き山が冷泉公園の東側、土居流の大乗寺前町の〝山留め〟に一番山から順に勢揃いをする。午前四時五十九分、太鼓の合図とともに山留めの竿がサッと上がると、ヤァーという歓声で一番山が神社の境内に走り込む。境内の清道を回っていったん停止、「博多祝い唄」を歌って再び舁き出し、祇園町を東に、東長寺・承天寺の清道をめぐり、東流を北進、浜口町を左折して中市小路から大博通り（もとの呉服流）を南進、奥ノ堂を右折して西流に入って北進、奈良屋町から大黒流に入り、中対馬小路を経て上洲崎町（いずれも旧町名）の廻り止めまで、沿道の各所で〝勢い水〟をかけられながら、約五キロメートルを全力疾走する。現在では「追山」の名のとおり、五分間隔で二番山・三番山と発進し、櫛田入りと全コースを駆け抜けるタイムを競うことに焦点が移っているが、このコースをつぶさに見ると、旧博多七流を部分的な箇所をも含めて一通り回っているのが見られ、流町々の悪霊を祓って回る祇園祭り本来の姿が窺われる。神社境内の能舞台では、八番山が境内を出たあとに、「鎮めの能」が舞われている。旧奈良屋町の〝追山馴らし〟の廻り止めで集団から離れた八番山を除いて、全コースを駆け抜けた七台の舁き山は洲崎問屋街のゴールに入ったあと、掛け声を掛けながら〝山ゆすり〟をする。もとは那珂川の河口に近いこの場所で〝山崩し〟をしていたが、現在は当番町に帰って崩す。人形は人形師が持ち帰るが、その他の飾り物や杉垣は取り崩したのを分かち合って縁起物にするという。解体された台や舁き棒は櫛田神社の倉庫に保管する。そのあと、各流では翌年の当番町に〝当番町譲り〟を行って、すべての日程を終わる。

おわりに

農村の「五穀豊穣」に対応する「招福除災」は、古代からの商業都市博多の個性である。正月十五日の松囃子と、六月十五日の祇園山笠とが博多の祭りの中心だった。現在では松囃子は陽暦五月二、三日の「博多どんたく」に組み込まれ、祇園山笠は陽暦に移行して七月十五日になっているが、もともとは、年初めの小正月に新しい年の幸せをもたらしてくれる歳神を迎える招福行事と、夏の疫病流行期に強力な守護神祇園牛頭天王の発動を乞い悪霊を退散させようとする攘災祈願の祭りだった。いずれも天正年間(一五七三~九二)の豊臣秀吉による〝太閤町割り〟で定められた七流によって運営されてきた。

招福除災は松ばやしと祇園山笠だけではない。博多では行事の至るところにそれが見られる。災いを祓うことと福を招くこととは表裏一体である。〝八朔節供〟にそれが現れている。戦前まで続いていたが、初節供を迎える男の子のいる家では床柱に笹竹を結いつけ、親類縁者から贈られた、薄板や紙で作ったた宝舟・打出の小槌、小型の大福帳などの縁起物を吊るしたサゲモンを飾り、その下に子供をゴハンヌクメ（イグリ）に入れて据え置く。翌朝、サゲモンの枝を折り、子供の名を記した団扇か熨斗を添えて「よろしく頼みます」と近隣や親類縁者に配って回る。人から物を贈られるのは福を授かることで、人に物を配るのは厄の分散を意味している。縁起物を吊るしたサゲモンの下に子供を据え置くのは、福を授かるのと同時に、七夕と同じく笹に災いを吸い取らせることを意味し、配られたサゲモンの笹竹は、サゲモンを外したあとで川に流された。

人間から災厄を吸い取ってくれると信じられていたものに人形がある。のちに愛玩物となった人形は、もとはヒトガタといって人間の災いを移し負わせる形代《かたしろ》、呪物であった。旧暦六月晦日に神社で行われる「夏《な》越《ご》しの祓え」に紙で作ったヒトガタを参詣者に配り、寝床の下に敷いて寝たのを翌朝集めて川に流す〝流し雛〟の行事は各地の神社で行われているが、博多では住吉神社でそれが見られる。いうまでもなく、紙で作ったヒトガタに災いを吸い取らせて川に流すのを意味している。博多祇園山笠は、華麗な人形飾りを施した山笠が各流を舁き巡ることによって流町々の災いを移し負わせる形代の典型的なもので、七流を舁き回ったあと、那珂川の河口にあたる洲崎の問屋街で解体されていた。人形に寄り付いた災いを川から海に流すという感覚が覗かれている。

人形は博多の習俗に頻繁に出てくる。

大晦日には〝起きあがり〟売りが訪れていた。姫達磨の起き上がりこぼしは一年の災いを祓ってくれる正月の縁起物。町家では欠かせないものであった。店先で転がし恵方を向いたのを買って、神棚に飾っておいた。

年が明けると小正月の松囃子。恵比須・大黒・福神はいうまでもなく新しい年の幸せをもたらす歳神。馬に乗っているのは人間であるが、仮面を被って現れる。土地のものではない。異界から訪れた神である。

三月節供は博多では〝オキアゲ〟。羽子板風の押絵人形で、毛氈を敷いた段の上に芝居絵風に飾り付ける。五月節供は家の前に兜・槍・長刀・幟、そのほか木偶人形などをいろいろ飾ったと『石城志』に記されている。

盆には〝イケドウロウ〟と呼ぶ箱庭を作って門口に置いた。『石城志』には「毎年工夫を凝らしていろいろの作り物を拵え、人に見せた」とある。板囲いに砂盛りをして五重の塔や石灯籠を置き、谷間には白砂で川を作って橋を架け、素焼きの〝ひねり人形〟で様々な場面を作った。

こうした頻繁な人形行事は、見た目には「博多ンもんは人形好き」と映るかもしれないが、その底には「厄を祓って福を招く」という、人形の呪力に託した町人の願いがあった。しかも、都市的な感覚でそれに磨きをかけてきたところに博多の町人文化がある。絢爛豪華たる山笠人形しかり、趣向を凝らした松囃子の行列風流しかり、明治以後の洗練された鑑賞用博多人形またしかりである。

［付記］

平成二十八（二〇一六）年十一月三十日、「博多祇園山笠行事」がユネスコの無形文化遺産（山・鉾・屋台行事）に登録された。

［参考文献］

『看聞御記』　伏見宮貞成親王　応永二十三〜文安五（一四一六〜四八）年　『古事類苑』所収
『満済准后日記』　満済准后　応永十八〜永享七（一四一一〜三五）年　『古事類苑』所収
『八坂神社』　八坂神社　平成九（一九九七）年　学生社
『策彦入明記　初渡集』　策彦周良　天文八〜十（一五三九〜四一）年

『神屋宗湛日記』　神屋宗湛　文禄四（一五九五）年十月二十九日の項
『九州軍記』　慶長六（一六〇一）年
『筑前国続風土記』　貝原益軒　元禄元〜宝永六（一六八八〜一七〇九）年　櫛田神社蔵
『博多古説拾遺』　熊本敬郷　元文三（一七三八）年
『石城志』　津田元顧・元貫　明和二（一七六五）年
『櫛田社鑑』　原田種美　文化四（一八〇七）年
『筑前名所図会』　奥村玉蘭　文化十四、五（一八一七、一八）年頃　（翻刻）昭和六十（一九八五）年　文献出版
『博多津要録』　原田伊右衛門安信（博多年行司役所）　寛文六〜宝暦九（一六六六〜一七五九）年　櫛田神社蔵
『松囃子山笠記録』　山崎藤四郎　寛文九〜明治五（一六六九〜一八七二）年　櫛田神社蔵
『山笠記』　山崎藤四郎　明治二十六（一八九三）年　櫛田神社蔵
『石城遺聞』　山崎藤四郎　明治二十三（一八九〇）年
『追懐松山遺事』　山崎藤四郎　明治四十三（一九一〇）年
『筑陽記』　安見有定　宝永二（一七〇五）年
『旧暦採用時代の山笠――主として藩政時代』　橋詰武生　昭和三十九（一九六四）年　博多歴史館蔵
『明治の博多記』　橋詰武生　昭和四十六（一九七一）年　福岡地方史談話会
『どんたく・山笠・放生会』　井上精三　昭和五十九（一九八四）年　葦書房
『博多山笠記録』　昭和五十（一九七五）年　博多祇園山笠振興会
『博多祇園山笠史談』　落石栄吉　昭和三十六（一九六一）年　博多祇園山笠振興会
『戦後博多復興史』　落石栄吉　昭和四十二（一九六七）年　戦後博多復興史刊行会
『博多祇園山笠大全』　西日本新聞社・福岡市博物館編　平成二十五（二〇一三）年　西日本新聞社

筑後瀬高のドンキャンキャン

はじめに

ドンキャンキャンは筑後地方における行列風流「神幸祭」の異名である。
『福岡県文化財目録』の「無形民俗文化財」部門に、昭和五十四（一九七九）年三月六日の指定で、

どんきゃんきゃん（広田八幡神社神幸行事）
山門郡瀬高町大字文広一七二　広田八幡神社　どんきゃんきゃん保存会
十月十九日　大名行列　風流

とある。また、『角川日本地名大辞典40　福岡』「祭礼」の項には次のように記されている。

瀬高のドンキャンキャン　十月十九日山門郡瀬高町廣田八幡宮。筑前南部から筑後地方にかけて広がっている大名行列を中心とした神幸祭。囃子の賑やかさから「どんきゃんきゃん」の名が生じ、筑後地方における神幸祭の一般的な呼び名となっている。文広の廣田八幡宮から矢部川対岸の本郷聖母神社まで神輿が下る。水王・火王・獅子を祓いとして、大名行列・神輿・風流・囃子（太鼓・笛・鉦）が続き、矢部川

の山門堰《やまとせき》を渡って小休止のあと、本郷地区の町筋を練って聖母神社に参り、行列は解散する。文広・本郷両地区の氏子の奉仕によるもので、大名行列の毛槍振り、御幣人形を飾った風流太鼓などの供奉に年齢階梯制がとられている。

大名行列は江戸時代に参勤交代が始まってから加わったものであるが、神幸祭そのものは行列風流の盛んになった室町期あたりから存在していたものと思われ、この地方における民俗芸能の諸要素が色濃く取り入れられている。水王・火王（鼻高天狗）・獅子頭・御幣人形を飾った太鼓を打つ田楽太鼓、みゆき衆《かた》による太鼓・笛・鉦の奏楽、飾り太鼓を持って父親の肩に乗る幼児等々で、文広《あやひろ》・本郷両地区をあげて氏子の奉仕による行事になっている。特に神幸祭に先立って行われる厳格な宮座を基盤としているところに祭りの古い形が残されている。

山門郡瀬高町は、平成十九（二〇〇七）年一月二十九日、福岡県市町村合併により、山川町・三池郡高田町とともに「みやま市」に編入され、現在では「みやま市瀬高町」となっている。

笑酒の板碑

廣田八幡宮のある大字文広は、瀬高町の中心部よりやや北北西、矢部川の左岸に位置する純農村である。村の入口にある恵比須神を刻んだ〝笑酒《えみしゅう》〟の板碑に「筑後国下妻郡廣田庄　本郷村芳司《ほうじ》町笑酒　大永五年八月吉日　施主板橋助種」とある。板橋氏は『廣田八幡宮縁起』（元禄十四〈一七〇一〉年十一月）に、「市司芳司村農長板橋伊右衛門」の名が見えるが、室町期に南筑後にあった三市場、山浦市場・山下市場・芳司《ほうじ》市場のうちの、芳司市場の司《つかさ》をさしているもので、助種は伊右衛門の祖ということであろう。矢部川の水運を利用した交易基地が芳司とその対岸の本郷であったといわれている。「廣田庄」に関しては多分に伝説的であるが、『廣田八幡宮縁起』（以下『縁起』と略記）に、

神功皇后三韓出兵の折、宇佐の国造宇佐津彦の後裔宇佐津速麻呂の功績が大きかったので筑紫国廣田縣に二七〇町の封戸を賜り、廣田姓を名乗って以後代々長者と呼ばれ、神亀元（七二四）年十一月十九日、その子孫によって下妻郡廣田庄本郷村に仮宮を建てて八幡神を勧請、その後廣田氏が宮司となって芳司に本宮を建立した。

とある。芳司は藩政時代には柳川藩領の下妻郡に属していたが、明治十二（一八七九）年に芳司・吉岡両村を合せて文広村となり、本郷村とともに山門郡に編入、同二十二年文広・本郷両村が合併して本郷村となった。さらに明治四十年には本郷・河沿・小川の三村と緑村の一部が瀬高町に合併されたが、平成の市町村合併で「みやま市」に編入されたことは前述のとおりである。したがって、現在の廣田八幡宮の所在地は「みやま市瀬高町大字文広字芳司」、最初に仮宮を設けた本郷は「瀬高町大字本郷」ということになる。

そこで当面の祭礼行事ドンキャンキャンであるが、昭和五十四（一九七九）年三月の福岡県無形民俗文化財指定に先立ち、筆者自身、前年の五十三年十月十七日から十九日にかけて現地で祭礼行事の調査を実施し、『福岡県史　民俗資料編　ムラの生活（下）』（昭和六十三年）にその詳細を記録しているので、それと『縁起』、八幡神社所蔵の「祭帳」（後述）、昭和五十二年六月十日に廣田八幡神社宮司廣田速年氏より提出された「福岡県文化財指定申請書」などを併せて以下の記述を進めることとしたい。

神社と氏子

廣田八幡宮は、『福岡県神社誌　下巻』（大日本神祇会福岡県支部編　昭和十九〈一九四四〉年）に次のように記されている。

郷社　八幡神社　山門郡瀬高町大字文廣字屋敷二〇七番地
祭神　住吉大神（表筒男神　中筒男神　底筒男神）応神天皇　春日神（武甕槌神）
由緒　神亀元年十一月十九日建立　明治六年三月十四日郷社に被定　毎年旧十一月十九日例祭を執行
主なる建造物　本殿　拝殿　楼門　神輿堂
境内坪数　六四五坪　祭田　一町
境内神社　宇佐神社　天満宮　清《すが》神社　客人神社　大土神社　八坂神社　玉垂神社
氏子地域及戸数　文広　文広作出　本郷村　三四四戸
縁起書　『廣田八幡宮縁起　上・下巻』（元禄十四年十一月上旬日）

ここでは神社名が「八幡神社」となっているが、『縁起』では「廣田八幡宮」、県指定の無形民俗文化財名称は「広田八幡神社」。「八幡宮」と「八幡神社」とが混交している。「八幡宮」は『縁起』のほか、文化五（一八〇八）年建立の石造鳥居の扁額に「八幡宮」、昭和二十七年十二月には神社庁から宗教法人「廣田八幡宮」の認可がありながら、さきの『福岡県神社誌』では「八幡神社」。何より確かなのが、どんきゃんきゃんの

「福岡県文化財指定申請書」に、廣田速年宮司自身の署名で「廣田八幡神社」と記し、それに基づいて指定名称が「広田八幡神社神幸行事」となっていることである。正式には廣田八幡神社ということになる。

氏子地域は藩政時代には柳川藩領で下妻郡大江村・芳司村・吉岡村・久良原村・折地村・今寺村・古賀村となっていたが（『縁起』）、現在では大字で文広・文広作出・本郷の三地区になっている。

祭礼行事

祭礼関係資料

廣田八幡神社の祭礼行事を記した文献には、さきの『廣田八幡宮縁起』と、昭和九（一九三四）年旧十一月の「八幡神社神座諸調（文広本座神課中）」、それに昭和五十二年六月十日提出の、廣田八幡神社神幸行事「福岡県文化財指定申請書」（宮司廣田速年述）がある。『縁起』は廣田八幡宮の由緒に多くの紙幅を割きながら、年中諸祭については五月十五日の御田植祭と、十一月十九日の勧請祭における御神幸行列の概要を記しているのみである。「八幡神社神座諸調」は宮座の行事内容を記した「祭帳」で、神幸祭に先立つ祭り座の詳細を知ることができる。「文化財指定申請書」は神幸祭ドンキャンキャンの細部にわたる記録で、本稿の核ともなるべきものである。

年中諸祭

『縁起』に「五月十五日御田植乃祭、中古能有之云々、十一月十九日勧請祭、式日の神事なれば、前十八日の日、神司の別当御神体を神輿に遷し奉り、別宮に神幸座す」という記述があるが、この表記からすれば、五月の御田植祭りが〝としごいのまつり（祈年祭）〟、十一月の神幸祭を伴った勧請祭が〝にいなめのまつり（新嘗祭）〟という図式が浮かんでくる。〝としごいのまつり〟は、通常旧二月十五日を中心とした〝予祝神事〟の御田植祭りの場合が多いが、ここでは実際に田植えの行われる旧五月に行われ、後述する「祭帳」の記載の中では宮座の儀式が見られる。注目されるのは、この宮座では御供米五升（餅米三升、搗米二升）のほかに、出席者が小麦を一升三合ずつ持ち寄って直会をしていることで、御田植祭が麦の収穫祭をも兼ねていることを示している。

宮座については別項で詳細を述べるが、「祭帳」によれば、旧五月十五日のほかに、旧十一月十九日の神幸祭に先立つ十七日に収穫祭の宮座が行われている。〝霜月祭り〟である。収穫祭は新暦に移行した際に十二月十九日となり、戦後になって当地方の収穫祭が十月に統一されたのに伴って十月十七日というような祭日移動をしている。

この〝にいなめのまつり〟にあたる旧暦十一月十九日の神幸祭を伴う祭りを「勧請祭」と呼んでいるが、普通は「例祭」とか「例大祭」と呼ぶべきところを「勧請祭」と特記しているのは、『縁起』に「夫　當社勧請の年記を尋に、神亀元年十一月十九日の日　豊州宇佐の宮より此所に遷幸し奉るとなり」とあって、本郷の別宮に八幡宇佐宮を〝勧請〟したことを強調してのことであろう。

そこで、現在の十月十九日のドンキャンキャンに至るまでの、十七日からの宮座を含む三日間の行事内容を、「祭帳」と『縁起』から拾って示すと次のとおりである。「祭帳」は〝霜月祭り〟の伝統を守って旧暦十一月で記載されているが、三日間の行事内容は、宮座から神幸祭への流れが把握できる。

○十七日　座元宅における宮座と、次年度の座元への譲り渡し。注連打ち、注連掛け。

○十八日　神輿の飾り付け、神前御供、神輿への神霊遷し。

○十九日　御神幸祭と還御後の神殿における宮座（現在は宮座が省略されて例祭のみ）。

『縁起』には、前述のように「十一月十九日勧請祭、式日の神事なれば、前十八日の日、神司の別当御神体を神輿に遷し奉り、別宮に神幸座す」と、十八、十九日の行事を記しているが、十七日の宮座については触れていない。

しかし、廣田八幡神社の例大祭を見る場合には、宮座と神幸祭の二つの要素があるので、その両面から考察を進め、相互の関連を見ることが必要となる。

宮座

祭帳

祭礼行事を見る場合、有力な手がかりとなるものに「祭帳」の記載がある。多くの場合宮座の節に座元が受け継いで、譲り渡しの時に書き加えるべきものがあれば記入して次年度に伝えてゆく。保存のよいところでは江戸時代に遡りうるものもあり、宮座の歴史を辿ることのできる貴重な資料である。廣田八幡神社では、表紙に「昭和九年旧十一月　八幡神社神座諸調　文廣本座神課中」とある祭帳が一冊伝えられているが、目次に「一、本座田　二、旧五月十五日祭礼　三、十一月十九日本座（神座・神座式次第・神座順次・宮座・献立）四、注連縄寸法」とある。

この宮座には神田があり、その収穫によって宮座の運営をしていたが、五カ所で二反三畝二十二歩、小作米二石五斗五升八合と記されている。旧五月十五日の御田植祭りは、前述のように御供米五升に小麦を一升三合ずつ持ち寄って夜分に取り肴三種の宮座を行っている。小麦の収穫祭でもある。末尾の「注連縄寸法」は、神座のあとに作られる注連縄をかける場所と寸法を記しているが、表鳥居に足長の定尺二本、南鳥居に一尺二寸二本のほか、御幣柱・神輿堂・宮司宅、恵比須を刻んだ〝笑酒〟の板碑や境内社の分も細かに記されている。神座・宮座と称する祭り座の供物・式順・直会の献立などについては、この宮座の中核とでもいうべきものであることから、日程・座法の詳細とともに別項を設けたい。

宮座の構成員

宮座は村の社に神をもてなすための座を設け、供物を捧げて祈願・感謝を籠める儀式で、中世村落にその源流が認められる。歌舞音曲に様々な意匠を凝らした芸能や、きらびやかな神幸行列で人を集めて楽しませる祭礼とは異なり、宮座は氏子だけの、それも一定の限られた資格を持つ人たちが身を慎んで神前に侍《はべ》り、供物を献じる格式を持った〝献供侍座《けんくじざ》〟の祭り座として伝えられてきた。宮座の古い形では、それを勤める者は名主層や同族集団の本家など、特定の家筋に限られ、それらが世襲制を取って、その中から輪番で祭りの準備一切を受け持つ座元が出ていた。廣田八幡神社では世襲の七軒（以前は十四軒であったが、七軒が村外に転出）で、鬼丸・古賀・森・板橋（二軒）・橋本・井上各家の本家筋がこれにあたり、神課（ジンガ）と呼ばれ、この七軒のうちから毎年一軒が交替で座元を受け持つことになっていた。以前（十四軒の頃）は、神籤《みくじ》によって決めていた（名前を書いた和紙を丸めて御幣で祓って吊りあげる）が、神籤では同じ家が何度も続くことがあり、座元を引き受けると多額の出費を必要としていたことから、公平を期して現在では宮座の席順によることになっている。宮座の席では、宮司の廣田氏を中心に左座と右座に分かれ、左座が鬼丸（屋号をマガリ）・古賀・森（屋号を大タンボ）・板橋（元庄屋）、右座が橋本（屋号を西）・板橋（後見・庄屋）・井上（屋号を黒崎）で、宮座の座元を左座から順に回している。

宮座と神座

これまでムラに神を迎えて饗応する座のことを一括して〝宮座〟と呼んできたが、ここでは二通りがある。一つは神社に神を迎えて（降神）拝殿で饗応する座と、いま一つはムラ内に神の宿を設けて饗応する座で、座元宅をこれに当てる。廣田八幡神社では、前者を〝宮座〟、後者を〝神座（ジンザ）〟と区別している。いずれにしても、その年の神田の管理から、神饌の調製、斎場の舗設、儀式の進行一切を受け持つのが座元で、一般にトウバ（当場）とかトウヤ（頭屋）とか呼ばれているところが多いが、ここではセットウ（節当・節頭？）と呼んでいる。その仕事のうちもっとも重要なのが神饌の調製と神座で、セットウの家に御幣を依代として神霊を迎え、神課が集まって餅・御供その他の供物を調整して神霊に供え祭典を催す。トウバの家に神を迎えるのは、村内に仮宮（御旅所）を設けて神に巡行してもらう神幸祭以前の古い形であろうといわれている。そのために畳や障子・襖の張り替えなどで家内の清めをするところもあり、ジンガに「神家」の表記を用いれば端的に神の宿となる家を示したことにもなる。

本座と新座

廣田八幡神社では、世襲制の神課で構成されている本座のほかに、文広の全戸の戸主が加わる新座がある。文広の集落は橋口（三十四戸　うち本座五軒）、今町（四十五戸　うち本座二軒）、作出《つくりで》（五十戸）、大木戸の四カ所で、新座は文広全部が加わっているので、四集落が四組に分かれて座元となり、全体を賄っていたが、座元の負担が大きいということから、現在では十月十二日に各組ごとの座を持って四軒ずつが座元となり、祭典のあとに直会をしている。本郷にも八幡宇佐宮勧請の時の仮宮を村落神の聖母神社（祭神神功皇后）としているので宮座を行い、文広と同じく本座と新座とがあり、ともに十月十四日に宮座を行っている。文広・本郷で本座とは別に、村の全戸が加わる新座が出来たのは、江戸期に入ってからのことではなかろうか。村落共同体の成熟化とともに世襲制による特権的神事団体の権威が揺らぎ始めたことと、文広・本郷の場合、神幸祭ともなれば村人全部が年齢階梯制をとってそれぞれの役目をこなす必要性から、万事平等ということになったにほかなるまい。

以下、宮座の具体的内容に触れるが、これまでどおり本社の廣田八幡神社の場合について述べることとする。

宮座の座法

廣田八幡神社の祭り座は前述のように十月十七日。午前中に神社の拝殿に神課が集まって、供物を供え神職による祭典＝〝宮座〟が行われ、午後四時から本座の座元宅で〝神座〟の儀式がある。普通は神社における宮座に中心が置かれるが、ここでは神社の宮座よりも、座元宅での神座が中心をなし、「祭帳」の表紙にも「八幡神社神座諸調」とあり、神座の座法が詳しく記録されている。前年の〝セットウ渡し〟によって座元宅に安置されていた厨子（神休幣が収められている）・送り幣・帳箱（祭帳・記録簿・出納簿など）を、床の間にしつらえた神棚の前に供え、七人の神課が参集して祭り座を営む。

神職による修祓、降神の儀が行われて祝詞奏上。引き続き神課と神職によって神饌が献上される。神饌は熟饌（粳《うるち》と糯米《もちごめ》を混ぜて炊いた御飯を高さ一五センチメートルほどの円錐形に固めたもの三個を盆に載せる）・神酒・饌米（一升三合）・果物・魚・野菜。献饌のあと、祝詞奏上・拝礼が終わると撤饌となるのが普通であるが、ここの場合、座元宅での神座であるため、祭典のあと、神饌は供えたままである。祭典が終わると〝御熨斗《のし》の儀〟。正面に神職、その下手に本座の七人が左座と右座に分かれて着座。座元は神職の右に位置する。

御熨斗の儀

下手から未婚の女性が正装で熨斗を載せた三方を目八分に捧げて、正面に進み神職の前に据えて挨拶をする。

次いでお茶。熨斗が引かれ、同じ女性によってお茶が出される。お茶と鰹《かつお》のけずりぶしをかけた漬物（味噌漬）に箸を添えた会席膳が各自の前に運ばれ、一人ずつにお茶が振る舞われる。

お茶が引かれると御神酒《おみき》。二つ折の白紙に昆布・するめ・土器《かわらけ》を載せた膳が、同じように各自の前に置かれ、今度は男（若者）の酌人が出て御神酒（冷酒）をついで回る。神職から始まり、上座より左右交互に注いで神職で終わる。神に供えた神酒のあとに出る本膳のことを打附本膳《うつつけほんぜん》と呼ぶ。二の膳・三の膳付きの本膳ごしらえで、一の膳にはヒラ（尾頭付き）、ナマス（三種または五種の材料）、キツボ（煮豆）に飯・汁がつく。飯椀には初めから飯がついであり、最初に飯椀の蓋で冷酒が回り、御飯・お汁をいただき、お膳に箸をつけている間に甘酒が回る。次いで二の膳・三の膳が出る。二の膳は盛付け・刺身・巻寿司（奇数）・酢味噌あえ（イカ・キュウリ）、三の膳は引き出物としての揚げものがつく。二の膳が出た時に謡三番（四海波・松高き・長生の家）があり、一番ごとに盃が一巡する。三ッ組の木盃が、神職より始まって、左座から右座へと交互に回る。三番の謡が終わると燗酒に変わる。酌人は未婚の女性。宮座の場合、撤饌のあとで戴く御神酒（冷酒）は、神の召されたものを共に戴く〝相嘗め〟（神人共食）で、そこまでが身を慎んだ〝献供侍座〟にあたり、それが燗酒に変わるとハレからケに戻る「なおりあい＝直会」となる。

ある程度盃が回った頃に座元を翌年の者に譲り渡す〝セットウ渡し〟がある。セットウは前述のように「節当」あるいは「節頭」であろうか。給仕は神幸祭の太鼓打ちの男の子二名が勤める。飯椀の蓋六個に燗酒を満たして正面の神職の前に置く。神職が盃に口をつけたあと、セットウ渡しの膳が出され、その年のセットウが盃を飲み干すと、合図によって翌年のセットウに代わり神課たちが盃を奪い合って飲み干す。膳には蒲鉾型に切った雪割大根と、けずりぶし・塩が添えられている。盃のあと、神職から翌年の座元に、厨子・神体幣・祭帳箱が渡され、座元宅における祭り座＝神座が終わる。

セットウ送り

座元での神座のあと、神職・神課が打ち揃って、翌年の座元宅まで〝セットウ送り〟をする。今年の座元が御神体幣の入った厨子（小型木製のオコクラ）を持ち、他の神課が送り幣・帳箱を持って従う。翌年の座元宅に着くと、入り口で手水をつかい、神棚の前に置いた台の上に厨子・送り幣・帳箱を安置し、御神酒・昆布・するめ・米・水を供えて灯明をあげる。神職の御祓い・祝詞奏上があり、神事が終わると、座敷に移って前と同じく神職を正面に左座と右座に分かれて着座、茶請け・茶が出る。お茶を戴いて一同で「四海波」の謡を唱和。お茶の膳が引かれると取肴三種の膳が出て三ッ組盃で御神酒が回る。盃が神職から翌年のセットウに回り、当年のセットウへ移ったところで「松高き」の謡。当年のセットウが御神酒を飲み干して盃を神職に返すと、そのあとは盃が左右交互に回る。一渡り御神酒が回ったところで、三番の謡「長生の家」が唱和され、「神座受座」を終わる。

セットウ送り

注連打ち

注連打ちと注連掛け

セットウ送りを済ませると神課は一旦帰宅し、入浴して身体を潔めたあと、午後七時過ぎ、再び元の座元宅に参集して注連打ちに取り掛かる。人数は神職・神課のほかに太鼓打ちが加わって十人。適当に酒が回り〝注連打ち唄〟も出る中で、表鳥居・南鳥居・御幣柱・神輿堂・宮司宅・〝笑酒〟の板碑・印鑰社《いんやくしゃ》・潮井堂にかける八本の注連縄を綯う。綯い上げられるのがほぼ十一時頃。座元の用意したお膳が出て注連打ちが終わると、境内に焚き火をしながらその夜のうちに所定の場所に注連掛けをしてしまう。

〔注連縄打ち唄〕

　　こんがかかの唄

祝いめでたや　若松さまよ　／　枝も栄ゆる葉もしげる　／　どっこいしょの　どっこいしょ
鉦を叩いてのー　仏にならばよ　／　鍛冶屋のそら　鍛冶屋の番頭さんな
番頭さんなよー　さまよ　みな仏

神幸祭

神輿飾りと御神幸の概要

神幸祭前日の十月十八日夕刻（午後六時）、座元によって神社の神殿にお供えが上げられ、若者が集まって、神輿の飾り付けが行われる。神前のお供えは、米一升三合・酒一升・鯛一尾・野菜（根物・葉物・実物）果物・昆布・するめ・塩五合（現在は簡略化されている）。神輿の飾り付けが終わると、深更、拝殿に神輿を安置して一切の灯が消され、暗闇の中で神輿への〝神霊遷《みたまうつ》し〟が行われる。〝神霊遷し〟が終わって神楽が奉納される。この時の太鼓打ちや笛・鉦の受け持ちは十三〜十五歳の少年で、一週間前から別火精進をして奉仕する。神楽のあとも神幸衆《みゆきかた》の稽古が続き、お籠りをしながら夜通し笛が吹かれる。

飾り付けが終わった神輿

出発前の大名行列のリハーサル

神幸祭当日の十月十九日午前十一時、文広・本郷両地区の本座・新座の人々が、宮司宅（現在は公民館）に集まって直会があり、本郷地区からの風流の人々の到着を待つ。午後二時過ぎ、本郷区から供奉《ぐぶ》の人々が到着し、境内で本郷区の受け持ちである大名行列の諸道具、挟み箱の受け渡し、スッポ・台笠・バンバラ・風流毛槍の投げ渡しを練習する。午後三時頃、鼻高天狗（猿田彦神）・風流旗・獅子頭、大名行列に先導された神輿を中心にした神幸行列が本郷聖母神社へ向けて出発をする。

十月十九日の風流を伴った神幸祭は、祭り行事の華やかさからドンキャンキャンの異名で呼ばれているが、事前にある宮座とは一連のもので、文広・本郷両地区の本座・新座・宮総代・区長ら二十一名によって運営され、両地区の氏子（男子）全員が参加している。『縁起』では宮座・神座については触れていないが、神幸祭に関しては次のように述べている。

十一月十九日勧請祭式日の神事なれば、前十八日の日、神司の別当御神躰を神輿に迁し奉り、別宮に神幸座す。行列の儀式、先祓の神役、次に風流のはやし、獅子田楽の舞を先として、流鏑馬（自芳司町勤之）神役、次に御道具数多なり。次に御鉾、次に鼻長二面、次に神号幡、次に幣帛、次に神楽の神役人、次に別当。但し廣田氏祭日従七日前潔斎而御供仕玉ひ、輿之

　幡　榊　楯　榊　幡
次に　神　輿　　　先、奴笠、次に楽人、次に壇氏宮柱跡詰、次に氏子中大江村、芳志町、吉岡村、久良原村、折地村、今寺村、古賀村、次に庄
　幡　榊　楯　榊　幡

門産土人、農長、農夫、市人に至るまで御供に仕奉る。其神幸の行列厳重にして、人をして畏敬感動せしむ。識者は齋明盛眼して以て祭祀につかふまつれば、神は洋々乎としてその上に在がごとく、その左右に在がごとくにして、行宮所に安置奉る。鎮座加持、同座加持、神供、神酒、菓子の美膳をそなへ奉りて、祓・祝詞・御神楽、をのこは神楽を奏し奉れば、風流・獅子・田楽の舞終て、本宮帰鎮座して三社の大神を安置し奉り、神供・神酒・菓子・魚鳥の美膳を備え奉りて、祓・祝詞・神楽を奏し、風流・獅子・田楽の舞い、終て流鏑馬三度射渡し、各々神役退散すと云り。其の神役の儀式事多しといへともつくすにいとまあらざればこれを略す。後の世の達人を仰所なり。

廣田八幡神社の御神幸ドンキャンキャンが、文広から矢部川を渡って、対岸の本郷地区聖母神社までとなっているのも、八幡宮勧請当時の仮宮が本郷村にあったという伝承に由来している。聖母神社の祭神は神功皇后、八幡神社の祭神応神天皇の母神にあたる。年に一度の御神幸は本社の八幡神が母神のもとを訪れることで、一般の神幸祭が仮宮の御旅所へ往復するのとは意味合いを異にしている。この御神幸が、文広と本郷の氏子が一体となって営まれているところに特色が見られる。

『縁起』の記載は、元禄十四（一七〇一）年当時の御神幸行列次第であるが、廣田八幡神社の廣田速年宮司による「福岡県文化財指定申請書」には、「現状」として昭和五十二（一九七七）年六月十日時点の概要が記されているので、併記しておく。

毎年十月十九日の秋季大祭の神前行事終了を俟って御神幸行列が行われる。その有様は、本郷区氏子青年諸氏百余名が全員奴半纏、素脚に草鞋穿きの姿で手に手に行列威儀物を持ち、或ひは担ぎ、御神幸出禦の御神輿の前を夫々手振り、足振りの所作を交えつつ、或は投げ、或は倒し、或は立て掛け、或は打振り、或は舞い、且つ古謡に調子を合はせつつ、歩一歩と進んで行く。又御神輿の後からは、獅子頭の少年が鉦や囃子の歌声、音頭に合わせて田楽太鼓を打ち、且つ舞を納めては御神輿に随伴する。御神輿随伴の神官・神役の後からは、文広区の氏子諸氏の随伴で、先ず裃姿横笛奏楽の「みゆき衆《かた》」、高張提灯の列、更に獅子頭の田楽太鼓、並びに鉦の列、更に「ぼてぼて」、飾太鼓の幼児を肩にした父親の列と、文広区からは老幼を問わず男子は全員御神幸に御随伴するのが、慣習として今も続いている。

［付記］

この行列に流鏑馬の騎手・騎馬が加わるのが従前の慣例であったが、現今では馬匹得難く、流鏑馬行事は省略しているが、御神幸祭事最終末の篝火、射的、騎馬騎手一体の疾駆、そして白い矢が飛ぶ様は、知る人ぞ知る。今に無きは惜しい気がする。

流鏑馬は御神輿の列が矢部川対岸の行幸先聖母神社に向かう頃、騎手・騎馬は勿論、轡取り二人が素裸で矢部川の清流に入り、水垢離を取り潔斎をし、一旦社務所に戻り、装具を調えて待機、御神輿が社頭御休息所に帰還、着御せられてより、初めて行事に移る。時刻は時により異なるが、例年夕刻七~八時頃となるのが普通である。篝火に映える一の的、二の的、三の的を騎手・騎馬一体となって疾駆し、馬上より射当て、これを三度繰り返して流鏑馬の行事を終了するが、其の矢を拾えば幸運であるとして、群集の競り合いも大変である。

騎手服装―花陣笠、麻裃、長袴、白足袋、草履穿き　　轡取り服装―羽織、素足、素草鞋

行列の構成

廣田宮司の「文化財指定申請書」には行列の構成が詳細に記されている。すでに記述したことと重複する面が多いが、全体を整理する意味で記載しておく。

御神幸行列の諸道具と受け持ちには、本郷氏子衆と文広氏子衆との間で役割が分かれている。

○本郷氏子衆の受け持ち

①鼻高天狗　二面　竿長約二・五メートル　二人

②風流旗　八流　竿長約二・五メートル　八人

③獅子頭（赤黒）一体　重量各五キログラム　二人

④挟み箱　二個　重量各一〇キログラム　四人

⑤スッポ　一本　柄長共約二・五メートル　二人
⑥台笠　一本　柄長共約二・五メートル　二人
⑦バンバラ　二本　柄長共約二・五メートル　四人
⑧風流毛槍　十二本　平均一本重約六キログラム　二十四人
［内訳］
先―白　二本　柄長共約三・六四メートル　一番―黒　二本　柄長共約三・七〇メートル
二番―黒　二本　柄長共約三・三八メートル　三番―黒　二本　柄長共約三・八六メートル
次―黒　二本　柄長共約三・九四メートル　後―黒　二本　柄長共約四メートル
⑨御神輿　一体　重量約四〇〇キログラム　二十人　本体高さ二・三五メートル　巾一・五メートル　奥
行一・六五メートル
⑩神輿傘　一本　柄長約四メートル　一人　傘直径約一・七〇メートル
⑪田楽太鼓（胴長）　一台　鼓面径六六センチメートル
打方二人　重さ六五キログラム　担方二人
⑫鉦　径約四〇センチメートル　三面　重量各二五キログ
ラム　六人
○文広氏子衆の受け持ち
⑬みゆき衆《かた》　楽太鼓一体　鼓面径四〇センチメートル　打
方一人　担方一人　笛奏楽　横笛　六人
⑭高張提灯　八本　柄長約三メートル　八人

田楽太鼓

⑮田楽太鼓（胴長）一台　鼓面径六六センチメートル　打方二人　担方二人
⑯鉦　三面　径約四〇センチメートル　重量各二五キログラム　六人
⑰ボテボテ（飾太鼓）六個　径二五センチメートル　六人
（各々襟に囃子幣）

鉦叩き

道具の受け持ちと役割

前項①から⑧までの風流は大名行列を模したもので、これを受け持つ本郷区の若者の服装は奴姿で、尻切半纏に角帯、手甲・布脚絆、素足に草鞋穿き。鼻高天狗・旗・獅子頭・挟み箱・すっぽ・台笠・ばんばら・風流毛槍はいずれもかなりの重量があり、竿も長いので腕力を必要とし、道中で行う〝受け渡し〟には一種独特の手足の動作が織り込まれているので、その難易度によって年齢階梯制がとられている。

すなわち、太鼓打ちは青年のうちのワッカモンと呼ばれる中学二〜三年（十四〜五歳）が三年勤めて次に譲る仕組み。挟み箱・スッポ・台笠・バンバラは十四歳から始めて十六歳まで同じく三年間を勤めて毛槍に繰り上がり、二十四〜二十五歳まで勤めるという仕組みで、それぞれ先輩が後輩を指導しながら技術を継承している。廣田宮司の手記では「手に手に行列威儀物を持ち」という表現が用いられているが、受け渡しに相当の技術がいることとから、本社を出発する前に境内で三十分以上もかけてリハーサルをしているのが、極めて印象的に見受けられる。

○御神輿方

往路の行程は本郷氏子衆、復路の行程は文広氏子衆が受け持ち、それぞれ青年を上がった者が勤める。服装は羽織に白丁を着て、素足に素草鞋。

○田楽太鼓

太鼓飾りは本郷区では太鼓御幣の棒に男物晴着衣裳を着せ、文広区では女物晴着衣裳で飾る。本郷区の御幣は代々大城家が受け持ってきたが、同家が転出したので、現在では本郷区が宮座の本座組と新座組の当番座元が毎年交替で受け持ち、文広区では本座の座元の受け持ちになっている。太鼓打ちは前述のように、十四～十五歳のワッカモンが三年間勤める。服装は襷十文字、揚巻結び、獅子舞袴、白足袋・草鞋穿き、背中に獅子幣、頭に赤熊《しやぐま》（麻）をかぶる。田楽太鼓には三個の鉦が付随する。舁き棒に御幣が取り付けられており、年長の青年二人が舁き棒を担いで鉦を叩く。服装は羽織、素脚に素草鞋。太鼓打ちは鉦の音に合わせ、赤熊の頭を回転させるように振りながら太鼓を打つ。随伴の供人、太鼓の担い手たちは、太鼓と鉦の音に合わせながら「祭太鼓謡《うた》」を歌う。伝来の歌詞は次のとおりである。

高き屋に登りて見れば煙立つ　／　民のかまどは賑わいにけり　／　伊勢人のいわごとしげる篠栗の笠にはならで柴にこそなれ　／　小山田の畦の細道細けれど　／　ゆずりあいてぞ子等はかよえり

我がやどのますます道を栄え栄えて　／　錦をはえてとくとくの松

○みゆき（神幸）衆《かた》

式典中の楽を奏する役衆で、楽太鼓（一名アンヤ太鼓）を奏する打ち方と合奏する笛吹きの笛方とからなる。服装は麻裃・白緒の下駄・白足袋。

○ボテボテ（飾花太鼓）

行列随伴の男児（稚児）に持たせる太鼓を千代紙で装飾したもの。稚児の服装は紋付羽織に襷十文字、揚

上：矢部川を渡る神幸行列
右：ボテボテを持った稚児を肩車した父親

巻結び（色様々）を背中に垂らす。手には手甲布、飾撥《かざりばち》を持たせ、千代紙の囃子幣を背に挿す。父親の服装は羽織・草鞋穿きで稚児（普通一〜二歳）を肩車に乗せる。

○供奉の人々

文広区は氏子男子の中学卒業以上六十歳までが全員参加、他の地区は男子ができるだけ供奉に参加する習慣である。服装は羽織、素脚に素草鞋。

ドンキャンキャン

御神幸の行事は、前述のとおり十月十九日午前十一時の宮司宅（現在は文広公民館）における直会から始まる。御神幸の御旅所《おたびじょ》となる聖母神社がある本郷区の宮座の人々を迎える儀式で、宮司から本座・新座の座元、および宮総代に盃が回る。その間に謡三番がある。午後一時頃、文広のみゆき衆、田楽太鼓・鉦打ちの人々が社務所前に集合して鉦・太鼓を打ち鳴らし、祭太鼓謡を唱えて神幸祭の開始を触れ回る。打止めは本座の座元宅である。

午後二時過ぎ、本郷区から供奉の人々が到着する。境内で約三十分、挟み箱・台笠・バンバラ・毛槍（ニンジュベイ）などの受け渡し練習をした後、行列を整えて御神幸の始まるのが午後三時。奏楽

上：河原で休憩中にバンバラを投げ合う若者
左：榎の大木の下で休憩をとる神輿

上：大名行列
左：聖母神社に安置された神輿

を奏でながら廣田八幡神社を出た神幸行列は、水田の中の農道を北進して矢部川の堤防に行き当たると、堤防をやや南下した位置に設けられているコンクリート造りの井堰を渡り、北岸堤防下の河川敷で休息、榎の大木の下に神輿を安置し、其の前でしばらくバンバラ・ニンジュベイの受け渡しを中心とした風流が演じられる。神輿の発御が午後四時過ぎ。畠の中の道を北進し、道々風流を演じながら本郷の町並みを通過して、五時頃に聖母神社に到着する。神輿が拝殿に安置され、祭典が行われる。本宮の八幡神が、年に一度、母神の神功皇后と対面する儀式である。そのあと、境内でしばし田楽太鼓、風流毛槍の受け渡しなどが演じられたのち、境内では本郷区行列随伴に用いられた千代紙などが焼却される。

復路は本郷区の氏子は加わらず、文広区の氏子中だけが神輿に随伴して同じ道を帰るが、道中における風流は行われない。以前は神輿が本宮に帰還する際、一時社頭の休息所に着御して、その前で流鏑馬が行われていたが、現在は中絶されている。

本宮に着御後、神輿は拝殿に安置されて神霊遷しが行われ、神幸行事を終わる。以前はそのあと、本座の人々によって宮座が行われていたが、戦後は直会がなくなり、還御祭（宮司の修祓、祝詞奏上）が執行されるだけになっている。廣田八幡神社神幸祭ドンキャンキャンの終幕である。

おわりに

各地の神幸祭にはそれぞれに趣向を凝らした行列風流が見られるが、瀬高町文広の廣田八幡神社の神幸行事ドンキャンキャンは、筑後地方の風土に育まれた個性豊かな祭礼である。

普通、神幸祭は神幸行列の「御旅所」への往復という形をとり、「御旅所」は神輿が村内を巡行するための仮宮《かりみや》であるが、廣田八幡神社の場合は、矢部川の対岸にある瀬高町本郷の聖母神社までの御神幸である。聖母神社は八幡大神を最初に勧請した場所と伝えられ、文広の廣田八幡神社を本宮として遷宮してからは、神功皇后を祀って聖母神社となっていた。廣田八幡神社の祭神応神天皇の母神にあたる。年に一度、本社の神が母神のもとに赴く御神幸であるところが他の神幸祭とは意味合いを異にしている。

ドンキャンキャンと呼ばれる華麗な神幸祭は文広と本郷の氏子衆が一体となっての行列風流で、本社まで神輿を迎えにきた本郷の大名行列は、往路に様々な風流を演じながら御旅所の聖母神社まで随伴するが、復路には加わらない。

本郷の風流の中心となる大名行列は、薩摩街道（坊の津街道）の一部がこの地を通っていたことにより、西国大名の参勤交代に接する機会があったことが行列風流に取り入れられるきっかけになったものであろう。諸道具の受け渡しに高度の技術を要するため、先輩が後輩にその技術を伝授しながら継承し、跡継ぎを育てていく年齢階梯制が村落共同体の結束にも繋がっている。

この神幸祭の特色の一つに宮座と神幸が一連のものになっていることがある。〝献供侍座〟の宮座は、普通神幸祭とは別個に行われるが、ここでは、宮座が例大祭の御神幸に先立って行われ、宮座の座元が神幸祭の役割を受け持つという場面さえ見られる。

それにいま一つ、この祭礼行事を通じて目に付くのが、宮座から神幸行事を通じて、節目節目に必ず謡三番が入っていることである。『縁起』に「中古能有之云々」の文言も見えるとおり、瀬高町には能の前身で全国唯一の残存である「幸若舞」が伝えられて国の重要無形文化財になっており、旧三池郡高田町（現みやま市）新開では宝満神社の祭典に、村をあげて能の興行をして、これもまた全国唯一の「農民能」として、福岡県無形民俗文化財になっている。筑後地方は中世から能・謡曲の盛んな地域であった。近世になって、柳川藩主立花侯もまた喜多流の能を好み、それが藩内に広がったことも、廣田八幡神社の行事のたびに謡三番が出る慣習を生んだ要因とも考えられる。

こうした多彩な祭礼的要素が、筑後地方特有の瀬高町廣田八幡神社神幸行事ドンキャンキャンとなっている。

〔参考文献〕
『廣田八幡宮縁起　巻之上、巻之下』稗田土佐守信俺選　元禄十四（一七〇一）年十一月

『福岡県文化財目録』平成七（一九九五）年　福岡県教育委員会
『角川日本地名大辞典40　福岡県』「角川日本地名大辞典」編纂委員会　昭和六十三（一九八八）年　角川書店
『福岡県神社誌　下巻』大日本神祇会福岡県支部編　昭和十九（一九四四）年
『瀬高町誌』昭和四十九（一九七四）年　瀬高町
「八幡神社神座諸調（文広本座神課中）」昭和九（一九三四）年旧十一月
「福岡県文化財指定申請書」廣田速年　昭和五十二（一九七七）年
『福岡県史　民俗資料編　ムラの生活（下）』西日本文化協会　昭和六十三（一九八八）年　福岡県

筥崎宮の御神幸

はじめに

筥崎宮旧暦八月の放生会には、隔年御神幸の行事が執り行われてきた。古くは博多夷《えびす》町の頓宮まで海上渡御の御神幸であったのが、天正年中（一五七三〜九二）戦乱による頓宮炎上とともに廃絶、元禄十四（一七〇一）年、神職らの願いにより神域内の松林に仮宮を設けて儀式が再興されたと伝えられている。

現在はひと月遅れの新暦九月の行事になっているが、十二日の日没とともに〝お下り〟があり、十三日は御神輿が頓宮に一泊して、翌十四日の夜に〝お上り〟となる。近隣各地の神幸祭が、多くは昼間の行事で、神社と御旅所の間を往復するだけとなっているのに対し、筥崎宮のそれは、夜間の御神幸という点に古態を留め、神輿が長時間をかけて氏子地域を一巡しながら遷幸・還御を行っているところに特色が見られる。しかも筥崎宮の場合、元禄十四年八月の日付を記した木版刷りの神幸絵図一巻と、奥付に「文化八年歳次辛未秋八月戊午日尾形愛遠謹書」とある『秋祭遷幸之図』上下二巻が保存されているが、その行列の模様を現行のものと比較する時、神仏習合の時代における座主坊および社僧の供奉を除けば、ほとんどそのままに近い姿が現代に継承されているのを見ることができる。

神幸祭を始めとする祭礼行事は、江戸期を通じて、各地で神霊《みたま》を迎えて斎祀《いつきまつ》る敬虔な神事から、次第に風流《ふりゅう》や芸能に様々な趣向を凝らした〝見せる行事〟への変化が見られる中で、筥崎宮の場合は神事再興以後に付加されたものの要素が極めて薄いということになろう。もっとも、長い歳月の間における変遷は当然あり得ることで、それがここでは明治初年の神仏分離や、神職の世襲廃止に伴う社僧・社家組織の解体、あるいは宗教法人化による氏子組織再編成の過程で生じた行事の簡略化として現れている。そこで、この際可能な限り時代を遡って変遷の過程を踏まえながら、現段階における行事の大要を記録しておくこととしたい。

筥崎宮と放生会

筥崎宮の創設

筥崎宮の創始は延長元（九二三）年と伝えられる。『筥崎宮縁起』（『諸縁起』所収　石清水文書）によれば、延喜二十一（九二一）年六月二十一日、大宰少弐藤原真材朝臣に八幡大菩薩の託宣があって、筑前国穂波郡の大分宮を遷し、筥崎松原に新宮を造立したとある。その託宣に、異国からの来寇に備え、社殿を西方新羅国の方角に向けて建て、礎石に「敵国降伏」の文字を書き、神殿の下に置くべし、とあったというところから推して、山城の国に勧請された石清水八幡宮が王城守護・国家鎮護の神に位置付けられたのと同じく、大宰府の守護神、筑紫路の鎮守神として、大宰府の官人たちによって祀られたのが筥崎宮ではなかったかと思われる。

筥崎宮の名はすでに『延喜式』神名帳に「那珂郡八幡大菩薩筥崎宮一座大」と見え、地域の古社としての位置付けが与えられているが、八幡神勧請以前の地域神については、それを裏付ける資料を欠いている。『筑前国続風土記』には「社家者の説に天平宝字三年に創立ありといふ。是や実説ならん」とあるが、その社家の説は『箱崎宮旧記抜書』(1)にも見える「神功皇后が朝鮮国からの帰途、葦津浦と呼ばれていたこの地に上陸し、戒・定・慧の三字（経文）を納めた筥を埋め、標《しるし》に松を植えたところから筥崎の名が生じたが、その標の松の上に八旒《はちりゅう》の瑞幡《ずいはん》が天降ったので天平宝字三（七五九）年宮居を造立した」という、旧来の地名伝説から出たもので、八幡大菩薩の垂迹をこそ語れ、地主神としての成立を示すものではない。結局のところ、大江匡房の『筥崎宮記』（『諸縁起』所収　石清水文書）に「筥崎宮在西街道筑前國那珂郡、蓋八幡大菩薩之別宮也」とあるとおり、極めて早い時期から在来の地域神を包摂して、箱崎はもとより、広く筑紫路の鎮守神としての確固たる基盤を築いていたものと思われる。

時代はやや下るが文明十（一四七八）年十月の『筥崎宮神事用途注文』（石清水文書）には、年間三十二度の祭事に関する神領地内の御供米負担が記されているが、その範囲は那珂郡・糟屋《かすや》郡を始め、席田《むしろだ》郡・早良《さわら》郡から嘉麻・穂波郡にまで広がっている。『筥崎宮旧記抜書』（以下『旧記抜書』と略称）によれば、

> 当社の神領往昔は甚多くして、九州の内所々にて数多の神領封戸有けるとなり。しかるに足利将軍家の末に成、大永の比より元亀・天正の末に至り、九州擾乱激しくて神領等横領せられしといへとも、往古の地なを三分にして一は残れり。されハ文明十年十月十五日大内政弘より、当社の神領筑前国早良郡倉光上下庄七十町寄附有、永録《（ママ）》二（一五五九）年三月廿五日筑紫下野助惟門、那珂郡にて百八拾町の地を寄せらる。

とあり、その後、文禄元（一五九二）年には小早川隆景より筑前領内で千石の神領が寄せられたが、同四年豊臣秀吉によって五百石に減封、糟屋郡箱崎村の内に限られ、それがそのまま黒田長政に受け継がれて幕末期にまで及んでいる。現在筥崎宮の氏子地域のうち、上社家町・下社家町・馬場・宮前・前川・郷口を〝社領六町〟と称しているのがその名残りであろう。

社中の組織と年中諸祭

社中の組織は『旧記抜書』に「座主坊大興山五智輪院彌勒寺と号す。社坊十ヶ寺、社家七拾四人有、何も座主坊支配也」とあるが、座主坊以外の社坊は京都仁和寺（真言宗）の直末寺、大宮司以下の神職は京都吉田家の支配化に属し、幕末期に至るまで神仏両部の機構が維持されてきた。ちなみに文化五年八月の「筥崎宮領高幷一社中内割覚」（田村大宮司家文書）によれば、社坊は座主坊・赤幡坊・蓮城坊・円台坊・智禅坊・学頭坊・勧進坊・一乗坊・一御燈坊・二御燈坊の十カ寺、社家は大宮司・留守・執行・権大宮司（二家）・四ヶ所・祝部《ほうり》・一番・二番・三番・御油座・錺《かざり》座（三家）・伶人（三家）・権少宮司（十二家）・御炊《みかしき》（六家）・工匠・神別当・鐘撞の合計三十八家が記されており、それぞれが勤めた社務の内容、および神仏分離の際における動向は『神佛分離史料』所収の「筥崎宮神佛分離に関する調査」によって窺うことができる。

筥崎宮の年中諸祭については、これも『旧記抜書』に、

当社の祭礼神事ハ他の社にかわり、禁裏の祭式に並ひ、是を執行せり。往昔ハ年中七十余度の祭礼神事ありしを、近代わつかに減し、正月元日、二月初卯、八月放生会、霜月初卯、十二月廿九日五ヶ度也。此外臨時祭正月三日玉取祭、六月夏越祭あり。分て八月放生会を大祭とす。隔年に神幸有り。往昔ハ博多課役として毎年新艘三船作りて神輿を乗せ、志賀・博多に神幸ありしか、九州兵乱の比より、いつとなく中絶したりしを、元禄年中国主より再興有。今におい て怠る事なし。

とある。筥崎宮の神事に関する初見は『筥崎宮記』における「五月騎射、八月放生会、以之爲重事、云々」の

表1　神仏分離以前における筥崎宮年中諸祭一覧

『筥崎宮神事用途注文』（文明十年）	『筥崎亀鑑』（寛保三年）	『筥崎社鑑』（延享元年）	「筥崎宮神佛分離に関する調査」（明治二年）
正月一日（早良郡倉光役） 二日（座主役） 三日（早良郡本名） 四日（座主役） 五日（座主役） 七日（大宮司御馬所） 八日（座主役） 十三日（那珂郡東郷） 十五日（那珂郡御戒免内） 二月御神楽（今渕役） 十五・六日（課役略） 三月三日（糟屋郡東郷）	正月元日　三元祭（社官潔斎　座主坊酒迎　神饌　神前読経　巫女神楽） 三日　玉取の祭 七日　駆儺ノ祭 十日　初会連歌（座主坊） 十四日　斎の祭（廃絶）　節会の祝儀 十六日　踏歌ノ祭（廃絶） 二月初卯祭（庭燎） 三月三日　潮干の祭（廃絶）	正月三日　玉取祭 十一日　承天寺僧徒勤行　工匠斧立儀式 十四日　年始の御節祝言 二月初卯祭（賢木さし） 彼岸会（長講所） 三月三日　潮干の祭（廃絶）	正月元旦　御供　神饌　大般若　神事出仕 二日　座主坊へ社人初入り 三日　玉取御神事 四日　座主坊へ社僧初入り 十日　連歌初御会（座主坊） 十一日　承天寺勤行 十三日　御本地講 十四日　御備開　星供修行 十五日　御本地講　長講所節会 十八日　大般若祈禱

四月一日　衣替（今光郷）
　三日（那珂郡西郷）
　八日（糟屋郡西郷）
十五日（犬飼内）
五月五日（座主役）
六月一日（那珂郡西郷）
　夏越
七月七夕（席田広厳寺）
十五日（糟屋郡西郷他）
八月一日（席田内）
十五日　放生会（課役略）
九月九日（青柳郷）
十月一日　衣更（糟屋郡西郷）
十五日　名法花会（青柳郷他）
　霜月御神楽（青柳郷）
十二月十四日（糟屋乙犬他）
十五日（糟屋四月田）
閏月（課役略）

五月五日　騎射祭（廃絶）
六月晦日　大祓大会（廃絶）
七月七日　七夕祭（廃絶）　連歌宴
八月十二～十四日　隔年御神幸
十五日　放生会供養　流鏑馬
　猿楽（御神幸なき年）
九月九日　新嘗会（廃絶）
十一月　初卯祭（二月に同じ）
十二月十四日　御誕生会（廃絶）
　連歌会
廿九日　仲哀祭
晦日　年越祭

五月五日　騎射祭（廃絶）
六月晦日　夏越の御祓
七月七日　七夕祭（廃絶）　連歌
八月一日　注連下し　神輿潔め
　三日　流鏑馬花切
十二～十四日　隔年御神幸
十五日　放生会供養　流鏑馬
　猿楽五番（隔年）
九月九日　新嘗会（廃絶）
十五日　御宮煤払　御節賄
十一月　初卯祭（二月に同じ）
十二月十四日　御誕生会連歌
十二月　下澣　仲哀祭

月次の行事
朔日　大般若経
十四日　連歌会
十五日　放生会　本地講

月次の勤行
朔日　大般若経転読
十四日　連歌興行
十五日　御本地講　放生会
廿八日　不動講
右の外
　二季彼岸中勤行
　夏中は法華経読誦
臨時の御祭礼
　五月十五日騎射
　六月晦日御祓

記載であるが、平安末期に五月騎射祭と並んで八月放生会が存在していたということが知られるのみで、他の年中諸祭については触れるところがない。次いで前掲の『筥崎宮神事用途注文』があるが、これとても古帳に記されてあるという〝三十二祭事〟をあげていながら、一部を除いては単に月日を記しているのみで、中世における祭事の内容を示すに至っていない。年中諸祭の具体的な内容が初めて記述に現れてくるのは、江戸期に入っての『筥崎亀鑑』（寛保三〈一七四三〉年）・『筥崎社鑑』（延享元〈一七四四〉年）[2]からで、前掲の「筥崎宮神佛分離に関する調査」にも、「神社における佛教関係の祭礼行事儀式作法及び其変遷」の項に、一部であるが江戸期の仏神事に関する記載が見られる。『筥崎亀鑑』と『筥崎社鑑』は同時代のものであるが、それぞれ独自の記載が見られ、相互に補完し合うことによって寛保・延享期の様子が窺われることから、これらを併記し、それに文明十年の『筥崎宮神事用途注文』の記載（括弧内は課役負担の神領地その他）を加えて作成したのが、表1「神仏分離以前における筥崎宮年中諸祭一覧」である。

この表を通覧して気づくことは、『旧記抜書』に「当社の祭礼神事ハ他の社にかわり、禁裏の祭式に並ひ、是を執行せり」とあるとおり、農耕や漁撈などの生業に関する豊饒祈願を中軸に据えた、いわゆる産土神的性格を持つ神社の祭祀とは、おのずからその趣を異にしていることである。近世すでに廃絶されているものも多いが、それをもとの形に復元してみると、筥崎宮では年間祭祀の軸をなしていたのが、五節供と二季彼岸会、および二月・十一月の初卯祭で、月例的には朔日と望日《もちのひ》（十五日）の勤行が営まれながら、それらを総括する形で八月中秋日の放生会が存在していたということになる。五節供と二季彼岸会、および月次朔望の勤行は、境域鎮護、除疫・壊災を目的に勧請された仏教色の濃い鎮守神祭祀の典型ともいえるもので、このうち五節供の行事は、鎮護国家的要素を持つ宮廷行事の中でもその中核に位置づけられていた。また、二月と十一月の初卯祭は、八幡神が卯ノ年、卯ノ月、卯ノ日に宇佐菱形池の辺に示現し給うたとの由来に基づくもので、放生会とともに、八幡宮には欠くことのできない祭祀である。このように眺めてみると、筥崎宮年中諸祭は、極めて仏教色の濃い鎮守八幡神の性格を端的に示した祭祀構成をとっていたということになる。ただ一つ、正月三日の玉取祭（通称〝玉せせり〟）だけが、現在もなお氏子中心の祭りで、浜方と岡方による豊饒祈願の要素が見られるが、どちらかといえば、年初めの卜占を意味する境外末社恵比須神社の行事と見られる。

筥崎宮の放生会

筥崎宮の祭祀で中核をなすのが八月中秋日の放生会であるが、『筑前国続風土記』には、「八月の放生会は、久しく中絶せしを、延宝三（一六七五）年正月十五日、座主坊盛範始て此事を再興せり。それより後、月ことの十五日にをこたりなく放生会を行ふ」とあり、『扶桑略記』に記載された宇佐八幡放生会の来由を引用した(3)あとで、「筥崎宮を立てられしは、はるかに後の事なれは、御社創立の時より放生会行はれたるなるへし。昔より八幡宮の西北の方に放生池あり」と記している。『筥崎宮記』に見える平安期の「八月放生会」がどのようなものであったかは知るべくもないが、『筥崎亀鑑』には語り継がれた盛時の放生会の模様が次のように記されている。

八月放生会は昔時博多津の課役として、毎年新船三艘造りまゐらせて、神輿を乗せ奉り、衣冠の粧ひ日にかがやき、音楽の声雲をととめ海上をひひかして、博多夷町今浜口といふに渡御、浦うらの海人とも四十八尾の紅魚を御贄《にえ》に供えて神慮をすゝしめ奉る。又還幸の時ハ浮殿にととまらせたまひて、暫く御安座ましましとなむ。然れとも、いつれの世にか断絶せしにや、名のミのこりてそれむかしかたりとなりぬ。行宮の跡ハ今に博多に在り。恵比須をまつれり。又浮殿ハ叢林の中にそれとはかりに営みし小社あり。今澳濱恵比須社と称す。又神幸の時御供を炊きたる所を御供所と云。今町ノ名となる。かかる古実をさへ知る人まれにしてむかししのはしくなむ。

すなわち、往時の放生会は海上渡御の船神幸で、その際、四十八尾の紅魚を贄《にえ》として神に供するといった形であったことが窺われるが(4)、「それむかしかたりとなりぬ」とあることから、さきの延宝三年に復興されたという放生会には海上渡御の御神幸という形がすでに消滅していたということになる。

筥崎宮の放生会に御神幸が復活したのは、「はじめに」にも記したように元禄十四年。『黒田家譜』にはそのことが次のように記されている。

箱崎の御宮ニいにしへハ八月祭禮の時、神幸有しか、いつの比よりか久しく其事絶ぬ。社司の輩是をなけき、去々年元禄十二年ハ八幡宮御誕生より千五百年に相当りし故、此年より神幸の儀式を再興せん事をねかふ。綱政聞給ひ、久しく絶たるを興す事なれハ、古禮を詳に考へ、其上ニて江戸へうか、ひなくてハ再興成かたき由ニて延引せしめ玉ふ。然らハ神幸の事ハ先さしをき、千五百年に當れるしるしに、少恒例を改め、濱の鳥居の邊に仮殿をしつらひ、神輿と御剣はかりを此所にうつしまいらせ、敵国降伏の祈禱とり行ひ候ハんよし、社司よりねかひ申けれハ、其事ハ然るへき由ニてゆるし給ひ、仮宮を綱政より造らせ給ふ。今年に至て、江戸にうか、ひ給ひ、神輿の再興をゆるされける。然とも一年ハ神幸、一年ハもとのことく流鏑馬・散楽を行ひ玉ふ。かくて今年始て神幸あり。新に建給へる仮宮を御旅所とし、八月十三日の暁、神輿三社出御ありて、此仮殿にうつらせ給ふ。十四日に本宮に還御あり。

この時に現在行われている隔年御神幸という形が生じているが、従前の博多澳浜恵比須社までの海上渡御に替わって、新たに設けられた箱崎浜の御旅所までの御神幸となっている。そして、御神幸の行われない年には「もとのごとく流鏑馬・散楽を行ひ玉ふ」とあるのが、延宝三年に再興された放生会のことをさしていることになろう。『筥崎社鑑』には、十二日から十四日にかけての御神幸のことに続いて、

翌十五日の早天に放生堂にて放生供養あり。魚鳥を放つ。月毎の放生も是に同し。供養終て流鏑馬あり。當社の流鏑馬ハ他所に勝れて然もいかめし。国主より鳥毛の長柄百本出し玉ひて備となせり[5]。又、神幸を執行せざる年ハ流鏑馬終て猿楽五番あり、及相撲あり。桟敷を多くかけならべ士庶人の来り見るもの若干なり。都て此放生会ハ参詣の群集をなすこと國中第一の祭祀なり。十二日の頃より廿日過る頃まて晝夜市立て、諸國の商人湊（ママ）ひ来りさはかり廣き松原も所せきまて幕引わたして宴席をひらき、或ハ磯邊に船をうかへて酒宴を催ふし、或ハ歌舞遊藝の見物に耳目をよろこはしめると己かさまさまの楽しみいはむ方無し。實や名に負ふ秋の最中なれハ晝はさらなり。名月白沙を照らせハ恰も白銀の世界かとあやしまる。まことに是一歳の勝事此時になむ極まれりとおほゆ。かほとの祭事ハ他所にも亦類ひ少くそあらめ。

と、延宝時代における放生会の賑わいが、あたかも眼前にそれを見るかのような生き生きした筆致で描かれている。つまるところ、近世に復興された筥崎宮の放生会は、八月十五日に境内で放生会供養が営まれ、そのあと流鏑馬の行われるのを恒例とし、それに、十三・十四日（のちに十二〜十四日）にかけての御神幸と、十五日の猿楽とが、隔年交替で付随するという形をとっていたということになる。

明治初年、「神佛分離令」によって筥崎宮は八幡大菩薩の称号を廃止、口頭により、石清水八幡宮の例に倣

って放生会を中秋祭に改めよとの通達を受けた（筥崎宮文書）。従来蓮城坊の受け持ちであった月次の放生供養が廃せられ、八月十五日は仲秋祭として流鏑馬だけがその後しばらくは継承された（『神佛分離史料』）。しかし、江戸期を通じ、博多津中をも含めて近隣の人々と密接な関わりを持ってきた放生会は、仲秋祭となったのちにも〝筥崎のほうじょうや（放生会）〟の名で親しまれ、『筥崎社鑑』に描かれている情景とは様変わりこそあれ、参道両側に立ち並ぶ露店市を中心とする賑わいは、むしろ年毎に盛況さを加えているようにさえ見受けられる。そうした中で放生会の行事として近世以降の古態を比較的に崩さずに継承されてきたと思われるのが、御神幸の行事であることから、以下、その概要について述べることとしたい。

神幸行事の概要

氏子と氏子組織

現在、筥崎宮の氏子組織は、それを校区ごとに分けると、箱崎・筥松・馬出・千代・吉塚・東吉塚の六校区となっている。これを明治二十二（一八八九）年の町村合併以前の村に置き換えてみると、表糟屋郡箱崎村と那珂郡堅粕村・馬出村にあたり、筥崎宮境内の南側面が旧糟屋郡と那珂郡の郡境になっていた。文献的には『筑前国続風土記拾遺』に筥崎宮の氏子地域が記されているが、それによると、

糟屋郡箱崎村——本村・原田（枝郷）・浦分　凡四百五十軒
那珂郡堅粕村——本村・吉塚口・水茶屋下口・百軒開、枝郷西堅粕村ほか三カ村
同　馬出村——筥崎八幡宮の敷地

とあるほか、博多市中で比恵川（石堂川）べりの、

北船町東側、東町上・下、浜口町上、浜口町中の東側、浜口町下の東側、西門町、中小路町、魚町上、蓮池町、竪町上・中・下、金屋町上・中・下、金屋町横町、官内町、中石堂町、竪町浜、浜口浜東側、柳町、普賢堂町上・下

の各町が、筥崎宮の氏子になっている。このことについては、井上精三氏によって、「比恵川の流れを変えて石堂川とする以前に、このあたりが筥崎宮の氏子が住むところであった。石堂川ができてその西側がはっきり博多津中になっても筥崎宮の氏子であり、現在でも筥崎宮にお籠もりをする町もある」との説明がなされている（『福岡・博多の町名誌』）が、往時博多澳浜恵比須社へ御神幸があり、その際、博多津中へも神輿の御巡行があったとの伝えも残っているところから、当然考えられることである。ちなみに、幕末のものと推定される「御神幸諸雑用帳」（筥崎宮文書）には、

一、銀預五百参拾弐貫八百文
　右氏子中ヨリ寄進　六百九拾軒　一軒ニ付八百文宛
一、同弐百壱貫三百文
　右御仮屋建人夫銭　壱軒ニ付三百文宛切立
一、同弐百九拾九貫七百文

右博多旧氏子町々ヨリ御神幸ニ付寄進
合計千五拾三貫八百文

と、御神幸に対する博多の氏子からの寄進が記されているが、〃旧氏子町々〃とあるとおり、現在の氏子組織には、これら石堂川以西の各町は加わっていない。

宗教法人筥崎宮の氏子組織は、〃氏子総代〃と〃責任役人〃とからなり、ほかに祭典の時にだけ奉仕をする〃祭典委員〃が神社側から委嘱されている。〃氏子総代〃は、校区ごとに町世話人の推薦で決められるが、現在は箱崎二十一名、筥松二十八名、馬出二十名、千代二十六名、吉塚十九名、東吉塚十八名の合計一三二名。多い時期には一五〇名ほどになっていたという。任期は三年。二月の祈年祭に総代会があり、神社運営に関する総体的な協議がなされ、新旧交替もこの時に行われる。

〃責任役員〃は各校区に一人ずつの計六名。氏子総代の中から選出される。宗教法人以前には〃参与〃と呼ばれていたが、任期は二年。氏子会の常任委員的な機能を持って、常時神社側からの相談に預かっている。

〃祭典委員〃は、現在箱崎七名、筥松九名、馬出二名、千代・吉塚・東吉塚各一名の合計二十一名が委嘱されているが、一月三日玉取祭、二月十七日の祈年祭、六月大祓、七月晦日の夏越祭、八月の中秋祭（放生会）、十一月二十三日の新嘗祭、十二月大祓など、氏子の参加する主要祭典への奉仕が中心で、実質的な祭典運営に携わっている。二年に一度行われる御神幸祭でも中核的な役目を果たしているのが祭典委員である。

祭礼組織と奉仕分担

神幸祭の祭礼組織は、神職・旧社家・氏子集団の三つに大別されるが、氏子集団はさらに旧社領と、旧来から奉仕を受け持ってきた氏子地域、およびその他の氏子地域で奉仕分担が分かれている。ここでは神職を除いて氏子集団と旧社家の奉仕について述べておきたい。

氏子集団の奉仕

筥崎宮の氏子地域のうち、上社家町・下社家町・宮前・馬場・前川・郷口を〝社領六町〟と呼んでいることは前述のとおりで、旧幕時代からの由緒が窺われ、祭礼の奉仕にあたっても、もっとも重要な〝駕輿丁《かよちょう》〟の役を受け持っている。筥崎宮の神輿は三座の祭神をあてて三体、[6]一の戸・二の戸・三の戸と古い呼称で呼ばれている。駕輿丁は社領六町が、上社家町・宮前・馬場、下社家町、前川・郷口の三組に分かれ、この順番で毎年交替しながら、一の戸・二の戸・三の戸に奉仕する。舁き手は十人。ほかに輿丁取締二名。輿丁頭二名が各組から出る。いずれも若手（青年）である。別に供奉の随身二名（現在は子供）、

三体の神輿

提灯持十二名（中年）が各組から出ることになっている。

神幸行列の組み立てについては後述するが、大別すれば先駆・三体の神輿・後駆の供奉に分けられる。供奉のうちでも各神輿の前につく鐘・太鼓・獅子は、いわば供奉の中心的存在で、それを受け持つのが古くからの氏子集落であった海門《かいもん》戸《と》・米一丸・帝大前[7]、および阿多田・小寺（以上箱崎）・寺中（馬出）の各町である。これらの分担は固定していて、

一の戸＝鐘・太鼓－海門戸　獅子－海門戸・米一丸・帝大前
二の戸＝鐘・太鼓－寺中　獅子－小寺
三の戸＝鐘・太鼓－阿多田　獅子（二体）－阿多田

ということになっている。このうち海門戸三町は、享保年間（一七一六～三六）の飢饉で御神幸が途絶しようとした際に、単独でこれを継承したということで、

先導と一の戸の供奉に優先権が与えられたという。

その他では、網屋（旧来の浜方）が一の戸から三の戸までの大榊・半月を、水茶屋が小鉾と幡を受け持ってきたが、やはり旧来の氏子地域ということからであろう。新しい氏子組織による分担は、六校区を馬出・吉塚・東吉塚、箱崎・筥松、千代の三組に分けて、一の戸から三の戸までの白幣・小榊・太刀・弓・金幣を毎年交替して受け持つことになっている。

氏子集団における年齢階梯制

祭礼組織において見逃せないのが、氏子集団における〝年齢階梯制〟である。各町内ごとに若干の相違が見られるが、ここでは典型例として、海門戸の場合を取り上げておきたい。

海門戸三町では子供・若手・中年という三つの年齢集団が構成されてきた。子供は小学校一年（数え年八歳）から高等小学校二年（数え年十五歳）までで、数え年十六歳で若手に加入して以後は妻帯まで。妻帯すると中年となり、中年には年齢制限がない。神幸祭におけるそれぞれの役割は次のとおりである。

子供は四年生以上が神幸行列に参加、鐘・太鼓を受け持つ。鐘・太鼓はかなりの重量があるので、年長の者が担いだ。三年生以下は直接行列に参加しないので、町内で提灯を灯して行列を迎える役を勤めていたが、現在では御神幸の翌日（十五日）に神社で子供会の〝提灯ともし〟をしている。

若手は現在では青年と呼ばれているが、これまでにも御神幸の奉仕では中核的な役割を果たしてきた。年齢順に、宰領・総取締・獅子取締・八ッ旗取締・大鉾（水王・火王）取締・清道取締・賽銭取締および賽銭箱付・鐘取締・太鼓取締の役割が定められ、以下賽銭箱十人、清道二人、大鉾二人、八ッ旗八人、獅子五人が割り当てられる。宰領には年頭の者があたるが、一の戸の宰領が神幸行列全体の指揮を執ることになるので、重い責任が課せられていた。現在は青年の数が少なくなった関係で、この役割分担がかなり崩れ、鐘・太鼓を青年が担いだり、賽銭箱が子供の受け持ちになったりしている。

　中年は一応青年を上がった顧問格に位置するが、行列には若手の補佐役として、八ッ旗に十六人、大鉾に四人、清道に六人が付く。古くは中年が八ッ旗・大鉾・清道を持ち、若手が交替要員になっていたともいう。役割以外の者は全員が白丁を着てお供の行列に加わるのが慣例で、男の氏子全員が神幸行列に参加するという気風が長く続いてきている。

旧社家による奉仕

　筥崎宮の社家については、さきに文化五（一八〇八）年の『筥崎宮領高弁一社中内割覚』でその種類を示したが、社家組織の解体以後も、神職とは別に、氏子集団の中にあって御神幸行事の奉仕を続けているものに、餝職《かざりしょく》・伶人《れいじん》・御炊《みかしき》の組織がある。これらは前掲の『筥崎宮領高弁一社中内割覚』に、

鳳凰と駒形

餝坐　戸簾《とみす》七右衛門　柴田吉右衛門　清水作太夫
伶人　柴田善右衛門　中村市三郎　西田久之丞
御炊　戸簾幸太夫　戸簾伊太夫　高橋善太夫　戸簾利太夫　戸簾惣太夫　古田重太夫

とあって、餝職三家、伶人三家、御炊六家が代々世襲制を原則に奉仕を勤めてきたと思われるが、幕末から明治期にかけて、その世襲制にもかなりの変動があったもようである。(8) 奉仕の具体的な点については後述することとして、ここでは各組織の現況と奉仕分担を記しておきたい。

　餝職は、現在、柴田玉樹家（馬出）と有馬栄一家（下社家町）で奉仕、神輿の飾り付けその他神輿に関する一切の責任を持ち、神幸行列には駒形（子

供が持つ）とともに供奉をする。

御炊は祭典における神饌の調製が役目で、従来鶴田一統と戸簾一統で奉仕、熟饌を鶴田家、野菜盛りを戸簾家で受け持ってきたという。この点に史料とのくい違いが見られるが、明治以降に起きた変動であろう。現在では戸簾家が御炊を離れたため、野菜盛りを神社でするようになっており、鶴田家も昭和四十年代から熟饌の奉仕をしてきた鶴田善次氏が、高齢を理由に昭和六十（一九八五）年の御神幸から御炊を辞退している。

伶人は、現在、箱崎・馬出上・馬出下の三座があり、御神幸行事における奏楽を受け持ち、行列では一の戸に箱崎、二の戸に馬出上、三の戸に馬出下が付いている。以前には網屋にも伶人座があったが、明治二十三年に解散したので、それが馬出上・下に受け継がれたという。前掲史料に「伶人」として三家が記されているのは、おそらく箱崎・網屋・馬出の三座を指していたものと思われる。三座とも現在では全く世襲制をとっていないが、箱崎伶人座に、むかしは柴田家の受け持ちであったという伝承のあるのが、その名残りであろう。三座の中でももっとも活発な活動を続けているのが箱崎伶人座で、座員も二十五名と三座の中でももっとも多い。加入は任意、座員の推薦により、本人と親との相談の上で決める。神幸行列では一の戸に付き、十二日の御下りでは出発の時から一の戸が御仮屋に入るまで、十四日のお上りには出発から本宮還御後の神霊遷しまでの奏楽を受け持つ。『筑前国続風土記』に、

社家の輩数人、音楽を学ひ古より伶官の家あり、宝永二年の秋より神幸にて初て是を奏す。神殿及御行宮にて、笛・笙《しょう》・篳篥《ひちりき》・太鼓・鞨鼓・鉦・鼓皆備れり。途中にては、神輿に先立て是を奏す。

とあるが、現在では鞨鼓・鉦・鼓は用いられていない。越天楽・賀殿・鶏頭・陵王などの曲目を奏し、御神幸

以外にも筥崎宮における年中諸祭の奏楽に奉仕している。昭和以後の一座の歩みを示したものに、『筥崎宮伶人座箱崎組の歩み』（昭和四十八年一月）がある。

祭礼準備

各種打ち合わせと事前準備

現在、御神幸が陽暦九月十二日から十四日にかけて行われている関係で、祭礼の準備には七月下旬頃から入り、駕輿丁世話人会（七月二十日頃）、供奉世話人会（七月二十四日頃）、祭典委員会・責任役員会・氏子総代会（八月上・下旬）などの会合が相次ぐ。〝駕輿丁世話人会〟は、社領六町の町世話人によって、その年の一の戸から三の戸までの神輿の受け持ち割り当てが確認される。その他、各町内における駕輿丁ほかの人数割り当て、白丁・法被・提灯などの員数確認、日程打ち合わせなどがなされる。〝供奉世話人会〟もほぼ同様で、供奉町内の世話人によって供奉道具の割り当てなど、細かな打ち合わせがなされる。祭典委員・責任役員・総代会は祭礼行事運営に関する打ち合わせが中心となる。すべての打ち合わせが終わると、八月下旬、奉仕の各町内に諸道具（鐘・太鼓・獅子・榊台、白丁その他の装束・持物）渡しが行われる。

伶人座の奏楽も、箱崎、馬出上・下の各組ごとに七月前後から練習に入る。それぞれが職業を持っている関係で練習は夜間。箱崎組の場合、八月までは中・下旬のうち一週間、全員による練習日をとり、九月に入ると毎日練習を重ねる。

筵職では九月一日の神輿潔めを前に、神輿に遷す御神体の下に敷く〝御草座《ごそうざ》〟[9]が、有馬氏によって編まれる。茅萱《ちがや》を薦編機《こもあみき》で編み、四五センチメートル四方ほどの薦を三枚作る。最近では予算が少なくなったので、糟屋郡あたりまで茅萱を採りに行くという。

上：触れ鐘
右：社家の門注連

注連卸しと神輿潔め

九月一日の早朝（午前四時～五時）、子供たちが神幸行事の始まりを告げる触れ鐘を叩いて神社の周囲を回る。神事の行われる神聖な場所や神具に結界を限る〝注連卸《しめおろ》し〟は、神社側で用意した注連を氏子の町世話人が次の各所に掛ける。

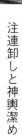

境内――一の鳥居　裏の鳥居　回廊脇門（外側三カ所）神輿庫　筥松　神饌所　守札所　社務所大玄関　社務所玄関（左右二カ所）祓所　潮井台（二カ所）職舎（十カ所）東門入口　西門入口

境外――神社前の道路（南北の馬出・馬場との境界二カ所）海門戸（東西南北の境界四カ所）阿多田（東西の境界二カ所）小寺（南北の境界ほか三カ所）餝職家（三カ所）

神具――獅子台（四台）楽・太鼓台（三台）

注連縄は古賀市の渋田啓一家が代々奉仕して綯ってくれている。また、この日、神幸行列に網屋町が供奉する大榊三本を、糟屋郡粕屋町内橋の熊野神社から迎える。現在はこちらからもらいに行くが、以前は内橋の人が奉納してくれるのを迎えていたという。内橋の熊野神社は『旧記抜書』その他江戸期の記録に、筥崎宮の境外末社としてあげられており、古賀町からの注連縄寄進とともに、往時の神領との関わりを残した伝承といえよう。

神輿の飾り付けは、一日の午前中。餝職の柴田・有馬両氏によってなされる。飾り付け道具は仕舞箱に入れて神輿の台下に収納、神鏡は御神鏡箱四箱に収められているのを出して、員数を改めたのち、神輿庫横の回廊に筵を敷いて神鏡を磨く。神鏡は三枚を一連とし神輿の四面に三連ずつ下げるので、一の戸だけで三十六枚、三の戸までで一〇八枚、御神幸のある年にだけ磨く。鏡を磨き終わると神輿の下部に水引幕を回す。一の戸が黄色、二の戸が紫、三の戸が緑。裾に波形摸様が白く染め抜いてある。水引幕は左後方から右回りに一巡させる。次に、神輿の上部に戸張《とばり》を掛ける。赤地に錦で菊と五三の桐の紋が刺繍されており、正面より右回りに掛け、同じく一巡させる。次いで直径三センチメートルほどの赤房の紐を神輿の四隅から舁き棒へと掛け渡す。舁き棒の金具のところで房が外に向くよう、紐は外向きに螺旋状に巻く。終わって欄間の真上辺りの位置に鈴を取り付け、神鏡を四面に三連ずつ掛け、屋根の四隅に取り付けたゼンマイ（蕨手）を上に上げて瓔珞《ようらく》を下げると、あとは神輿の屋根に鳳凰《ほうおう》を取り付けるだけとなる。餝職が世襲制をとってきただけに、これらの飾り付け作法は厳格で、柴田氏によってその手順を記した書き付けが保存されている。

神輿潔め

〝神輿潔め〟は一日の夕刻。箱崎浜で行われる。午後五時半頃、触れ大鼓・鐘を合図に氏子総代、駕輿丁、供奉町内の若手取締らが神社に集合、駕輿丁が御祓いを受けたのち、神輿庫から神輿を舁き出し、楼門前で一の戸・二の戸・三の戸の順に行列を作り、それぞれに鐘・大鼓が付いて、午後六時、箱崎浦の御潮井浜へと向かう。浜では海に面して右より一の戸・二の戸・三の戸の順に並び、神輿の右側に輿丁・祭典委員・総代、左側に供奉町内の若手が整列、〝神輿潔め〟の神事が執行される。修祓・祝詞奏上のあと、神輿・神職・輿丁・氏子の順に御祓いがなされると、神輿の前面の戸張を上げて扉が開かれ、餝職が御草座と潮井テボを手にして波打ち際に行き、御草座の先端を海水に浸し、浜砂を潮井テボに採ってそれで神輿を潔め、次に一の戸から順に神輿の床に御

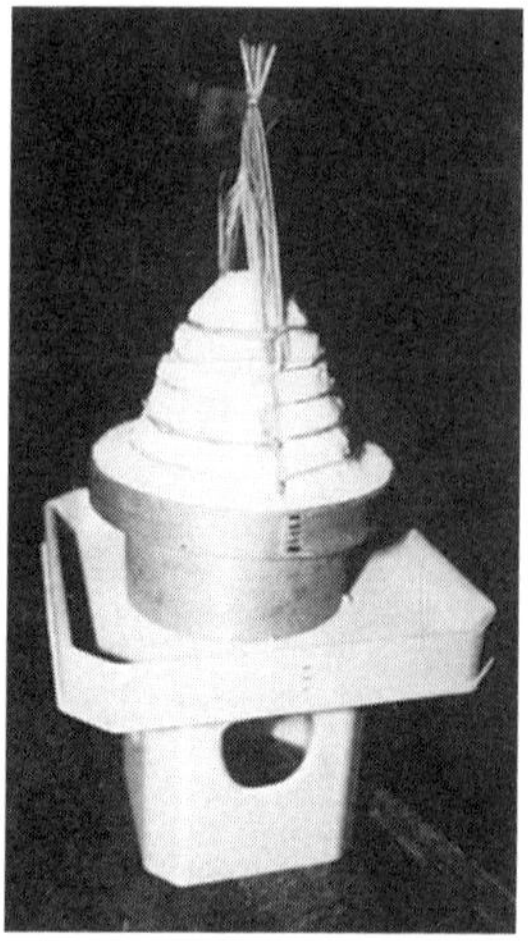
熟饌

草座を敷いて閉扉、神事を終わる。帰路は往路と同じ順序で行列を組み、本宮に帰着。神輿は再び神輿庫に安置される。その間約一時間。

潔め祓えと斎戒

神事執行にあたっては、斎場・神具などの潔め祓えをしたのち、結界を限るのはもちろん、神事に携わる者一同にも厳重な斎戒の課せられるのが通例である。筥崎宮の場合でも、注連卸しと神輿潔めに一応潔め祓えの形式が踏まれているが、すでにかなり簡略化されており、注連卸しに先立つ潮井採りなどによる祓えの行事[10]も消滅、神輿潔めにしても、お祓えのあとで餝職が御草座の先端を潮に浸し、御輿に潮井を振るだけという形ばかりのことになっている。また、神事に携わる者の潔斎も、例えば餝職が神輿飾りの前に入浴したり、神輿の出御にあたって神職以下、駕輿丁や供奉の者たちがお祓いを受けることは行われているが、以前にはもっと厳しい潔斎があったのではないかと思われる。ごく限られた史料ではあるが、寛保元（一七四一）年七月二日の『筥崎宮末社遷宮記録』（筥崎宮文書）に、権小宮司・餝座・御炊・神楽座らの社家に対し、「三日別火十五人、一日別火参拾弐人」と、一人一日三分の別火料を支払っている記事が見られ、別火精進の行われていた形跡が窺われる。別火精進は、現在太宰府天満宮や志賀海神社で、神事に携わる若者の潔斎の形として伝存されているが、禊ぎをしたのち、家族とは食事の火を別にして、精進小屋に籠り、一切の穢れを絶つという形のもので、筥崎宮でもそれが行われていたということは、むしろ当然といわねばなるまい。それらが消滅しているのは、神事の簡略化というよりも、忌観念の希薄化を意味するものといえよう。

神饌の調整

御神幸期間中における献饌は、十二日が未明（午前三時）の神霊遷しと午後三時の夕神饌《みけ》を本宮で、十三・十四両日は午前十時と午後三時の朝・夕神饌を、御旅所にあたる浜の宮で行うことになっている。神饌は、饌米のほか、御神酒・肴・野菜・果物・塩と水の五種がそれぞれ三座分供えられるが、十二日の神霊遷しの時だけは饌米に替えてオゴクゴと呼ばれる熟飯（御飯盛り）が供えられる。神饌の調整はいずれの場合も御炊の役目で、熟饌が鶴田家、野菜盛りが戸簾家の受け持ちであったのは前述のとおりである。肴・野菜・果物は従来馬出の小串家から献上されるものを戸簾氏が盛り付けていたが、戸簾家の辞退によって現在は神職がこれを行っている。熟饌は、十一日の夕刻、賄舎で二升二合の御飯を炊いて神饌所へと運び、御炊が曲物の台（円形の盆）に三座分を等量に盛り分ける。杓子でつぎ分けながら上を押さえ、一台ずつ高さ一五センチメートルほどの円錐形に盛り上げ、それに五本の注連藁を掛ける。注連藁は縄に綯わず新藁二本をすごいて根元を結び合わせたものを五組、最初の三本は結び目を手前にして、御供（御飯盛り）に掛け、反対側で縒《よ》って余った穂先を上に立てる。次に残りの二本を、前とは反対側から回して三本の間に掛け、先端を向かい側で縒って穂先を立て、最後に上部で五本の穂先を括《くく》る。出来上がったオゴクゴは三方に載せられるが、三本の藁の結び目のある方が表で、二本の方が裏となる。神饌の調整にあたって、御炊は入浴をして身を潔め、白丁をまとって烏帽子をつけ、口を白布で覆って鄭重にこれを行う。

御神幸

筥崎宮放生会に御神幸が復活した元禄十四（一七〇一）年、『黒田家譜』は八月十三・十四両日にそれが執行されたことを記しており、同じ元禄期の『筑前国続風土記』にも「八月十三日の暁、神輿三社出御、十四日の夜還御あり。その儀式頗にきはし」とある。それが寛保三（一七四三）年の『筥崎亀鑑』になると「十二日の暁に出御有て十三日より十四日まて仮殿にとゝまらせたまひ則其夜還幸ましますと」と、十二日出御、十四日還御ということになっている。御旅所に神輿が二泊することは、他社の御神幸からすれば異例のことであるが、その理由付けとなるものに、筑紫頼定氏が『筥崎旧誌』[11]（大正十〈一九二一〉年）に引用している社伝がある。すなわち「神幸に付古書に」として、

古来ハ八月十二日新艘新に出来候テ志賀島御渡海、御帰路博多浜口浜の御旅殿ニ御遷座（唯今恵比須社ト相成）、翌十三日夕辻ノ堂御旅殿ニ御遷座（唯今若八幡之社ト相成、右御旅殿御供預所も御座候。右今以博多御供所ト申ス町名ニ相成居候）、翌十四日夕浮殿御遷座、十五日之朝、放生・流鏑馬・能興行等相済、同夕遷御御座候。云々

とあるもので、これによれば、戦乱による断絶以前の姿が、十二日に博多浜口浜の御旅殿、十三日に辻ノ堂御旅殿、そして十四日は浮殿に御遷座があって、十五日朝に放生会という順序を踏んでいたということになる。海上渡御の際に放生神事が行われていたように記されている『筥崎亀鑑』の記載とのくい違いもあり、必ずしもすべてに信が置けないまでも、一つの伝承として無視できないものをもっている。しかもこれらが社伝に故実として語られていることから、御神幸復活後のいずれかの時期に、浜口浜・辻ノ堂御旅所御遷座のどちらかをとって、箱崎浜頓宮における二泊という形が生じたとも考えられる。いずれにもせよ、現在の御神幸においては、この頓宮二泊という形がそのまま踏襲されている。

初日祭と神霊遷し

現在では隔年に九月十二日の早暁、筥崎宮本殿で、御神幸〝初日祭〟と神輿への〝神霊遷し〟の儀が執行される。

楼門内、拝殿左側の白砂利を敷き詰めた神苑の神殿寄りに、三個の御供櫃が並べられ、御炊（現在は神職）が付き添い、その後ろに白狩衣・烏帽子姿の伶人（箱崎組）が位置を占め、右後方には同じ衣帯の餝職四人（柴田家・有馬家）が襟に榊の幣を挿し、「餝職」と書いた提灯を手にして従う。その後方の回廊には白衣・白袴・白足袋の駕輿丁三十人が烏帽子をつけて居並び、楼門左手の回廊には、これも白衣・白袴の祭典委員が列席する。

初日祭

午前三時、太鼓の合図で宮司以下十名の神職が入場、〝初日祭〟の儀式が執行される。神事は修祓から。御炊が御供櫃の蓋を開けて神饌の御祓い、次いで神職・伶人・餝職・御炊・駕輿丁・祭典委員の順にお祓いが終わると、宮司が昇殿して、一の戸から順に開扉、警蹕《けいひつ》の声が長く尾を引く。続いて献饌。神職により神殿内に潔め茣蓙が敷かれ、神饌の台が置かれると、御炊が御供櫃から神饌を取り出し、まず手長《てなが》（神職）がそれを受け、以下一の戸まで立ち並んだ神職に手渡されながら神殿内に供えられる。〝伝供《でんく》〟と呼ばれる作法である。熟饌・御神酒に水と塩・鯛（ナマノクサケ）・野菜・果物の順で、五台の神饌が三の戸まで供えられる。開扉から献饌の終わるまで、伶人により雅楽の賀殿が奏せられる。献饌が終わると、宮司によって、今日より七日七夜の中秋祭祭典が執行される旨の祝詞が奏上され、列席者による玉串奉奠が済むと直ちに撤饌、再び伶人による奏楽のうちに、三の戸から献饌とは逆の順序で神饌が撤せられ、御供櫃に納められ、神殿内部の御供物台・潔め茣蓙が撤去されて初日祭の神事を終了する。その間約四十分。

続いて〝神霊遷し〟。斎主《いわいぬし》（宮司）が「安らかに神輿に遷り給え」と祝詞を奏上し、終わると神職が昇殿、一の戸から三の戸までの内陣に入り、箱崎伶人座も昇殿して神殿の左側廊下に位置する。合図によって、駕輿丁が神殿背後の神輿庫から一の戸を先頭に神輿を舁き出すと、神殿の横に待ち受けた餝職が一体ずつ神輿の屋根に鳳凰を取り付ける。取り付けを終わった神輿が一の戸から順に昇殿して、先端を内陣に入れ終わると、駕輿丁は階段を降りて神苑に整列。「消灯」の声と共に内陣を始め一切の灯火が消され、楼門も閉じられると、漆黒の闇となる。伶人の奏する楽の音が一際荘厳の趣きを漂わせる中に、内陣では微かな明かりが明滅、警蹕の声が尾を引いて神霊が神輿に遷られたことを告げる。奏楽が終わり、「点灯」の声で楼門内が明るくなると、駕輿丁が神殿から神輿を降し、拝殿に遷して正面を楼門側へ向け、左から一の戸・二の戸・三の戸の順に安置、神輿への玉串奉奠をもって神霊遷しの儀式を終わる頃には時刻はほぼ午前四時を回っている。いずれの神社においても、神輿への神霊遷しは秘儀とされているが、筥崎宮の場合、それが午前三時から四時までの間、漆黒の闇の中で神秘の趣きを漂わせながら執行されるところに、神事本来の古態が保たれているといえよう。『筥崎社鑑』にもこの神霊遷しの模様が記されているが、

十二日ノ夜丑ノ刻はかりに遷宮の規式を執行ふ。三社の神輿を庭上の御床に昇すへ、白地の帷幕をはり、神官・社僧あらかしめ斎戒して神体を移し奉らむとする時、柝を打て社辺を静めり。又四門を堅め往来の人をととめ、暫く内外の御燈を消して、御床に伶人楽を奏す。此時神体神輿に移ります。又柝を打、内外の御燈を燈し、神輿を昇捧て御休所に暫く留らせ給ひて、丑ノ中剋はかりに出御有。

と、現行のものとの間に若干の違いはあるにしても、その雰囲気たるや驚くほど似通ったものを持っている。

御遷幸と御還幸

九月十二日の夕刻、午後五時を過ぎる頃から、筥崎宮の周辺には、御神幸の始まりを告げる二点二打の触れ鐘の音が鳴り響く。海門戸・阿多田・小寺・寺中の若者と子供たちである。黒地木綿の背中に白く〝獅子若〟の染め抜きをした法被をまとった若手、白丁・白袴姿の中年、供奉の人々が三々五々境内に参集する。その一人、川島甚五郎氏（大正二年生）の談。

私どもが子供の頃は夜中の三時頃に出発して、明け方の五時頃御仮屋に着いていました。出発の前に子供たちが一番触れ、二番触れ、三番触れの鐘を叩いていましたが、一の戸（海門戸）の子供の受け持ちでした。「一番触れでございますカンカン」「二番触れでございますカンカン」と、行列の道筋を叩いて回ったものです。むかしは家の表に茣蓙を敷いて土下座をして御神輿を拝んだもので、二階から行列を見ることなどはとてもできませんでした。

現行御神幸の出発は、御下りが午後六時半、出発前に一の戸の供奉の人々が御祓いを受け、楼門内では御発輦祭が執行される。修祓・祝詞奏上・玉串奉奠と、一通りの神事が終わると、拝殿に安置されていた神輿が出御、錺職に先導されながら境内に設けられた神輿台に一の戸から順に載せられ、行列の整うのを待つ。その間、触れ鐘が絶え間なく打ち続けられ、行列取締りによって隊列が整えられると、定刻、花火の合図で発御、境内を出て馬出通りへ向けての御神幸お下りが始まる。行列順序は図1に示すとおりである。

行列は大きく分けて、先駆・三体の神輿・御詰の三つの集団から構成されているが、その中心は三体の神輿で、それぞれに供奉がついている。分担はさきの「祭礼組織と奉仕分担」に触れたとおりで、海門戸三町が一の戸の供奉と行列全体の采配を勤める。海門戸町・米一丸町・帝大前町と大きく墨書した高張提灯二つを掲げて先頭に立ち、一の戸の鐘・太鼓を持って先駆集団に加わる。清道旗・水王火王・八ツ旗もすべて三町の受け持ちである。先導提灯に続いて先駆神職、鐘・太鼓のあとには祓司（神職）がともに騎馬で従い、祓司は巡行の途中、辻々で紙の切幣を撒き、順路を潔めて行く。文化八年の『秋祭遷幸之図』（以下『絵図』と略記）で

図1　御神幸（御下り）行列順序（昭和五十八年）

先導　提灯 赤池菊花御紋高張／提灯 赤池菊花御紋高張
先駆 神職 騎馬
鐘 海門戸／太鼓 海門戸
祓司 騎馬
錦旗（消防団）
清道 海門戸 帝大前 米一丸
水王 海門戸／火王 帝大前 米一丸
八ツ旗 海門戸 帝大前 米一丸
以下一の戸
白幣 馬出 吉塚 東吉塚

小榊 同上
太刀 同上
弓 同上
金幣 同上
大榊 網屋
半月 同上
幡／幡 水茶屋
賽銭箱 海門戸 帝大前／賽銭箱 米一丸
幣帛（獅子） 海門戸 帝大前 米一丸
伶人 箱崎
小鉾
随身／随身
御飾座 駒形／駒形

賽銭箱 海門戸 帝大前／賽銭箱 米一丸
指羽 一の戸神輿 翳
絹傘
権宮司 騎馬
氏子総代 馬出 吉塚 東吉塚
稚児 同上
以下二の戸
鐘 中／太鼓 寺
白幣 箱崎 筥松
小榊 同上
太刀 同上
弓 同上

金幣 同上
大榊 網屋
半月 同上
幣帛（獅子） 小寺
伶人 馬出上
小鉾
随身／随身
御飾座 駒形／駒形
賽銭箱／賽銭箱 小寺
指羽 二の戸神輿 翳
絹傘
禰宜 騎馬
氏子総代 箱崎 筥松

稚児 同上
以下三の戸
鐘／太鼓 阿多田
白幣 千代
小榊 同上
太刀 同上
弓 同上
金幣 同上
大榊 同上
半月 同上
幣帛（獅子） 馬出 阿多田
伶人 馬出下
小鉾
随身／随身

御飾座 駒形／駒形
賽銭箱 馬出／賽銭箱 阿多田
指羽 三の戸神輿 翳
絹傘
禰宜 騎馬
氏子総代 千代
宮司 騎馬
稚児 千代
後駆神職 騎馬
一般供奉者

御発輦祭

出発前の供揃え

清道旗

先導提灯

水王火王

は、この先駆集団が、先導提灯・鐘・太鼓・水王火王・祓幣・清道旗・八ツ旗の順で、そのあとに座主坊以下の社僧が五台の輿と徒歩《かち》で長い供揃えを従えている。現在ではそれに替わるものとして、錦旗と纏《まとい》をもった消防団とボーイスカウトが加わっている。

神輿の供奉は一の戸の鐘・太鼓を別とすれば、三体ともに共通で、これを『絵図』と比較してみると、主要な部分において江戸期のそれを継承しているのが窺われる。『絵図』では先駆集団に続いて、

伶人　小榊　雌雄の獅子　小鉾
櫃　弓矢　太刀　藩士　白幣
大榊　駒形　随身　錫杖持　巫
女　経僧　一の戸神輿　神職
餝職　絹傘　氏子　一の戸後詰

『秋祭遷幸之図』（部分　筥崎宮蔵）

の順で二の戸に移っているが、獅子・小鉾以下（櫃を除く）は三の戸まで同じ。そのあとに神馬が続き、騎馬神職（七騎）が台傘・長刀・挟箱の供揃えで供奉、後駆に再び鐘・太鼓が付いて、社家・後詰の警護となっている。現行のものでは僧職・巫女・藩士の供奉がなくなった代わりに、伶人と鐘・太鼓および騎馬神職が、三体の神輿にそれぞれ付き、後詰は一般氏子が勤めている。また、『絵図』では雌雄二頭の獅子が母衣《ほろ》を纏った姿で描かれているのが、現在では獅子頭を幣帛の台に飾って曳くだけとなっていること、随身や駒形などが子供の奉仕となっていることなどにも変遷のあとが見られる。

御神幸の順路は、現在、馬出から大学通りを西南に下り、石堂川べりから進路を東に転じて千代町の旧道を千代森神社（旧妙見社）へと抜け、妙見交差点から国鉄（現ＪＲ）鹿児島本線のガード下を越えて、先頭が吉塚本町に着いたところで一旦休息をとる。以前、吉塚に御駐輦のあった名残りとも聞く。休息後は妙見交差点へと折り返し、吉塚駅前を北へ進み、箱崎駅前から宮小路へと左折、再び筥崎宮前に出て、鳥居前を馬場町へと向かい、一の戸が玉取恵比須社の前に来たところで再び休息。子供たちは握り飯の接待を受け、若手は料亭「あと山」で休息をとる。その間一の戸の鐘・太鼓だけは阿多田・小寺・海門戸一円を駆け巡り、休みなく触れ鐘を叩いて回る。約三十分の休憩をとって再び神輿が動き出す頃、時刻はすでに午後十時を回っている。行列は九大前のバス停から旧竪小路を抜け、一光寺の突当りから左折し、南海門戸を経て網屋町に入り、車僧観音から御茶屋跡の小路へと右折、網屋天神の角を左に折れて直進すると、露天市の立ち並ぶ参道へと出る。この長い行程の間、沿道の家々からは御神幸を迎える人々が、表へ出て神輿を拝み、子供が奉持する賽銭箱に御賽銭を入れる。ことに行列が馬場から阿多田・小寺・竪小路・海門戸・網屋の各町内を通過する辺りでは、古い町並みの軒別に門提灯が下げられ、触れ鐘を合図に戸口へ出て御神幸を待ち受けていた人々の、家の前を通り過ぎる神輿を伏し拝む姿がいかにも敬虔そのものとして目に映る。参道の手前、網屋新屋敷のあたりで行列は一旦停止、鐘・太鼓・獅子を始めとする供奉の若手が、走り込みの準備で両肌脱ぎとなる。走り込みは行列が参道に入って、頓宮の手前一〇〇メートルあたりから。騎馬の神職が先に行列を抜けると、行列取締が振る提灯の合図で、鐘・太鼓の乱打される中に、先導から一の戸・二の戸・三の戸の順に供奉の面々がそれぞれ一定の間隔を置いて、全力疾走で頓宮へと走りこむ。全行程約四キロメートル、四時間半になんなんとする御神幸御下りの、棹尾を飾る勇壮豪快の瞬間である。全員の走り込みが終わると、あたりに静寂が戻り、頓宮内では正面に三体の神輿が安置されて御着輦祭が執行される。神事の終了はほぼ午後十一時。

翌十三日は頓宮に安置された神輿に、午前十時の朝神饌《みけ》と午後三時の夕神饌が供せられ、馬出上組と下組の

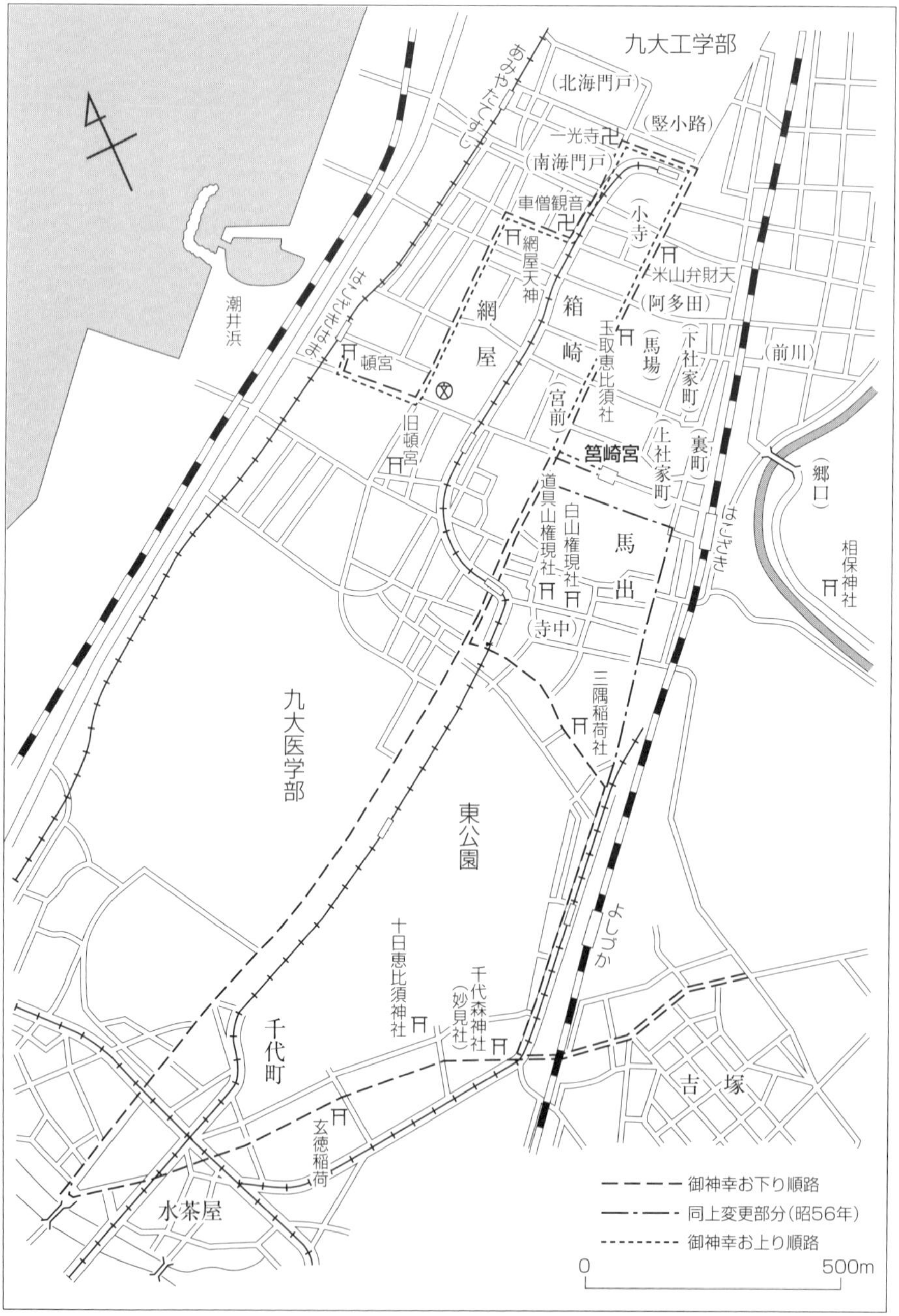

図２　筥崎宮御神幸順路図（昭和60〈1985〉年当時）

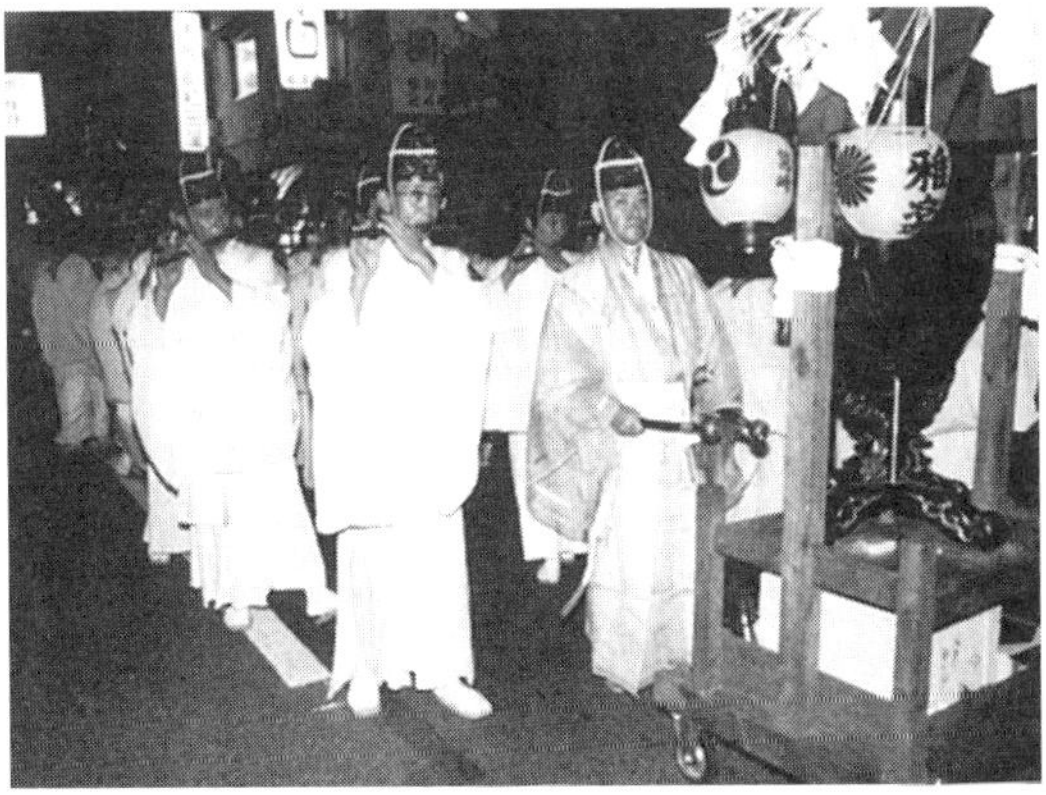

伶人の奏楽

伶人が朝夕を交替して奏楽を奉納する。

神輿の還幸（お上り）は十四日の午後七時から。それに先立ち、頓宮では還御の御発輦祭が執行される。神事が終わると前々日と同様の隊列を組むが、お上りでは、供奉のうち校区別で編成された新しい氏子組織による、箱崎・筥松、馬出・吉塚・東吉塚、千代の三組の分担が入れ替わる。定刻、花火の合図で御発輦、御下りとは逆のコースを取って、網屋新屋敷から網屋天神・車僧観音・海門戸・竪小路・馬場を経て本宮まで、お上りには馬出・千代町・吉塚の御巡幸が省かれている。距離にして一・五キロメートルほど、時間にして約一時間半。玉取恵比須社の前まで来ると、鐘の音が一際高くなり、若手は法被を脱ぎ、胸当てだけの姿となって走り込みの体勢に入る。本宮鳥居前に待機した行列取締の提灯を勢いよく左右に振るのが合図で、本宮の手前一〇〇メートルほどの地点から、勇壮豪快な走り込みが再現される。鳥居を入って突き当たりの楼門前には、これまた鉢巻姿の取締二名が待ち受け、提灯を大きく振って鳥居内に駆け込んで来る供奉の面々を楼門の両側に誘導し、三体の神輿だけがまっしぐらに拝殿を駆け抜けて、内陣に突っ込む。三の戸の神輿が楼門を入ると直ちに門を閉ざし、神輿の昇殿とともに消灯、本宮への神霊遷しが行われる。餝職によって屋根の鳳凰が取り除かれた神輿は神輿庫へと遷され、神殿では還御を迎えての祝詞が奏上されて御神幸一切の行事を終わる。楼門が開かれると、待ち受けていた群集が雪崩れ込み、拝殿前は人の渦となる。時刻は午後九時。供奉の人々もそれぞれ引き上げる中で、獅子若連中が獅子の台（幣帛）に取り付けていた榊を腰に挿し、楼門前に集まって〝祝いめでた〟を歌うのが、いかにも締めくくりにふさわしい。なお、このあと、各町内の若者たちによって、御神幸に奉持された大榊の枝が、氏子の家に配られていることを付記しておく。

翌十五日は大祭。御神幸の行われない年にはこの大祭だけということになる。神事には初日祭と同様、熟饌が供えられる。神社本庁より幣帛が献ぜられ、祝詞奏上のあとで、三人の巫女によって筥松の舞が奉納される。筥崎宮の仲秋祭はこれで一応幕を閉じることになるが、〝筥崎さんの放生会《ほうじょうや》〟の賑わいは、このあと十八日まで続く。神社側もそれに合わせて、献花祭・子供の提灯ともし（十五日）、献茶祭（十六日）、戦没者慰霊祭（十八日）などの行事を行い、昭和三十一年からは魚鳥を放つ放生神事と稚児行列とを新たに加えている。

御神幸の変遷

筥崎宮御神幸の特色はこれまでにも述べてきたように、夜間、本宮を出御した神輿が、長時間をかけて氏子地域を一巡しながら御旅所までの往復をするという、御神幸本来の古態を留めていることにある。しかし、ここに至る間に幾多の変遷を経ているのは当然考えられることで、そのもっとも大きな変化が、中世末期における放生会の断絶と、元禄年間における御神幸復活の間に現れているのは、これまでに見てきたとおりである。さらに、箱崎浜に新しく頓宮を設けて復興された御神幸も、明治初年の神仏分離や社家組織の解体などによって改変を余儀なくされている。したがって、現行の御神幸だけを見て筥崎宮御神幸の本質的意味を窺おうとすることには多分の危険性が伴う。そのことを考慮して、これまで御神幸の経過を追う中でも、煩雑さを顧みず江戸期の史料をもとに新旧の比較を試みてきたが、いま少し変遷の跡付けをしながら、この御神幸の意味するところを探っておきたい。

近世における筥崎宮御神幸の様相を記したもののうち、『筥崎亀鑑』『筥崎社鑑』以外で、いま一つ貴重な示唆を与えてくれるものに、明治三十三年、江島茂逸の編纂になる『重修筥崎社鑑』がある。同書は、末永茂世の『筥崎社鑑』を補完する意味で、史料の補充とその整理を行ったものであるが、その一節に次のような史料引用がある。

偖て其神幸たりや、例八月十二日子刻三座の神輿出御あり、十三日頓宮に御駐輿、十四日亥刻還幸、其行荘厳にして、先駆、猿田彦の面、次に清道、鳴金鼓、次に座主、併に上官の社僧乗輿す。以下の社僧次第を以って一人宛緩歩す。各長刀立傘を持せ、従僕列をなす。其後先払の陸士数十人二行に列り此陸士は国主より派遣す、次に練帛白旗八流、陰陽の獅子、御鉾、金幣、白丹木手、真榊、神宝等人人之を携へ、甲冑の兵士袋弓を持、長剣を帯ひて先行し、少童二人警護す。随身兵杖左右に候す。第一番に八幡大神の神輿、駕輿丁数十人、伶人烏冑を着し、越天楽を奏す。神官或は衣冠、或は布衣にて前後左右に連り供奉す。第二番に聖母大神、第三番宝満大神、供奉の行列三坐共に同じ。白旗は八幡の御先鉾なり、次に神馬を牽きて、僚官社職、衣冠騎馬にて後従す。警護の武士兵具を荘かにて殿す。神幸の道筋は、一の鳥居前の馬場を北に通り、町を出抜き、海門戸に廻り、網屋町を過き、以て松原の頓宮に到るを例とす。道路大凡十五町計りなり。還幸の翌日、即ち十五日に放生の供養、神楽、流鏑馬、猿楽能（五番）、相撲あり。貴賤少長となく群集す。宝永二年乙酉の秋より音楽を用ふ。笛、笙、篳篥、太鼓、鉦鼓、琵琶、皆備はり、神殿及行宮にて是を奏す。神幸の途中も神輿に先て奏す。

引用史料が記されていないので年代がはっきりしないが、十二日出御の時刻が〝子刻〟と、前掲の『筥崎社鑑』の〝丑の中刻〟に比べて早いことから、いま一つ古い時期のものとも考えられる。いずれにしても神仏習合期のもので、さきの絵図と比較する時、行列の順序に多少の違いこそあれ、行列の構成、供奉の様相はほぼそのままであることが窺われる。ここでも、現行の御神幸行列の中核となる部分が、江戸期のものをほぼ踏襲しているのが再確認できる。

現行との相違が明瞭に見られるのは、出御と還幸の時刻、および御遷幸の順路である。この変遷の時期について手がかりとなるのが、さきの川島甚五郎氏の「私どもが子供の頃は夜中の三時頃に出発して、明け方の五時頃御仮屋に着いていました」という談話である。午前三時は丑の中刻にあたる。そしてそれと符節を合わせるかのように、大正十二年から御遷幸の順路に新しく馬出・千代・吉塚のコースが加えられたという事実が神社の記録に残されている。即ち大正十二年までは『重修筥崎社鑑』にあるとおりの、馬場・海門戸・網屋という、旧箱崎村内に限られた順路で遷幸還御が行われていたということになる。大正末期に馬出・千代・吉塚方面の御巡幸が加わったのは、同地域の氏子の要請によるものということであるが、藩政時代は社領内だけに限られていた御神幸が、氏子地域全体に広がったのを意味しており、そこに近代化の一つの徴候を見ることができる。その後の変化は、昭和二十七年、馬出側の松原にあった頓宮[12]が箱崎の潮井浜へ移転、さらに昭和四十二年現在地へ移転されたことと、昭和五十六年から御遷幸の順路が一部変更され、吉塚道[13]の途中から馬出へ抜けていたのが、宮小路を通るように改められた程度のことである。

氏子の出迎え

こうした変遷を踏まえたうえで現在の御神幸を眺めてみると、社領六町、および阿多田・小寺・海門戸・網屋の旧箱崎村内の各町が、行列の供奉に中核的役割を課せられてきたいきさつも理解できる。ただ、区域外の旧那珂郡馬出村に属していた寺中町が、これらと同等の供奉を受け持ち、伶人・餝職らの社家にも馬出の住人が加わっていることが例外ともいえるが、これには別の理由がある。馬出村については『筑前国続風土記』に「此所を馬出と号せしは、むかし八幡の神輿博多夷町まで下向し玉ふ時、此所より供奉の人の乗れる馬を出しける故に名とせり。此地むかしは堅粕村の境内也」とあり、『筑前国続風土記拾遺』には「当郡（那珂郡）の東北糟屋郡の堺に在（古ハ筥崎村も那珂郡内なりし故そのかみハ筥崎の内なるべし。慶長十五、六年比より前郡とはなりつらん）人家ハ箱崎に続いて官道に在。町中に桧物師並家上板を製する工人多し。筥崎八幡宮の敷地也」と見える。すなわち、馬出村は旧来からの社地ということで、より密接に筥崎宮と結びつき、箱崎村と対等の位置付けが与えられていたということになろう。御神幸に供奉する乗馬を此地より出したという伝承といい、箱崎に続く官道であったこととといい、そこには筥崎宮の門前町としての存在すら暗示されている。こうした見方に立てば、御神幸の御旅所が以前は馬出の松原にあったことも、社家のほかに社人が存在していた(14)ことも、納得のゆくことである。

おわりに

最後に触れておきたいのは、本宮の神が社《やしろ》を出て広い氏子地域を巡行して回るという形をとる筥崎宮の御神幸の意味である。一般の御神幸では、異界から人の住む世界へ訪れた神が、神社から村内に設けた御旅所の間を往復するだけという形をとるのが普通であるが、筥崎宮のように広い信仰圏を有する神社の場合、本宮の神が氏子地域の各所に祀られている境外末社を訪れ、境域鎮護を鼓舞して回るという意味合いがその中に籠められているとは考えられないであろうか。江戸期において御神幸の順路が旧箱崎村内に限られてしまったため、事例が乏しくなっているが、それでも、現行の御神幸に注意を払って見ると、なかにそれらしきものを窺うことができる。旧箱崎村の本村にある境外末社は、玉取恵比須社（馬場）・米山弁財天社（米ノ山）・網屋天神（御茶屋跡）の三社。いずれも本宮－馬場－海門戸－網屋－頓宮という御神幸の順路に位置している。このうち、玉取恵比須社では往路・復路ともに神輿が暫時駐輦をする。また網屋天神（現在は天満宮）は旧御茶屋跡の小路を入った角に位置しているのに、往復ともに行列がわざわざその小路を選び、社前を通過して頓宮・本宮へと向かっている。現在では奉幣までは見られないが、おそらくは以前にはそれが行われていたことの名残りではなかったろうか。そうした眼で眺めてみると、大正十二年以後の御遷幸の順路に加わった千代町迂回コースのうち、吉塚道から馬出へと戻る途中の寺中町には、同じく境外末社の白山権現社・道具山権現社がある。さらにいま一つ古く遡れば、中世以前の博多澳浜恵比須社への御遷幸、辻ノ堂若八幡神社への御遷座も同様の意味をもっていたことが考えられる。もし、そうした考え方が許されるならば、中世末期に断絶を迎える筥崎宮放生会の御神幸に、箱崎浜から志賀島を経て博多浜口浜までの海上渡御があり、以後は陸路を辻ノ堂まで南下して進路を転じ堅粕村・馬出村を経て本宮へと向かう道々、それぞれの地域末社に駐輦しながら地域鎮護を鼓舞して回るという、壮大な規模のものが浮かび上がってくる。まさに博多湾に面して、北方鎮護を目的に勧請された鎮守神筥崎宮にふさわしい御神幸というべきである。

［註］

（1）筑紫家文書（『筥崎宮史料』所収）。「于時文化六年巳九月写之者也」とある。

（2）亀鑑・社鑑はともに筥崎宮祠官末永茂世編の『筥崎要記』（〝はしがき〟に明治十二年十月一日とある。十冊）に収録。『筥崎社鑑』は自序の末尾に「延享元甲子八月望日覇台後世大蔵種恒拝書」とあるが、『筥崎亀鑑』は末尾に「寛保三白露日」とあるのみで筆者名は記されていない。おのおの別冊で異筆。

（3）「元正天皇の御時、養老四年秋の比、大隅、日向、おほやけに従奉らぬ者共有しかは、宇佐の禰宜宣旨を承て軍をおこし彼等を打平けぬ。時に大神託宣し給ふ。軍に多くの人を殺せり。放生をすへしと宣ひしかは、これよりして国々の放生會はしまりしなり」

（4）〝四十八尾の紅魚〟は『梵網経』の説く大乗戒の「四十八軽戒」に〝畜殺生具戒〟のあるところから出たものという。八幡の放生会は囚われている生きものを解放してやるという仏の慈悲で説かれているが、古来神の祭りに贄として献ずる魚貝を神域の池などに生かしておく風のあったものが、神仏習合思潮とともに放生池・放生会へと変わっていったともいわれている。

（5）『博多津要録』巻十三に「放生會御鳥毛御鑓一巻之事」としてこのことが記されている。

（6）主祭神は応神天皇、相殿に神功皇后と玉依姫を祀る。

（7）以前は北海門戸・南海門戸・竪小路を合わせて海門戸三町と呼んでいた。九州大学工学部の設置に伴い、その敷地内の家が移転して、米一丸に集落が生じ、竪小路を帝大前と呼ぶようになった。

（8）黒田藩の『慶応分限帳』には鎊職に有馬家が加わって四家、伶人は十一家があげられている。

（9）本来は仏語で、法会・修法の時に用いる敷物。

（10）博多祇園山笠にしても、汐井採り・注連卸し・辻祈禱（町々の御祓い）の各段階が踏まれている。

（11）原本は筥崎宮蔵、「筥崎を語る会」の会報に翻刻。

（12）奥村玉蘭の『筑前名所図会』には、御神幸行列が馬出側の頓宮から出御している様子が描かれている。

（13）吉塚駅前の道路が拡張される以前には、十日恵比須神社付近から東公園を通る道を〝吉塚道〟と呼んでいた。

（14）筥崎宮の文政三年から十三年（一八二〇〜三〇）までの『社用札鑑』（田村大宮司家文書）には社領分社人二十二人、箱崎村社人九人、馬出村社人十五人の人数があげられており、馬出村に油座（社家）奥家の存在が記されている。

〔参考文献〕

『筑前国続風土記』 貝原益軒 元禄元〜宝永六（一六八八〜一七〇九）年 櫛田神社蔵
『筑前国続風土記拾遺』 青柳種信 天保八（一八三七）年頃 福岡県立図書館蔵
『筥崎社鑑』 延享元（一七四四）年 『筥崎要記』所収 末永茂世 明治十二（一八七九）年 筥崎宮蔵
『筥崎亀鑑』 寛保三（一七四三）年 『筥崎要記』所収 末永茂世 明治十二（一八七九）年 筥崎宮蔵
『重修筥崎社鑑』 江島茂逸 明治三十三（一九〇〇）年 筥崎宮蔵
『筥崎旧誌』 筑紫頼定 大正十（一九二一）年 筥崎宮蔵
『黒田家譜』 貝原益軒・竹田定直 寛文十一〜宝永三（一六七一〜一七〇六）年 福岡県立図書館蔵
『秋祭遷幸之図』 上下二巻 尾形愛遠 文化八（一八一一）年 筥崎宮蔵
『筑前名所図会』 奥村玉蘭 文化十四、五（一八一七、一八）年頃 （翻刻）昭和六十（一九八五）年 文献出版
『博多津要録』 原田伊右衛門安信（博多年行司役所） 寛文六〜宝暦九（一六六六〜一七五九）年 櫛田神社蔵
『福岡・博多の町名誌』 井上精三ほか 昭和五十七（一九八二）年 福岡市

〔談話資料提供者（敬称略 年号は生年）〕

米田政吉（大正十四年） 葦津明彦（昭和二十二年） 以上神職 吉村善次郎（明治三十五年 網屋） 川島甚五郎（大正二年 海門戸） 戸次善九郎（明治三十九年 小寺） 三宅甚次郎（昭和四年 米山） 箱崎甚一郎（明治四十三年馬出） 柴田玉樹（昭和七年 馬出） 鶴田善次（明治三十七年 上社家町）

田川郡添田町落合の宮座

はじめに

旧豊前国田川郡添田町落合高木神社の宮座調査は、三十年来の念願であった。事の起こりは、昭和三十二（一九五七）年、田川郷土研究会が行った〝英彦山総合学術調査〟の際に入手した、旧落合村神家《じんが》中の手になる謄写刷りの「高木神社霜月祭々祀記録」（昭和三十一年述）を報告書『英彦山』に採録したことにあった。高木神社はかつて四境七里を呼号していた修験道の霊山彦山が、その神領内に鎮守神として祀っていた大行事社で、明治の廃仏毀釈によってその名を「高木神社」と改称していたものである。落合高木神社もその一つ。

この落合高木神社の「霜月祭々祀記録」を手にした時に注意を引かれたのが、〝霜月祭り〟は収穫感謝の宮座で、この宮座に参加できる家筋が世襲の十六軒に限られていて「神家」と呼ばれ、神家名はその家の姓ではなく、「集落の名を冠した古来よりの通称」を用いていること、宮座の席では座順が決められていて、それが厳格に守られていること、宮座儀礼の進行が当番・膳奉行の口上によってなされ、創始期からかと思わせるような古風な文言《もんごん》が用いられていること、神饌・直会献立などに旧来からの格式とおぼしきものが受け継がれていること、宮座に先立つ〝彦山宮使い〟の模様が記されていること、〝御造米様《おみとさま》〟と称する御供を納めた藁苞に穀霊継承の儀礼が窺われていること、等々であった。

爾来、心にかかりながら、まずは旧彦山神領内で同じく鎮守神大行事社の伝承を持つ高木神社の宮座を一わたり眺めてからと思いつつ、身辺の用にかまけて、いたずらに時日を遷延するばかりであった。ところが、昭和六十三年に国の無形民俗文化財記録保存の選択を受けた甘木市（現朝倉市）黒川高木神社と、朝倉郡宝珠山村（現東峰村）福井神社（旧大行事社）の宮座調査に関わりを持ち、その古風を伝える穀霊継承儀礼に接するに及んで、同種のものとして落合高木神社の宮座事例が浮かび上がり、調査の必要に迫られることとなった。

そうした経緯から昭和六十三年十二月十一日、現地を訪れて現行宮座の調査をし、明けて一月六日に、当時の神家で最長老の野北喜徳氏（徳ノ淵　明治三十六〈一九〇三〉年生）を訪ねて、宮座に関する聞き取りを行った。この小論は、その両度の採訪に基づくものであるが、結論を言えば、すでに調査の時期を失していたということになる。前記「高木神社霜月祭々祀記録」の作成されたのが昭和三十一年、しかも、その〝まえがき〟には次のように記されていた。

（前略）省れば本行事が簡略化され始めし大正中期より星移り年替り、早くも四十年に近い歳月が流れ、古老も多くは没し、本行事旧来の詳細を熟知せるは僅かに「田ノ畑」「小中尾」の両神家のみとなり、斯くては本行事の明細は今後数年にして全く消滅する事明白なれば、神家一同此の実情を大いに嘆き、此処に相計りて右両神家の記憶と私的記録を頼りに本記録を作成して後世に残さんとせるものなり。（後略）

すなわち、この記録自体が二人の長老神家の記憶を頼りに作成したもので、その時点で宮座はすでに欠落部分を生じていた可能性があるということになる。しかもそれからさらに三十二年、今回の採訪を思い立った時には唯一の伝承者であった「田ノ畑（持松嘉多造）」「小中尾（藤井良吉）」両氏も他界されたあとであった。今更のように自らの怠慢に後悔の臍《ほぞ》を噛んだが、前記の「高木神社霜月祭々祀記録」（以下「祭祀記録」と略記）が一部に欠落部分を予測されるとはいえ、宮座記録としては古格を守った極めて貴重な資料価値を持つものであること、さらに年次別に行事の改正を記した「大正六年度以降　高木神社霜月祭行事変遷記録」（以下「変遷記録」と略記）が継承されていて、その後の簡略化の経緯が辿れることなどから、遅まきながら現地調査とともに考察の対象として取り上げることとした（平成元年三月述）。

落合村と彦山大行事社

田川郡添田町大字落合は、藩政時代には豊前国田川郡上落合村・下落合村に分かれていた。明治初期の『豊前村誌』（国立公文書館内閣文庫蔵）には上落合村の項に「本村古ヨリ田川郡副田荘ニ属シ落合村ト称ス、年号干支未詳ニテ後上落合村ト号ス」とあって、往古は副田荘に属して落合村、上・下に分離の時期は不明としている。明治二十（一八八七）年、再び上・下が合併して落合村、明治二十二年にはさらに彦山村と合併して彦山村大字落合、昭和十七（一九四二）年添田町に編入されて現在に至っている。明治十七年の戸口調査では、上落合村一八〇戸、九六四人、下落合村九十二戸、四七〇人。地域住民の中では現在でも上落合・下落合の意識が残っている。落合高木神社は下落合字宝流にある。高木神社は前述のとおり神仏習合の時代には大行事社。彦山神領内に鎮守神として勧請されていた。英彦山蒲池家文書の[1]「英彦山神社往昔神領内四十八箇所大行事社安置所在地由緒」（明治四十三年）に見える「豊前国田川郡彦山村大字落合大行事社」がそれにあたる。大行事社は山王二十一社のうちの「中の七社」で、山王信仰宣布の役割を担っていた。

この落合村で特筆すべきことは彦山との関わりである。地理的に見て、彦山山麓の村々のうち最も彦山と隣接しており、「彦山古記抜書」（勝円坊文書）には「彦山三口」として、津野口・宝珠山口と並んで落合口の名が見え、この村を通る道が彦山参詣路の中でも表参道になっていた。また、かつての彦山神領の中でも他に抜きんでて彦山との関わりが深く、天正十五（一五八七）年豊臣秀吉によって彦山神領が没収されたあとも、豊前に入国した細川忠興によって、落合村の内から一一〇〇石が彦山座主および隠居・後室の方へ寄進されている。

落合が上・下二村に別れていた関係で高木神社の氏子地域は、『福岡県神社誌』によると「下落合戸数百二十戸」とあり、上落合には別に大祖神社が祀られている。両社に関する記述は次のとおりである。

村社　高木神社　　田川郡彦山村大字落合字宝流

祭神　高御産巣日命　少彦名命　栲幡千々姫命

由緒　古老口伝に弘仁年中英彦山より勧請建立す。再築元禄七年十一月。明治六年七月九日村社に定めらる。

例祭日　十一月卯日　丑日

神饌幣帛料共進指定　大正九年八月五日

主なる建造物　本殿　幣殿　拝殿　境内坪数二百六坪　氏子区域及戸数　下落合　戸数百二十戸

境内神社　須佐神社（素戔嗚命）

村社　大祖神社　　田川郡彦山村大字落合字猿掛

祭神　忍穂耳命　大日霊命　伊弉諾命　罔象女命　伊弉冊命　猿田彦命

由緒　寛永元年十二月創立。寛政三年亥五月再建。明治六年七月九日村社に被定。元禄年より妙見社と称

し、明治四年大祖神社と称す。往古落合村高木神社氏子の所、下落合村上下分離の節、元禄年彦山の三柱の神を勧請す。

例祭日　十二月酉日
神饌幣帛料共進指定　大正十三年八月二十八日
主なる建造物　神殿　幣殿　拝殿　境内坪数百九十七坪　氏子区域及戸数　上落合　戸数百八十六戸
境内末社　須佐神社（五十猛命　素盞嗚命　櫛稲田姫命）

大祖神社では落合村の上・下分離を元禄期のこととしているが、十二月（陽暦）酉の日の例祭は「酉まつり」と称し、上落合だけの神家による宮座が継承されている。そうした中で、高木神社では霜月卯の日（陽暦移行によって現在は十二月）に「卯のまつり」と称して、大祖神社の神家とは別個の構成で、上・下を合わせた旧落合村当時からの神家による宮座が営まれている。

落合高木神社の宮座

宮座の伝承過程

各地の宮座がそうであるように、落合高木神社の宮座もその起源については確たる例証は得られない。「祭祀記録」には、

霜月祭は遠く弘仁年間に起源し、伝統的古色崇高なる行事にして、上・下落合中十六人の神家は之を祖

先より継承、敬神崇祖の念をもって厳粛に励行し来れるが、行事要領の詳細については古来何等記録に明示されたるものなく、所謂口伝により実施し来たれるも、爾来何等不都合を生ぜざりしものの如し。

とあって、その起源を弘仁年間（八一〇～八二四）としているが、彦山で大行事社の設置を弘仁十三年としている伝承に基づくものである。明治以前の祭帳が失われているために、口伝をもとに編録した「祭祀記録」と大正六（一九一七）年からの「変遷記録」しか頼るべきものがないが、それによって宮座の伝承過程を辿ってみると、概略次のとおりである。

落合高木神社の宮座は古来上・下落合に居住する神家によって営まれてきた。祭日は本社が霜月第一卯の日、西ノ宮（彦山川対岸にある大山祇社）が翌辰の日。毎年二軒ずつが祭当場となって神田の耕作、宮座の諸準備を行ったが、準備には当場の組内が挙って加勢をし、前後一週間、多大の時間と労力・出費を必要とした。そのため、時代の推移とともに簡略化へと向かい、明治中期に行事の一部を省略、大正初期以後は逐年簡略化が進んで、昭和に入ると行事は往年の半ばに留まる状態となった。さらに戦中・戦後の食糧事情の悪化が行事の衰退に拍車をかけ、行事も形ばかりのものになった。行事簡略化の要因には、この宮座が特権的階層の神家だけによって営まれてきたために一般村民の関心が希薄であったことに加えて、戦後の新憲法における農地法によって、直接耕作に従事しなかった地主が従来の耕作者であった小作人に田地を譲ったために、準備に要する多大の出費と労力が神家だけでは賄いきれなくなったことと、神田の消滅が、旧態に服し得ない最大の要因とされている。

宮座の組織

宮座は村落祭祀の一形態で、「一般のように神社の氏子が均等な権利義務をもって神祭に参与するのでなく、氏子の中の一部のものが、いわば特権的に神事にあずかる仕組み、およびそれを構成する人びとの集会をいう」と定義づけられてきた（『民俗学辞典』民俗学研究所編　昭和二十六〈一九五一〉年）。福岡県は宮座の濃密な分布地域に属し、県内各地で、ジンガ（神家・神課）、ジガン（地願・示願）、宮座中などと呼ばれる名主層・地主層・本家筋からなる特定の家筋が世襲制をとって継承してきた。しかし、新憲法の農地法による農村の近代化が進む中で、こうした神事的特権団体による宮座制が崩れ、氏子の全員が参加して小組を単位に座元を引き受けるという形へと漸次移行を見せている。そうした中で、この落合高木神社の宮座は今なお旧来の神家による宮座が維持されてきた。

高木神社の神家は「祭祀記録」によれば、「本社を中に挟み上八軒、下八軒、合計十六軒なり。往昔綴在せる部落を単位にし構成す。よって神家名はこの部落名を冠して古来通称とせり」とあって、上・下落合に内包されている集落の中から、上・下八名ずつ十六名が出ていた。おそらくは地域の名主層であろう。次の表は現在の上・下落合の集落名を記したものであるが、「祭祀記録」の記載で神家の出ている集落をゴシック体で示し、括弧内にその家の姓、神家の移譲を↓印で表した。

○上落合＝**田ノ畑**（持松）　**瓜金**（高尾）　**大瀬**《おおぜ》（手島）　**高畑**（猿本）↓**荻野**（篠原）　**徳ノ渕**（野北）　**柿ヶ**《かか》**平**《へら》（平尾）　**内ヶ瀬**（藤井）　**小中尾**《おなご》（藤井）　二又　竹森　駅前　内野　深倉　緑川　長谷　老金

○下落合＝**角**（角崎）　**城野**（伊藤）　**石出**《こくだし》（藤井）　**薬師**（野北）↓**矢方原**《やかたばる》（加藤）　**下田**（加藤）　**出口**《いでぐち》（斎

城）柳原《やなばる》（深見）中畑（安藤）芝峠　井手原　松尾　中村

すなわちこの宮座は旧落合村内の集落を単位とする神家によって組織されてきたということになるが、神家株があり、世襲制をとってそれが受け継がれてきたという。軒数は上落合八軒、下落合八軒の十六軒で、神家を辞退した場合には他の集落の一軒に神家株を移譲して十六軒の定数を維持してきた。高畑（猿本家）→荻野（篠原家）、薬師（野北家）→矢方原（加藤家）の交替がそれで、「変遷記録」には昭和十二年祭座改正の時点ですでにその改正がなされている。しかし、この十六軒が果たして旧来からの定数であったかどうかには疑念がある。大字落合の集落数は、表に記されているように上・下合わせて三十カ所。神家の出ていない集落が十二カ所もある。このうち「駅前」のように新しく生じた集落の含まれている可能性もあるが、人口変動の少なかった落合では、大部分が旧来からの集落であったと思われる。ここで注目されるのは、元和八（一六二二）年、小倉藩の「豊前国家人畜改帳」に見られる落合村の「家数弐百五拾五軒、内一軒ハ惣庄屋　弐拾八軒ハ本百姓・小百姓」という記載で、この惣庄屋および弐拾八軒のうちの本百姓が、集落を代表する家筋（あるいは中世からの地主・名主層）であったという可能性もある。そうだとすれば、神家の定数も十六軒が必ずしも当初からのものではなく、もとは在来の集落数にほぼ近い数ではなかったかとも思われてくる。神家の交替が家→家ではなく、集落→集落であることがそれを裏付けている。旧田川郡内の田川市猪国や後藤寺の宮座で、神家が中世名主層の家筋であったことを明確に残していることから（『田川市史　民俗編』）、落合の場合も同じくそれが各集落における名主層であったことが充分に考えられる。神家は村内での格式を持った家柄を示す反面、宮座の座元引き受けの際に多額の出費と労力を必要とする関係上、中途でそれを辞退することは、各地の事例を見てもよくあることで、多くは神家株の移譲によって定数を維持している。しかし、その移譲ができない場合には定数の削減もありうるわけで、落合もその例ではなかったかと思われる。それはともかく、明治以後は上・下八軒ずつ十六軒の神家で宮座が組織されていたが、その中から上落合の田ノ畑（持松家）、下落合の角（角崎家）両家が世襲制をとって宮柱を勤めてきた。その後、昭和四十二年に柿ヶ平（平尾家）・大瀬（手島家）の両家、同五十四年には矢方原（加藤家）が神家を辞退し（「変遷記録」）、その補充がされないまま神家数が十三軒となっている。

当場と宮座の準備

宮座の準備万端を受け持つ家を〝当場（トウバ）〟もしくは〝祭当場〟と呼び、もとは神家のうちから一軒ずつ、上・下落合が交替で勤めるように順番が決まっていた。十六年に一度当場を引き受ける仕組みである。のち二軒一組となり（時期不明）、「変遷記録」では昭和十二年の改正事項に「当番順序ヲ上下部落最寄神家組合セニテ当番ヲ下記ノ如ク変更ス」として、下落合の二軒に始まり、上・下交互に二軒ずつを組合せた八組の当番順序が記されている。そして昭和四十二年、大瀬（手島家）・柿ヶ平（平尾家）の辞退によって七組に組替えがなされ、さらに昭和五十七年には薬師（野北家）を継承した矢方原（加藤家）の辞退により、以後は十三軒で次の六組になった（一組だけは宮柱を含んで三軒）。

一、角（角崎家）＝宮柱　石出（藤井家）　城野（伊藤家）　下落合
二、小中尾（藤井家）　荻野（篠原家）　上落合
三、中畑（安藤家）　下田（加藤家）　下落合
四、徳ノ渕（野北家）　内ヶ瀬（藤井家）　上落合
五、出口（斎城家）　柳原（深見）　下落合
六、田ノ畑（持松家）＝宮柱　瓜金（高尾家）　上落合

当場は、従前、神田（神社に隣接して約三反、収量十二俵程度の神田があったというが、戦後の農地法改正によって消滅）の耕作に従事し、その収穫によって神酒の仕込み、御供の調整、座の賄いに当て、宮座の神饌、直会の献立などの諸準備一切を引き受けてきた。前年の宮座で〝受取り渡し〟があって、次年度の当場になると、一年間は四足二足（動物・鳥類の肉）を断ち、ひたすら潔斎に努めたという。宮座の直前には〝切込み〟と称して宮座の準備にかかるが、当場宅に組内の人々が加勢に来て米搗きに始まり、神酒の仕込み、餅搗き、御供炊き、料理献立など、一切の準備を男の手によって行い、ほぼ一週間を要していたという。それも明治の中頃から行事の簡略化が進むにつれ、宮座の前日に行われるようになったことが「変遷記録」の記載を通して窺われる。

内座

「祭祀記録」には「愈々祭の前日には、組内の者挙って手伝い、万端の手配〝切込み〟を致し、夜は内座と称し手造りの酒を賞して賑やかに前夜祭を催せり」とあり、〝切込み〟については「神家宅に於て当場部落氏子参集、御供米搗から御供炊煮〆等一切の準備は男の手にて行はれ、云々」と記している。注目されるのは前口に当場宅で〝切込み〟をしたあとに、〝内座〟と称する宴が催されていることである。組内の加勢がなくなった比較的早い時期に消滅したもようで、長老神家野北喜徳氏（明治三十六年生）の記憶にも残っていない。この「祭祀記録」に記された内座が単なる加勢人の慰労を兼ねた前夜祭ではなく、当場宅に神霊を迎えて行う饗宴ではなかったかと思われるのは、同じ彦山大行事社の伝承を持つ添田町上津野・下津野両高木神社宮座の例に徴してのことである。上津野高木神社に残る正徳四（一七一四）年の祭帳によれば、ここの当場には宮座元と村座元とがあり、宮座に先立ち村座元宅に神霊を迎えて饗応をする座があって〝村座〟と呼び、これには一般村人（氏子全員）も参詣して饗応を受けることができていた。平素鎮まります社から神霊を村内に設けた神の宿に迎えて饗応をしたのち、再びもとの社に送るというのは、古くからの神迎え・神送りの概念を残した儀礼で、御旅所を設けて神輿の渡御を行う神幸祭よりもいま一つ古い形式ではないかといわれている。上・下津野の場合、当場の家に神霊を迎えて饗応をする村座には村内の氏子全員が参詣し、神社に神送りをして営まれる宮座は神家のみで行われることになっていた。神の宿を勤める資格のある家なればこその「神家」で、座元になった家では畳替えから襖・障子の張り替えなどをし、〃神の宿〃にふさわしい潔めをし、参詣してくる村人を接待する費用を含めて四十俵もの米を要したと下津野の記録に見える。神家が格式だけでなく広大な田畑を有する富裕な地主層・名主層であったればこそ可能なことであったといえよう。落合の宮座行事における内座も、当初はおそらく上・下津野村の村座と同様の意味合いを持ったものではなかったかと思われる。この内座も組内の加勢がなくなって、当場の家だけで切込み万端を行うようになってからは自然消滅をし、〃内座〃は、後述するように宮座が終わってからの座元神家の賄いによる直会へと変質をしている。

彦山宮使い

宮座の前日に〃彦山宮使い〃が行われる。「祭祀記録」に、

当社は彦山神社との深き因縁に敬徴を表すべく、前日左記の品々を持って座主の館に宮使いを差立てる。先方は大盃に酒を注いで之れをねぎらう。使いの者大盃を傾けて用意せるセキセウ芝を手にして、恰も田植の如き所作をなし、高らかに田植唄を唄ひ後退して辞去せりと。この使いは豪酒の者を選んで派遣せりと。

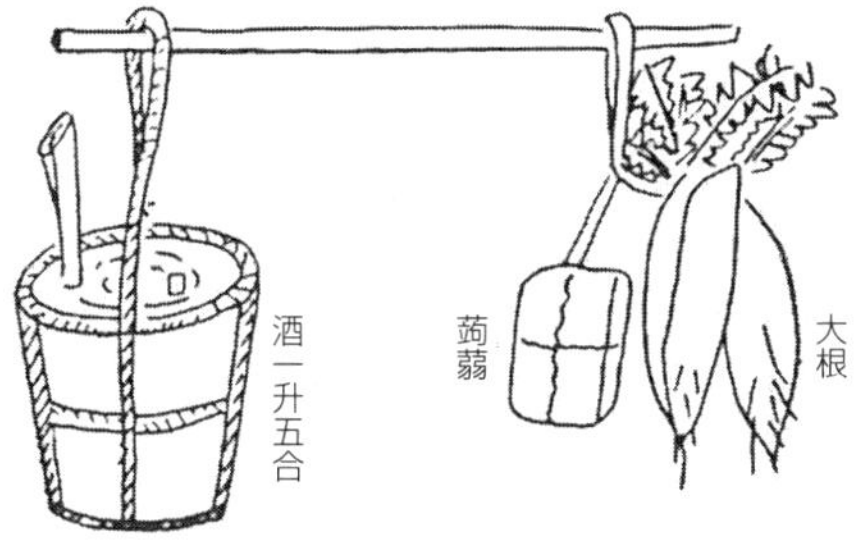

彦山宮使いの持参品

とあって上図のような持参品が描かれ、その答礼として宮座の当日に彦山より代参が下向し、幣帛を献じていたという。この彦山宮使いは明治後期に消滅したが、「変遷記録」には、「御大典記念トシテ昭和三年ヨリ左ノ儀式ヲ復興ス」とあって、

祭典前々日英彦山神社へ報告使ヲ遣シ祭典当日英彦山神社ヨリノ御代参ヲ迎ユル古来ノ儀式ヲ復興ス。但報告使ノ持参スル品ハ酒壱升五合（樽詰弐個）・大根弐本・蒟蒻（カナカケニ詰タルモノ）トス。

御代参の席は社掌の隣リトシ膳ハ格式外ニ壱番ニ据ユルコト。

と、一時期復活したことを記している。しかし、それも長くは続かなかったもようで、調査時点の神家の記憶には残っていない。

神家案内

宮座に先立ち、当場が各神家に案内をするのも大切な宮座儀礼で、前日の〝神家案内〟と宮座当日の〝時分使い〟とがあった。「祭祀記録」には「祭の前日、使いの者羽織の上に帯をなし扇子を手に礼を正して各神家に案内をなす」と、前日の案内について記しているが、羽織の上にする帯は藁縄であったという。当場の組内の者が分担して各神家宅に赴き、玄関を入って「十一月○日（第一卯の日）に高木神社の卯のまつりを行いますのでおいで下さい」と案内の口上を述べると、その家の主人が座敷にいてそれを受けたという。当日の〝時分使い〟は、俗に〝七度半の使い〟と呼び、使いの者が六回迎えに行くと、七回目は神家が玄関を出て迎えに応じていた。この神家案内も組内の加勢を必要としていたために漸次簡略化され、大正六年の改正事項には「神家ヘノ使ハ前日ノミトシテ當日ノ時分使ヲ廃止ス」「神家ヘノ使ノ上帯廃止」とあり、戦後の「昭和二十一年度申合せ」では「神家ヘノ使ハ書面通知ニヨル」とさらに簡素化されている（「変遷記録」）。

膳奉行と給仕

「祭祀記録」に「当場は祭に先立ち行事に経験のある膳奉行二人（青壮年）、および給仕五人（少年）を雇入れ準備をする」とあるように、ここの宮座には当場のほかに儀式の進行を円滑にするため膳奉行と給仕を置いていた。膳奉行は、二十歳～三十歳ぐらいの両親持ちの青年で、給仕または膳奉行の経験を持つ者、給仕は十歳～十五歳の同じく両親持ちの子供から選んで当場が依頼をする。膳奉行に経験者を選ぶのは、当場が八年に一度（のちに六年に一度）ということもあって、座法を正しく伝えるためというが、一面には子供が給仕、青年が膳奉行、神家の戸主が当場を勤めるという年齢階悌の意味も含まれていよう。ここの宮座は〝口上まつり〟と異名をとっているように、座の進行が一つひとつ口上をもってなされるので、その口上をあやまりなく言えるのも、膳奉行・給仕を選ぶ基準になっていた。これらも大正六年の改正では「膳奉行廃止、給仕三人トス」とあり、大正九年には「給仕五人、膳奉行一人」と復活したものの、戦後の昭和二十一年に「膳奉行廃止給仕廃止」という決定がなされている。宮座に神家以外の協力が得られなくなったことを意味していよう。その後、宮座の古式を復活させようという機運の生じた昭和五十七年、「口上復活ニ伴イ当場ハ左記ヲ必要トス」として、当場が膳奉行一名と給仕二名を雇入れることになっている。

西ノ宮の宮座

高木神社と彦山川を挟んで対岸にある大山祇神社（石祠）は通称を「西ノ宮」。もとは本社の宮座の翌日、霜月辰の日に、下落合八軒の神家によって宮座が営まれていた。拝殿がないので石祠の前に茣蓙を敷き、本社同様の座があった。境内に竈をつき、男だけで神饌と直会の献立を準備したが、御供に小豆のオコワを用いるのが、本社（白飯のオコワ）と異なっていた。この西ノ宮の宮座は昭和十二年から本社の宮座に吸収され、昭和三十六年の申合せでは「本社祭典及宮座終了後、神家一同大宮司共大山ノ神西ノ宮ニ参拝祭典執行ノコト。此神前御供物ハ神酒御飯（赤飯）尾頭以上各一、受元ニテ準備ノコト」との取り決めがなされている（「変遷記録」）。

宮座座位

現行宮座の次第

落合高木神社の宮座は、古来霜月第一卯の日をもって正当日とし「卯のまつり」と呼んできた。陽暦移行後に十二月第二卯の日となり（時期不明）、昭和五十二（一九七七）年より十二月第二日曜日となって現在に至っている。現行の宮座は前述のようにかなり簡略化されたものであるが、一応その概要を辿った上で記録をもとに変化の様相を眺めることとしたい。

神家座位

現行宮座

宮座の開始は午前十時半、「祭祀記録」には時刻の記載はないが、「祭りの当日御供は大きなコシキのまま、その他の品はそれぞれ藁のスボに入れ、これを長い竿に架け掛声勇ましく大勢で宮に運ぶ。御宮では桐の御紋の幔幕を張り巡らされた社殿に神家は羽織袴に威儀を正して各々定席に着座す。格式を尊び古式に準じ直会の御儀は順を追って執行せらる。膳拵へ一切部落中の男子によってなされる」とあって、図のような座位を記し、「不参神家の席には小さな御幣を立てる」と注記している。

神饌その他は現在も当場で準備されるが、集落内の加勢がないので、万事簡略化され、神社へ運ぶのもその朝当場の家族だけで行っている。神家が揃い定刻になると神殿に向かって一同列座、神職による修祓、太鼓を叩き大祓の祝詞が奏上されて開扉、次いで献饌となる。準備された神饌は木地椀《きじわん》に盛った熟飯（オコワ）の御供（オゴク）一椀、以下朱塗りの三方に饌米一盛り（上に御幣を載せる）、牛の舌餅九枚、鏡餅一重ね、神酒（錫銚子二本）、海魚一尾、昆布一把、根野菜（大根）一本、葉野菜（白菜）一把、柿・栗・蜜柑・林檎各一盛りの合計十三種。白紙を口にした当場と膳奉行が、伝供作法（手渡しをしてゆく）で神殿に控える神職（大宮司）に渡し、神職の手で神前に供えられる。続いて神職の祝詞。霜月卯のまつりに神家が参集し、古式どおりの収穫物を供えて神恩を感謝し、家繁昌を祈願し奉る旨を述べる。次いで玉串奉奠を今年の当場、明年の当場、神家の長老の順に行って、ひとまず祭典を終わる。

引き続いて西ノ宮の遙拝。西ノ宮に向かって祭壇を設け、御幣を立て、木地椀に盛った小豆飯（オコワ）の御供に注連縄を添えて供え、神職の祝詞のあとで一同列拝をする。終わって、先の図に示した座位で着座、欠席した神家の席には輪切り大根に榊を挿した小さな御幣を立てる。一同座に着くと神前に供えた御神酒を下げて木盃（漆塗り）で戴く。神に捧げたものを共に戴く〝相嘗め〟（神人共食）の儀礼である。その前に口上がある。口上は「祭祀記録」に記録されてあったのを、昭和五十七年に復活したもので、最初に当場から、

「大宮司様始メ御神家中イツモノ通リ給仕膳奉行雇受ケマシテゴザル。給仕ノ衆モ若ウゴザル。若シ不調法ノアル時ハ御座中ヨリ御指南ヲナサレ、無事ニ御座ヲナサレ」

と挨拶があり、当場の後ろに控えていた膳奉行がそれを受けて、

「当場ノオッシャル通リ我々共不調法ニゴザル。モシ不調法アル時ハ御座中ヨリ御指南下サレ無事ニ御座ヲ

献饌（伝供）

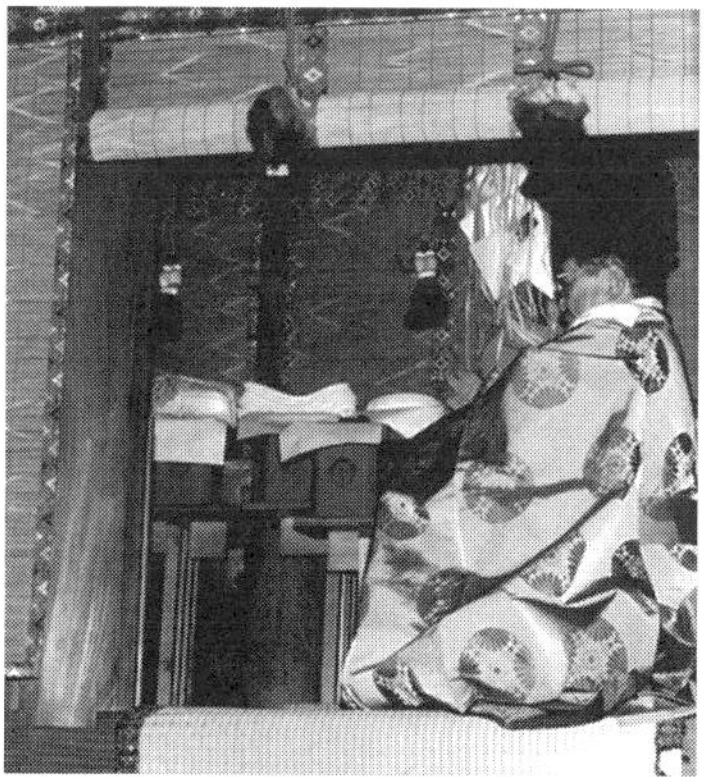

献饌

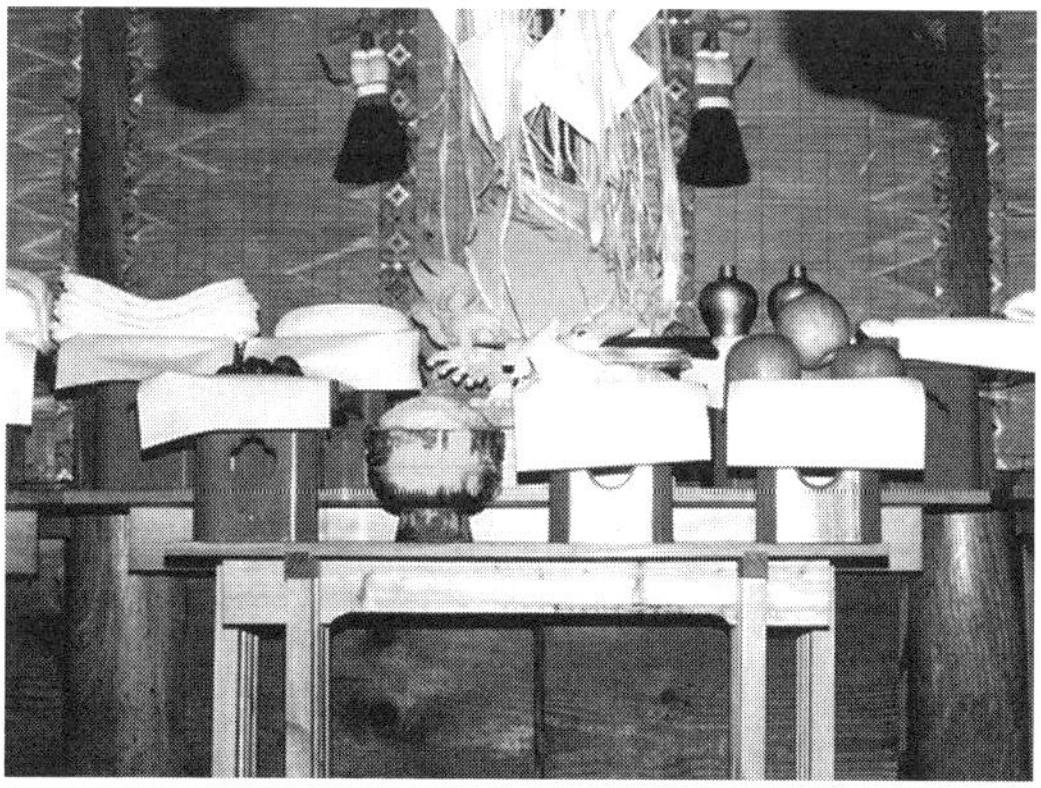

神饌

祭典

ナサレ」

と述べる。挨拶が終わると給仕が大宮司の前に座り、

「御行儀ニシマショウカ、引分ケニシマショウカ」

と大宮司の意向をただす。御行儀は座順に従って上座（神殿側）から下座へ盃を回すこと。引分けは向かい合った上・下同時に盃を回すこと。大宮司は概ね「引分ケニシナサレ」ということになっている。給仕二人が上座・下座に分かれて盃を回しながら酌をして回る。御神酒が一巡したところで、当場が、

「御行儀ノ座ハ仕舞イナサイ（終わりなされたか？）」

と神家にただすと、神家の長老が、

「御行儀ノ座ハスミマシタカラ御折半ニ出ナサレ」

と指示して、再度引分けで盃が回り、神との共食（相嘗め）を終わって〝受取り渡し〟（当場渡し）に移る。

まず宮柱の角が、

「イツモノ通リ立チオクレヲ雇イマシタ。オッシャッテ下サイ。イツモノ通リ見渡シマスレバ神ノ膳モ下リサセラレタト見受ケマシテゴザル。来当ノ儀ハ何方ニ相捗ラセラレルヤラ角覚エゴザラン。田ノ畑イカホドニゴザル」

と、もう一人の宮柱である田ノ畑に尋ねると、

「田ノ畑角ニ申シマス。御意ノ通リ見渡シマスレバ神ノ膳モ下リサセラレタト見受ケマシテゴザル。角左様ニ覚エナイトオッシャルニ田ノ畑若輩者ニテ別シテ覚エゴザラン」

と、田ノ畑が答え、再び角が、

「角田ノ畑ニ申シマス。田ノ畑左様一句（一気？）ノ儀ニオッシャラズトモ、十六人ノ神家中、大宮司様マデソウコウト御吟味ヲナサレ、来当ハ何方ニ相渉ラセラレル様御相談ヲナサレ」

と述べて口上を終わる。来当は順番によって決まっているが、口上によって一応詮議をするというしきたりである。

受取り渡し

受取り渡し

来当に当場を渡す〝受取り渡し〟は、後述する〝神の膳〟を下げて盃のやり取りをするのが旧来の形であったが、現在では〝神の膳〟がないので、祭帳の箱に御幣を載せた三方を前にして、大宮司を仲介に今当から来当への盃の受渡しで済ませている。しかし、いかに簡略化されたとはいえ、〝受取り渡し〟はこの年の当場が一年間にわたる宮座の大役を終え、翌年の当場にその役目を受け継がせる当年の宮座を締めくくる重要な儀礼で、受取った方の一人が「来当ハ私ガ受取リマシタ。ドウゾ御神ノ御供ヲ御願イ致シマス」と口上を述べる。翌年の宮座まで、自宅に神の座をしつらえて奉仕をするのを意味しており、宮座のあと、神家が揃って来当宅まで神送りをすることになっている。

〝受取り渡し〟を終えると、〝大幣《おおぬさ》の儀〟と称して、当場が麻苧の御幣を手にして東・西・南・北に向かって三回ずつ突き上げる動作をする。天地を祓うという意味のもので、昭和六十年に神職の提案で始められたもの。旧来行

西ノ宮遙拝

われていたものを復活したというが定かではない。

最後が徹饌。献饌と同様に伝供によって神饌を下げる。

以上で宮座を終わり、神家が揃って対岸の西ノ宮に参詣する。遙拝の時に供えた御幣・御供・神酒・注連縄を持参して、石祠に注連を掛け、御供と神酒を供えて順次参拝をする。

当場宅の内座

それが終わると神家一同は来当宅に神送りをしたあと、今年の当場宅に赴いて饗応の座が持たれるが、それを〝内座〟と称している。内座は以前は宮座の前日〝切込み〟が終わって加勢をした組内の者を慰労する「前夜祭」を指していたが、それがなくなって、宮座で〝受取り渡し〟の儀礼が終わってからの、その年の当場宅で行われる直会のことをいうようになっている。直会は本来が「ナオリアイ」で、儀礼を終えて平常の状態に戻ることを意味しており、神社での潔斎が解かれて酒も御神酒の冷酒から燗酒となり、無礼講の宴となる。献立は昭和五十七年の申合せで、吸物・刺身・ナマス・煮豆・煮込み・盛寿司または五目飯・豆腐汁・小鉢（見計い）ということになっている。当場から「上下《かみしも》遠路はるばる御越しいただき、無調法でございますが一献差し上げさせていただきます。お粗末なことですがどうかおゆるりと存分に御召し上がり下さい」と挨拶があって燗酒が回る。各人の飯椀になみなみと注がれた酒を飲み干して椀を伏せる。全員が椀を伏せるのを待って二献目が注がれ、同様にして三献目が終わると祝儀に謡三番があって、あとは無礼講の宴となる。夕刻近くに散会となるが、神前に供えた御供物のうち、オコワ・牛の舌餅・柿・栗などが神家への土産として配られる。

以上が現行宮座の大要であるが、これに「祭祀記録」「変遷記録」の記載を合わせて見ると、おぼろげながら旧来の姿が浮かんでくる。

宮座の旧態と変遷過程

神饌について、「祭祀記録」には御供（御木持《おきじ》三十三本）・神の膳・大盤の三種が記され、神の膳と大盤については図のような配列が描かれている。御木持は木地椀に盛った熟飯、神の膳は〝受取り渡し〟に用いる膳、大盤はこの宮座に固有の特殊神饌で、一品ずつを日向皿（藁で編んだ皿）に載せていたと思われる。このほかに〝御菜〟と称して海山のもの（魚・海草・根野菜・葉野菜）、それに御神酒を供えていたことが「祭祀記録」の記載から窺われる。「変遷記録」には大正六（一九一七）年の改革を、

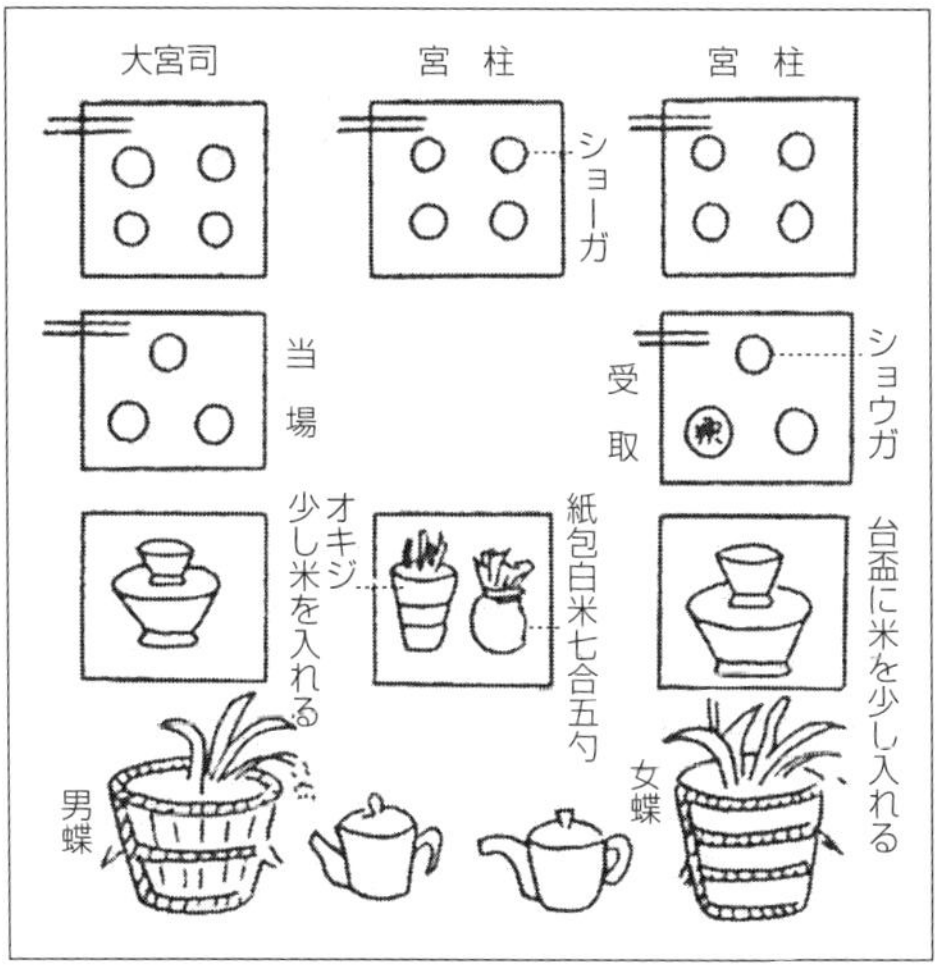

神の膳

日向皿八つを使用

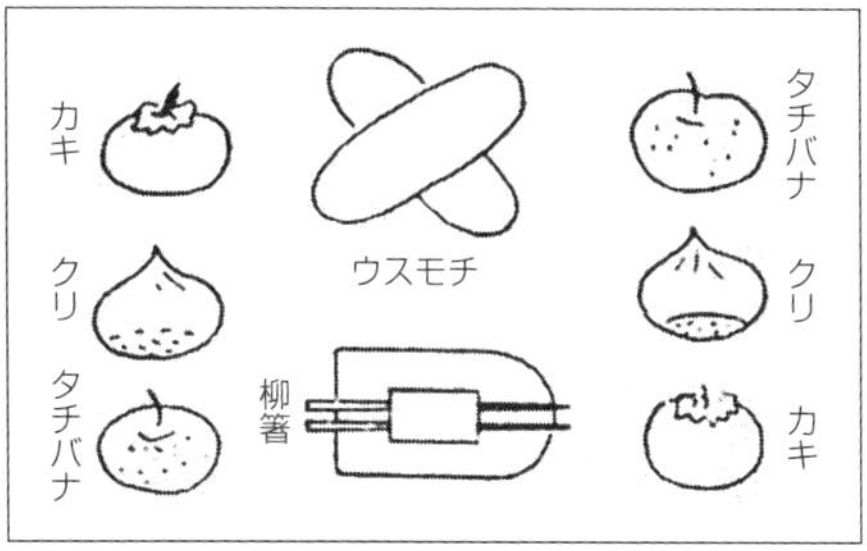

大盤　牛の舌餅｛長一尺二寸　幅　四寸

一、御神酒　弐本トス　外ニ壱本
祇園社（末社）へ供ユルコト
一、御供　オキジ五本トス
（加筆）大正拾年度四本を増

加ス

一、大盤　五枚トス　大盤へハウス餅、日向皿ニ柿、栗、橘、柳箸等、従前ノ通リ飾リ付ノコト　但、ウス餅ハ五拾枚トシ　内三拾枚ヲ大盤へ飾リ付、弐拾枚ハ神家及給仕へ配当スルコト

一、御菜　従前ノ通リ

一、神ノ膳　四ツ組三膳　三ツ組弐膳

と記している。戦後になって、昭和二十一（一九四六）年の申合せでは、御供四本、大盤三枚と数の上で減少を見せているが、神饌の内容には変化はない。それが翌二十二年になると、「大盤廃止」「神ノ膳廃止」と、特殊神饌に決定的ともいえる終止符が打たれたが、その後昭和五十七年、その一部が次のように復活されて現在に至っている。

神前御供＝鯛一尾　白米（一升三合）　清酒一升　オコワ（白）　牛の舌餅所要数（神官・神家へ二枚あて）　ツルシ柿　栗　橘　根菜　葉菜　山ノ物　海ノ物

宮座の次第は「祭祀記録」に祭典の順序が記されていないため、旧態が判然としない。「祭祀記録」では「宮座次第」として、最初に前掲の宮座座位を記し、当番挨拶、膳奉行の口上の次に、

西膳の配列　膳奉行の指示、掛声によって給仕が配膳する。

第一、コンニャクの角盛　＝冷酒

第二、鶴ノ子（里芋）吸物＝燗酒
第三、生柿　　　　　　＝燗酒

膳奉行は「シーッ」と声をかけて給仕に膳部を引かせる。給仕の進退はすべてこの掛声に依って行動する。右は五人の給仕に依り、各々宮盃にて一番膳、二番膳へと順次に廻す。

とあって前述の神饌について記し、「振舞の膳」「受取渡しの事」へと続いている。この記載によれば、神家が最初から定められた座位につき、当番・膳奉行挨拶のあと、まず盃事があって献饌へ移るという順序になるが、「西膳」が何を意味するのかこれだけでは判然としない。大正六年の改正で、すでに「西備ヘノ膳廃止」とあり、現在の神家の記憶にも残っていない。「西備へ」と呼んでいることから、あるいは西ノ宮との関連かとも思われるが、即断は避けたい。

献饌は「祭祀記録」に「御供御木持三十三本」と記したあと、「此時鳥追の行事とて加勢人など一斉に喊声をあげる」と注記してあることから、それなりの作法があったと思われるが、現在のような伝供の形がとられていたかどうかは定かでない。

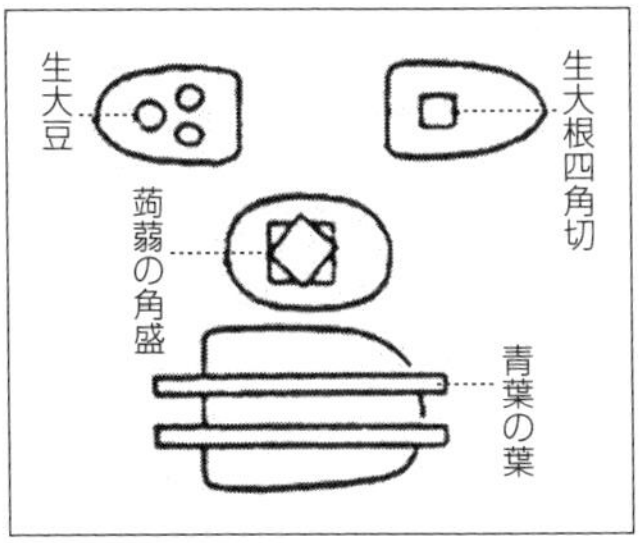

第一の膳

現行宮座が旧態と大きく変貌しているものに、いま一つ直会がある。現行のものは、神社では単に御神酒を戴くだけで受取り渡しとなり、そのあと当場宅に座を移して内座と呼ぶ饗宴が持たれているが、この形は昭和二十二年の申合せによるもので、それ以前は神社で行われていたことが「祭祀記録」の記載によって窺われる。「祭祀記録」ではこれを〝振舞の膳〟と称し、現行宮座の項に記した給仕の「御行儀にしましょうか、引分けにしましょうか」の問いに対して大宮司が「引分けにしなされ」と答えたあと、

当場の直会

「大宮司から左右に引分けに膳を出す」とあり、ここで当場の用意した膳が出されている。次いで当場と神家の口上があって（前述）、三献の盃が回り、次に、

一、つるし柿と蜜柑を出す。
一、両宮柱よりおつもりを当場にあげる。
一、当場より御祝儀として盃を出す。
一、祝儀の盃を戴いて謡を唄う。
一、最後に燗上げとして五杯目が回る。
一、湯の子（御飯のおこげをこさいで粉にし塩を少し入れて湯たてたもの）を出す。
一、追立て（蒟蒻の串刺し十八本、こしょうと味噌で煎ったもの）を出す。
一、撤饌（給仕大宮司の前に到り撤饌を乞う）。
一、神の膳を大宮司の前に下げる（浄め莫蓙を敷く）。
一、神の膳を前にして大宮司祝詞を奏す。
一、宮柱角の前に移す。
一、宮柱田ノ畑の前に移す。
一、角の前に返る。

と座順を記している。おそらくは柿と蜜柑の出たあたりから、神に供えた御神酒（冷酒）から燗酒のやり取りをする「直会」に移ったと思われるが、一部に不明瞭な箇所を残しながら、おおかたは直会の旧態が看取できる記載である。

「変遷記録」ではこの直会を「饗応」と記し、大正六年の申合せに、

一、膳部ハ在来ノ本膳トス
一、飯及汁ハ従前ノ通リ
一、壺及平共肴使用ノコト
一、吸物ヲ弐ツトス、但シ従前ノ引落シト小吸物ノコト　肴使用ス　取肴
一、置合セ弐台　肴使用
一、組煮〆弐台　同上
一、生酢物壱鉢　同上
一、煮込　肴入一鉢
一、酒ハ従前ノ通リ大椀五杯トス

と、その献立を示し、「御湯ノ子廃止　引物廃止」と改正事項を付記している。戦後の変動は直会の費用が当場負担から神家の拠出へと漸次移行していること、直会の座が神社から座元宅に移ったこと、直会の献立が一部変更されていることなどに見られるが、現在当場宅で行われている内座にも部分的ではあるが旧態が残されている。

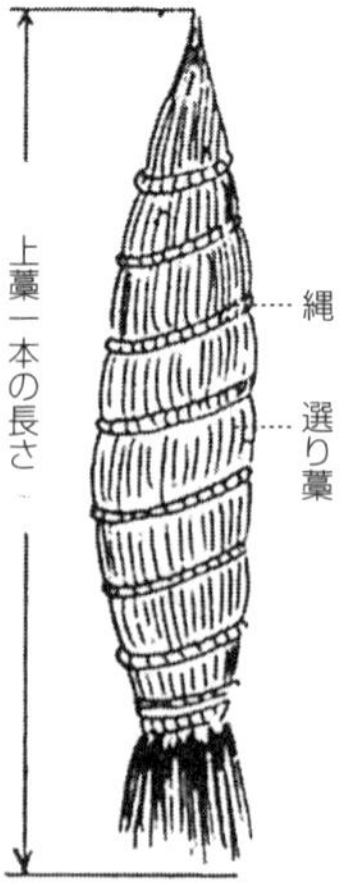

御造米様

御造米様

この宮座の旧態で注目されるのが〝御造米様《おみとさま》〟のことである。これについて「祭祀記録」は次のように記している。

御造米様は「左御神之御造米様」「右御造米様」とて二体、選《すぐ》り藁にて丹念に作られる。御神之御造米様には神の膳御蓋付の御木持に左右台盃の御米を一緒にして、これに御神酒を混ぜて恰も磨く様にして揺する。かくして中の水滴を振出し御蓋を硬く結えて御造米様の中に納める。亦他の「右御造米様」には神の膳の七合五勺の御包をそのまま御納する。愈々祭典終了後は、御神の御造米様は特に両親の健在しているものが肩に負い、神家一同も之に随行して所謂御神の御供をしたものである。

神家の家には古くより御造米柿又は御造米栗と、神木に等しき古木定めあり。之等の木の高所に御造米様をくくり付け、藁にて覆い、翌年に到れば中の御木持の御米はその間に奇麗に麹となる。之を取出して御神酒の御仕込に供したものである。他の御造米様の御米は受取ってから直ちに取出し、御炊きして自家の神前に御供えして、受取夫婦にて御陪食せりと。

御造米柿又栗は旧態を留めている神家の屋敷の近くに、今尚古色の巨木が星霜久しく岩の様な木肌をして、ゆかしき古事を知るや知らずや立残っている所もある。秋ともなれば赤い実を求めて寒鳥の跳梁するを見るも、古事を偲んで感慨一入である。

ここに記されているようにオミト様は二本拵える。宮座での受取り渡しが済み来当が決まると、あらかじめ拝殿の柱に括りつけていた藁苞をはずして、神の膳に供えた新穀（白米）でオミト様を作る。それを受取り（翌年の当場）宅へ送るが、運び手の若者二人は受取りが組内から選んでいた。運び手は白衣に袴を着け、オミト様は下部の藁を二つに分けて首を挟みこむようにし、後肩から頭上に垂直に立てて運ぶ。これも組内から選ばれた一人が松明を灯して先頭に立ち、その後ろにオミト様を捧げた二人が続き、神家が羽織・袴で従って「御神の御供」をしたという。各神家の家には当場を引き受けた時にオミト様を奉祀するオミト柿・オミト栗と称する柿・栗の古木があったことは、「祭祀記録」に記すとおりである。

そこでこの〝オミト様〟であるが、中身の新穀は穀霊を意味していよう。受取りの口上「どうぞ御神のお供をして下さい」に神霊の感覚が窺われる。オミトは〝御神苞《おみつと》〟であるのかもしれない。その新穀を苞に納める前に、神酒に浸しておき、一年後麹になったところで酒に仕込んで新しい神酒を作る。甘木市（現朝倉市）黒川の高木神社（旧彦山大行事社）の宮座では、新穀を納めた藁苞を当場の集落で祀る小祠の神木に結いつけておき、翌年それを下ろしてその年の新穀に混ぜて御供を調製するが、神酒と御供の違いこそあれ、双方ともに穀霊の継承を願う感覚に変わりはない。穀霊継承は、本来ならば神田で収穫された種籾を奉祀しておいて、翌年の春に再び神田に撒くという形を取るべきであろうが、この場合は収穫祭から収穫祭へという循環の中から生じた穀霊継承儀礼の一つの型と見て差し支えなかろう。落合の場合、この「御神之御造米様」のほかにもう一つのオミト様があり、これを当場夫婦が炊いて戴くが、神に供えたものを戴くことで、その時から神に奉仕する資格が与えられることを意味していよう。

落合高木神社の宮座におけるオミト様は極めて重要な儀礼的要素を含んでいたと思われるが、宮座の衰退とともに、大正六（一九一七）年の改正で、受取り渡しに「オミト廃止、帳簿ヲ以テ受渡シトス」との決定がなされ、中絶したのが惜しまれる。昭和五十七（一九八二）年の申合せで、「諸般ノ事情カラ廃止中ノ古式ニシテ多額ノ経費モ要セズシテ容易ク実行可能ナルモノハ努メテ復活スルト云ウ精神ニ則リ」口上の復活がなされていることから、〝御造米様〟もその形態が古老の記憶にあるうちに復活が望まれる。

おわりに

宮座は中世村落を基盤として成立した祭祀組織である。村の社に神を迎えてねぎらいもてなすための座を設け、五穀豊穣を祈願し収穫を感謝する儀式で、氏子だけの、それも一定の限られた資格を持つ人たちが身を謹んで供物を献じる〝献供侍座《けんくじざ》〟の祭りとして伝えられてきた。宮座の古い形ではそれを勤める者は、名主層《みょうしゅ》や地主層、同族集団の本家筋など特定の家筋に限られ、それらが世襲制をとって、その中から輪番で毎年の宮座を勤める当場が出ていた。

落合高木神社の宮座ではその構成員を「神家」と呼び、「祭祀記録」には「往昔綴在せる部落を単位にし構成す。よって神家名はこの部落名を冠して古来通称とせり」と、集落の呼び名を神家名としている。「古来」としていることは中世に遡る可能性を持つことで、「名《みょう》」という行政単位を意味し、それを呼び名としているのは「名主」であったことを示していよう。つまりここの神家は、集落経営と村落祭祀の両面を受け持ってきたということである。それが近世になって行政面を離れても地主として村落祭祀だけは受け継いできたということになろう。地主として耕作は小作人任せで年貢の取立てで生活を営み、いわば格式と富とを兼ね備えていた神事的特権階級が落合の神家であった。

各地の宮座では江戸中期以降に、そうした神事的特権が崩れて、一般の氏子も参加するようになり、組単位で当場を引き受けるところが多くなってきている。そうした中で、現在まで神家制を維持してきた落合高木神社の宮座は貴重な伝承というべきであろう。上・下八軒ずつの十六軒で構成されていた宮座が、神家株を有して辞退者の出た場合には補充して定数を維持してきたのが、昭和四十二（一九六七）年に二軒、同五十四年に一軒の辞退が出て補充できないまま十三軒になり、存続の危ぶまれていたのが、平成二十八（二〇一六）年現在、十一軒で継続しているとのことを、「内ヶ瀬（藤井瑞生）」氏からお聞きして、改めてこの宮座が稀有の存在であることを痛感させられた。各地で宮座が消滅している中で、落合高木神社の宮座の末永く継承されることを祈ってやまない。

〔註〕

（1）彦山は享保十四（一七二九）年、霊元法皇より「天下に秀でたる霊山」として「英」の一字を賜り、それ以後、「英彦山」と「彦山」が混用されるようになっている。

〔参考文献〕
「田川郡添田町落合高木神社の宮座」『郷土田川　第三十二号』平成元（一九八九）年　田川郷土研究会
「高木神社霜月祭々祀記録」（謄写刷り）高木神社神家中　昭和三十一（一九五六）年
「大正六年度以降　高木神社霜月祭行事変遷記録」高木神社神家中　昭和六十三（一九八八）年（未完）
『稿本英彦山神社誌』小林健三　昭和十九（一九四四）年　英彦山神社社務所
『英彦山――総合学術調査報告書』昭和三十三（一九五八）年　田川郷土研究会
『黒川高木神社の宮座――筑前朝倉の宮座行事伝承活動調査報告書』昭和六十三（一九八八）年　甘木市教育委員会
『福井神社の宮座――筑前朝倉の宮座行事伝承活動調査報告書』昭和六十三（一九八八）年　宝珠山村教育委員会

『津野――民俗資料緊急調査報告書』昭和四十二（一九六七）年　田川郷土研究会
『田川市史　民俗編』佐々木哲哉　昭和五十四（一九七九）年　田川市役所
『民俗学辞典』民俗学研究所編　柳田國男監修　昭和二十六（一九五一）年　東京堂出版

筑前神楽の系譜

はじめに

神事芸能のうち、神座《かみくら》を設けて神を勧請し、神前で歌舞による鎮魂・清め・祓えを行う神楽は、神事的性格のもっとも強いもので、本来神職にしか舞うことを許されないものであった。

舞い手にある程度の人数が必要であるため、中世にはそれだけの神職を抱えていた宗像神社（昭和四十四〈一九六九〉年に大社となる）とか香椎宮とか住吉神社など、主として地域の古社で演じられていた。それが中世末期の戦乱による社領の喪失、神職の離散などによって神楽を維持していくことが困難となった。離散した神職たちは江戸期に一村一社になった近隣の産土神の神主となったが、数社を兼帯で受け持つこともあった。そうした中で、神楽を舞っていた神職たちが、近隣相寄って神楽座を作り、ほぼ郡を単位にそれぞれの受け持つ神社を巡るようになった。神職神楽とか社家神楽とか呼ばれていた。それが明治の新政で、明治四（一八七一）年の「社家諸家執奏廃止」によって神職世襲が廃止され、それまで一社の社家（神職）に引き継がれてきた神楽の組織が崩れ、以後は神職に指導を受けて氏子による神楽座の組織されたところにだけ伝承されることとなった。一例をあげれば、糟屋郡篠栗町若杉太祖神社の神楽解説資料に、「古く糟屋郡内諸社の神職によって興行されていた神楽座の系統をひくもので、尾仲の老松神社の社家で、神楽の最後的名手であった佐々雪《そそぐ》の指導のもとに、太祖神社氏子青年の神楽座が伝承したものである」と記されているが、『筑前国続風土記附録』

（寛政七〈一七九五〉年）には尾仲村老松大明神社の神職に「佐々右京」の名が見える。

　福岡県内では筑前と豊前に神楽座の分布が見られるが、同じ神楽でも筑前神楽と豊前神楽との間にはかなり異質な部分が多い。豊前神楽には修験道の影響もあり、湯立神楽では高い斎鉾《ゆぼこ》の上での曲芸的演技も見られたり、演劇的要素が強く、猿田彦神と神職がせめぎ合う「御先《みさき》神楽」など、独特の雰囲気を持ったものが見られる。そこで、ここでは豊前神楽は一応措いて筑前神楽に焦点をあて、その発祥と近世社家神楽の組織、そしてそれが氏子たちによって受け継がれてきた筑前里神楽の系譜について考察を試みたい。

筑前社家神楽の成立

宗像神社の中世神楽と許斐社人

　筑前地方では、宗像神社の「応安神事次第」（「宗像宮毎月大小御神事次第注文事」応安八〈一三七五〉年『宗像神社史　下巻』所収）に宗像神社の中世神楽の古い形態が記されている（表2の「宗像田島社」の項）。二月十六日の「御神楽《みかぐら》大神事」におけるもので、人長《にんじょう》　申事《もうしのこと》・阿知女作法《あちめわざ》・執物《とりもの》神楽歌（榊《さかき》・幣《みてぐら》・杖《つえ》・篠《ささ》・弓《ゆみ》・剱《たち》・鉾《ほこ》・杓《ひさご》・葛《かづら》）・御神楽歌（延韓神《のべからかみ》・早韓神《はやからかみ》・志都野・千歳・早歌）・内侍舞《ないしまい》（八乙女舞）・萬歳楽《まんざいがく》・御神楽歌（弓立・宮人）・行列・御神楽歌（吉々々利・徳銭・由布作・朝倉・其駒）などが演目としてあげられている。一見してわかるように、平安期以降の宮中内侍所御神楽の演目で、石清水八幡宮を経由して伝えられたといわれている。

　内侍所の御神楽は、内侍所を正面にして左方に本方《もとかた》の座、右方に末方《すえかた》の座を設け、庭燎《にわび》を焚いて行った。本方と末方で神楽歌を唱和する。御神楽の順序は、まず神楽の宰領を司る人長が登場して唱えごとをする（「人長申しの事」)。「鳴り高し　鳴り高し」を二度。「ふるまう　ふるまう」を二度、そして神楽を奏する趣旨を述べ、庭燎《にわび》を焚いて、笛・篳篥《ひちりき》・和琴《わごん》の奏者を呼び出して合奏をさせ、次いで歌い方の本方・末方を呼び出し、阿知女作法をさせる。「アチメ　オウ　オウ」と神を呼び出す作法である。村の神社などで神事が始まる前に、神主が神を呼び迎える「オー」と長く尾を引く警蹕《けいひつ》と同じ性格のものである。そして、榊・幣・杖・篠など九種類の採物《とりもの》を執って歌に合わせて舞う。採物神楽である。榊・幣・杖・篠は神の依代《よりしろ》、弓・劔・鉾は斎場《ゆにわ》を祓う（悪霊祓え）武具、杓は神酒を奉る道具、葛は舞う時の襷《たすき》であろう。続いて延韓神・早韓神などと呼ぶ御神楽歌。いずれも来臨する神を歓迎する歌、神が現れたところで巫女による内侍舞があり、次いで萬歳楽を奏する。そしてもう一度神楽歌があるが、神を送る歌であろう。一応これまで宗像神社の「応安神事次第」に記された演目から宮中内侍所の御神楽の流れを追ってきたが、内侍所の御神楽は一般には公開されないので、その流れを伝えているという石清水八幡宮神楽の映像を辿ることによって記述した（『大系日本歴史と芸能　第一巻　立ち現れる神』　平成二〈一九九〇〉年　平凡社）。

神楽は万物が皆衰退する霜月に、神に新しい魂を付着させて活力を付けてもらおうとする。それが鎮魂のワザオギ（俳優）で、オグは招くこととといわれている。そして内侍舞は宮中の内侍所で舞われていたのでその名があるが巫女舞である。「応安神事次第」ではこれを「八乙女舞」と呼んでいるが、『宗像神社史』では「当地方の巫女舞に宮廷の内侍の名にふさわしい色彩の加わったものであろう」としている。

宗像神社ではこの神楽は二月だけでなく、十一月の御神楽大神事、春秋彼岸会、四月の臨時祭、五月の五月会などにも舞われていたが、近世では九月例祭だけとなっていた。貝原益軒の『筑前国続風土記』にはそのことが、次のように記されている。

この御社の恒例の祭日は八月十五日なりしか、元禄八（一六九五）年より改めて九月朔日に祭る。神楽あり。いにしへの風雅なる神楽にはあらす。許斐村《このみ》（宗像市）の社人等つとむ。（中略）毎月朔日、十一日、十五日、社人まうてて、一時に中臣祓をよむ。有隙時は此外にも来りよむ。又巫女一人あり。むかしは三人有しと云。社人のつとむる時ことに巫女も出て神楽をうたひまう。月ことに其歌かはる。（中略）田島の社に神事ある時は、今も許斐の社人、鐘崎の社人来りて神楽をつとむ。両所ともに古来宗像の社の神楽の役人なり。許斐には今社人十人あり。鐘崎には社人一人あり。

注目されるのは、この時点で宗像神社の社家による中世神楽が姿を消して、神楽役を勤めていたのが、「許斐村の社人と鐘崎の社人」になっていることで、近世の藩政資料にもしばしばそれが「許斐派」と記されている。許斐山神社は宗像郡王丸村許斐山にあって、熊野三所権現を祀るところから通称許斐権現。鐘崎は宗像郡鐘崎村の式内社織幡神社。ともに宗像神社の境外摂社で、宗像三所宮とともに宗像五社に数えられている。両社の社人が以前から神楽の奉仕をしていたことは「応安神事次第」の記載からも窺われる。『竈門山旧記』に「慶安三（一六五〇）年竈門山の堂社落成に際して宗像社人が神楽を奏した」とあるのも、この許斐・鐘崎の社人のことを指していよう。

許斐山神社については、文政三（一八二〇）年辰二月の「神社書上帳　宗像奴山村　小方伊豫　組合中」（宗像市熊野神社蔵）に、

宗像郡王丸村許斐山
熊野三所宮（泉津事解男命　伊弉冊尊　泉津速玉男命）

相殿祭神（宗像三神　織幡神社）

（由緒　略）

祭祀簿に曰、此神祭礼二十四度なり。大祭は正月三日、七日、踏歌の祭といふ。八月十四日神幸あり。行宮の跡本社より十町許り艮《うしとら》方にあり。今松を以てしるしとす。（中略）九月九日奉射祭といふ。宗像大宮司代々信仰し神田を寄付し、祭礼を営み、自ら登り給ひし由なり。今は祭儀漸々に微になりしなり。八月十四日社家中集りて神楽を奏すのみの祭残れり。余は絶てなし。（後略）

と記したあと、「社家八戸」として、次の人名をあげている（括弧内は受け持ちの神社）。

大宮司　中津陸奥　王丸村（許斐権現社）
神主　小方伊豫　奴山《ぬやま》村（縫殿大明神）
祝部　中村河内　野坂村（一ノ宮・二ノ宮）
神主　胸形榊之介　八並村（的原大明神）
祠官　胸形淡海　稲元村（八幡宮）
祠官　中村因幡　曲里村（高見宮）
禰宜　中村日向　東郷村（矢房宮）
祠官　小方攝津　池浦（田島社）

この時点で、神楽を受け持つ八戸の社家は、いずれも許斐権現とその周辺の村々の神社に住む神主・祠官であった。中世宗像神社の神楽に奉仕していた許斐権現の神職団が、その解体後に近世村落の産神社の神職を受け持ちながら、神楽座を維持していたということで、近世社家神楽（神職神楽）の組織の一端が現れている。福岡藩の「秘記寺社御用帳」には、それが「許斐派」と記されている。

近世の筑前社家神楽

福岡藩では国家安泰の祈禱と大神楽の執行を、ことあるごとに国中の主要な寺社に命じているのが「秘記寺社御用帳」の記載から窺われる。一例をあげれば、安政二（一八五五）年、江戸表の変災にあたって、直方多賀神社宮司青山左門に対して、

江戸表変災打重候ニ付、此先御国中御安穏之御祈禱被仰付候付、来ル六月ヨリ二夜三日御祈禱大神楽湯立執行仕候上江戸表御館江ハ御祈禱札献上仕度奉存旨町奉行より相伺申候。

との触書を下し、同様のものが、紅葉八幡宮西光寺・鳥飼八幡宮・櫛田宮社家六人、遠賀郡社家二十五人などにも下されている。そのほか、同書には、しばしば神楽役に、

田島　深田民部丞　許斐社中　　大島　河野主膳　許斐社中
沖島　河野信濃守　許斐社中　　香椎　護国寺　武内丹波守　一社中
住吉　円福寺　横田中　宮崎主膳　　桜井　浦肥後守
多賀　青山左門　　鳥飼　感応院　平山但馬

などの記載が見られる。この記録によれば、神楽の役を勤めているのが、宗像三社では「許斐社中」、櫛田神社では「櫛田宮社家六人」、香椎宮では「一社中」、住吉神社では「横田中　宮崎主膳」と記されている。許斐派以外はそれぞれの神社に所属する神職で神楽座を組織していたように見受けられるが、香椎宮の場合、『香椎社法復古』に「四月十七日（中略）他方の神人打集て大神楽を奏す」と見え、住吉社も『筑前歳時図記』に「大神楽は近郷に其式を業とする神人有て是を興行す」とあって、同様に近隣の神職を集めて組織されている。具体的事例として、櫛田神社における「櫛田宮記録」享保元（一七一六）年五月二十八日の条から神楽執行の記録を引用する（櫛田神社蔵）。

「櫛田宮記録」享保元（一七一六）年五月二十八日の条（御仮殿より本社へ遷宮のあと）

神主
　祝部出雲守利昌
同弟　正助
八尋因幡守
同　采女
山崎内記
　　外記
天野志摩守
同　数馬
榊　主膳
　惣之市

一　祝詞　天野志摩守
一　高殿　堺　淡路守
一　荒神　梅崎幸平
　織廻し　藤　刑部
　大谷　主計
　北崎　兵部
　天野　数馬
　下シ　梅崎近江守
一　多久佐　藤出雲守
　同　因幡守
　堺　掃部

他所ヨリ神職　住吉　佐伯　大蔵
塩原村　横田　伊織
神楽役人　北崎石見守
同　兵部
同　梅崎近江守
白水村　藤　出雲守
同　刑部
山田村　堺　淡路守
堺　甚大夫
同　掃部
同　集人
同　左進
武蔵村　梅崎因幡守
同　主人
大谷　主計
右拾三人ニ天野志摩守父子惣之市添
拾六人ニ而同廿七日大神楽相勤也

御神楽役人
堺　甚大夫
一　御幣帛　大谷　主計
北崎　兵部
天野　数馬

一　磐戸　鈿女　淡路守　シキ　刑部
シテ　北崎石見守　兵部
素盞　因幡守　主計
五ト開　近江守　主水
四　志摩守
エン・ニン　淡路守
掃　部
一　弓御神楽　平手　主水
数馬
行司　年十一才
一　相撲　石見守　堺　集人
同十二才　同　左進
シテ　シ
一　磯羅　淡路守　近江守
内　姫
主計　数馬
翁　キ
一　翁問答　石見守　淡路守
以上

前半と後半に分かれているが、前半は神楽を勤める舞人で、後半はこの時に演ぜられた神楽の演目である。この神楽は櫛田宮の修理の折に、「御仮殿より本社へ遷宮のあと」に舞われたもので、最初に櫛田宮の神主六名に神楽役三名と巫女の惣之市の名を記したあと、「他所ヨリ神職」として、十三人の舞人と世話役二名の名を記し、その末尾に「右拾三人ニ天野志摩守父子惣之市添拾六人ニ而同廿七日大神楽相勤也」とある。注目されるのは、「他所ヨリ神職」の舞人が、住吉二人、塩原村一人、白水村二人、山田村五人、武蔵村三人となっていることで、那珂郡社家神楽の舞人で構成されている。演目は十番で、御幣帛・祝詞・高殿・多久佐・弓御神楽・相撲の六番が採物神楽、残る荒神・磐戸・磯羅・翁問答の四番が神話を題材とした演劇的な神楽である。

郡単位の社家神楽は那珂郡だけではない。さきの「御用帳」には、遠賀郡の社家二十五人もそれぞれの奉仕している神社で神楽を奏しているのが見られるが、これも同じく郡内の神職による社家神楽である。鞍手郡古門村（現鞍手町古門）古物神社の神職伊藤常足（『太宰管内志』の著者）の『家事雑記』（嘉永三〜五〈一八五〇〜五二〉年）には、遠賀郡で十社、鞍手郡で十一社に「里神楽あり」という記載が見られる（表1）。「里神楽」は宮中御神楽に対する民間の神楽を意味した造語であろう。

遠賀郡の社家神楽は同郡の神職会によって、「筑前御殿神楽」の名で現在まで受け継がれており、嘉穂郡の神職会では「神楽帳」を作製して、共通の演目で神楽を舞っている。そのほか、後述するように、郡単位の近世社家神楽が神職世襲禁止により消滅したあとに氏子による神楽座の成立した那珂・御笠・糸島・糟屋・嘉穂・鞍手郡などにも、近世社家神楽の存在した形跡が認められる。

筑前の里神楽

青山利行の「御神楽本末」

近世筑前社家神楽の演目と台本を記したものの一つに、宝永元（一七〇四）年三月、直方多賀神社の大祝《おおほうり》青山利行のまとめた「御神楽本末《みかぐらもとすえ》」がある。利行の父多賀神社の大宮司青山利文は、寛文十一（一六七一）年の生まれ、祖父利重の命により、元禄四（一六九一）年、直方妙見社（多賀神社の前身）の神主となったが、

表1　伊藤常足の『家事雑記』記載の里神楽

郡	神社	日	祠官
遠賀郡	熊手村王子宮	九月十六日夜	祠官波多野氏
	穴生村鷹見下宮	九月九日夜	祠官波多野氏
	安屋村戸明神社	九月六日夜	祠官幡掛氏
	藤田村春日神社	九月十三日夜	祠官波多野氏
	古賀村久我神社	九月十四日夜	祠官波多野氏
	下底井野村浅木神社	九月八日夜	祠官門司氏
	山田村氏森神社	十一月十日夜	祠官小川氏
	戸切村赤良見明神	十一月九日夜	祠官安富氏
	別府村今和泉社	九月九日夜	祠官卜部氏
	高倉村高倉宮	九月九日に巫女神楽	
鞍手郡	室木村前戸神社	九月十八日夜	祠官安藤氏
	上境村福地神社	九月十八日夜	祠官岩熊氏
	新入村八劔神社	九月十八日夜	祠官黒山氏
	山口村伊久志神社	十一月十一日夜	小方氏
	木月村八劔神社	九月十三日夜	祠官藤井氏
	野面村八所神社	九月二十八日夜	祠官末松氏
			同千々和氏
	下村山王権現社	四月申日夜	祠官国井氏
	頓野村八幡宮	十月四日	祠官渡辺氏
	水原村若八幡宮	八月十六日	祠官斎藤氏
	新延村八劔神社	九月二十九日	祠官藤井氏
	磯光村天照宮	九月十一日	祠官長屋氏

表2　筑前諸神楽演目一覧（付　佐陀神能）

○採物神楽　◎演劇的神楽

宗像田島社（応安神事次第）	出雲佐陀神能	青山「御神楽本末」（里神楽目録）	青山「御神楽本末」（近世里神楽目録）	若杉太祖神楽「御神楽本末」
人長申事 人長申・庭火・笛 篳篥・和琴・寄合 本歌・末歌 2 阿知女作法本末 3 執物神楽歌 榊・幣・杖・篠・弓 劔・鉾・杓・葛 4 御神楽歌 延韓神・早韓神 志都野・千歳・早歌 5 内侍舞 （八乙女舞） 6 萬歳楽 7 御神楽歌 弓立・宮人 8 行列 拝殿の縁を廻りながら神楽歌（皇神） 9 御神楽歌 吉々利・徳銭 由布作・朝倉・其駒	※入申 七座 ○剣舞 ○散供 ○御座 ○清目 ○勧請 ○八乙女 ○手草 ●式三番 神能 ◎大社 ◎真切雲 ◎住吉 ◎厳島 ◎恵比須 ◎八重垣 ◎三韓 ◎日本武 ◎八幡 ◎荒神 ◎岩戸 ◎武甕槌 ○直面の採物舞 ●着面の神舞 ◎着面を主とする演劇	神楽場御祓 ○1 御幣 ○2 五行　享保十一年加之 ○3 太刀　五行略之時勤之 ○4 榊葉 ◎5 猿女衢舞曲　享保十一年加之 ○6 勧請 ○7 韓神 ○8 弓 ○9 総角 ○10 小竹葉 ○11 手草 ○12 鳥名子 ○13 逆鉾 ◎14 磐戸 ◎15 湯立 庭燎行事 清祓 奉幣	○1 御祓 ○2 榊葉 ○3 御幣 ◎4 五行 ○5 平手 ○6 四剣 ○7 御弓 ◎8 降臨 ◎9 後降臨 ◎10 龍都 ◎11 大蛇 ◎12 異国 （磯良） ○13 久米 ○14 劔舞 ○15 手草 ○16 扇舞 ○17 蟇目 ◎18 磐戸 ◎19 湯立	○1 榊舞 ○2 御幣舞 ○3 五行 ○4 久米舞 ○5 蟇目舞 ○6 平手舞 ○7 四剣舞 ○8 手草舞 ◎9 天孫降臨 ◎10 龍都 ◎11 岩戸舞 ◎12 蛭子舞 ◎13 異国降伏 ◎14 湯立

筑前御殿神楽 遠賀・鞍手郡	○1 榊舞 ○2 弓舞 ○3 太刀舞 ○4 久米舞 ◎5 国譲りの舞 ◎6 天孫降臨の舞 ◎7 磐門開きの舞 ◎8 事代の舞 9 湯立 10 鎮嵐
六嶽神楽 鞍手郡鞍手町室木	○1 榊の舞 ○2 五行の舞 平手の舞・幣の舞 ○3 弓の舞 ○4 剣の舞 ○5 粂の舞 ○6 天神の舞 ◎7 天鈿女の舞 ◎8 四神の舞 ◎9 事代主命の舞 ◎10 手力雄命の舞 ◎11 前駆警蹕の神 ◎12 鹿島大己貴 ◎13 猿田彦命
高祖神楽 糸島郡前原町 （現糸島市）	○1 神供 ○2 祝詞 ○3 四神 ◎4 荒神 ○5 敷蒔 ○6 手草 ○7 両劔 ○8 笹舞 ○9 蟇目 ○10 高処 ◎11 国平 ○12 神相撲 ◎13 磯良 ○14 御弓 ○15 御劔 ◎16 磐戸開き ◎17 玉島 ◎18 磤馭盧島 ◎19 蛇退治 ◎20 天孫降臨 ◎21 龍宮
山家神楽 御笠郡山家村 （現筑紫野市）	○1 神供 ○2 祝詞 ○3 手草 ○4 敷蒔 ◎5 天神 ○6 両刀 ○7 榊葉 ○8 御弓 ○9 高処 ○10 四神 ◎11 荒神 ◎12 荒振神 ◎13 事代 ○14 笹舞 ◎15 問答鬼 ○16 神相撲 ◎17 磯羅 ◎18 天の岩戸
伏見神社岩戸神楽 那珂郡山田村 （現那珂川町）	○1 榊 ○2 両刀 ◎3 荒神 ○4 敷蒔 ○5 天神 ○6 御弓 ○7 大山 ○8 神官 ○9 祝詞 ○10 多玖佐 ○11 四神 ○12 相撲 ○13 高所 ◎14 事代 ◎15 問答 ◎16 猿田彦 ◎17 磯羅 ◎18 磐戸

若くして荷田春満《かだのあずままろ》に師事し、吉田神道を学んで、その奥秘を窮め、西国における国学・神道の主唱者となった（『荷田全集』）。『多賀神社誌』によれば、上京の際に宮中内侍所の御神楽の秘曲皆伝を受けて、帰郷の後、遠近の同好者にそれを伝授、〝直方流〟として広まったとある。宝暦四（一七五四）年歿。その志を継いだのが利行で、〝直方流〟の手引書としてまとめたのが「御神楽本末《もとすえ》」（里神楽目録）である。原本は多賀神社には伝存されておらず、その伝本と見られるものが糟屋郡の宇美八幡宮と福岡市の香椎宮に伝えられており、糟屋郡若杉太祖神社にもそれをもとにしたと思われる同じ標題の「御神楽本末」が伝えられている。いま、宇美八幡宮・香椎宮などのものを手がかりにそれを見ると、序文に「宗像宮には内侍所の神楽が伝えられていたが、今では本来の姿が失われている。郷土の社には榊・幣・剱・弓・篠・鉾の六種の神楽が残っているが、その歌曲の乱れているのを古老の記憶や古記によって整理し、磐戸舞と湯立てを加えて『里神楽目録』とした」とあって、ここに初めて「里神楽」の名称が用いられている。これをさきの『筑前国続風土記』における、「いま宗像社で許斐の社人によって舞われている神楽は昔の風雅な神楽ではない」というのと対比させると、許斐社人のそれが、中世御神楽のうちの採物神楽を中心としたものではなかったかと思われてくる。そこにこの地方における宮中御神楽から近世里神楽への推移が覗かれている。「御神楽本末」は、その内容が「里神楽目録」と「近世里神楽目録」の二部に分かれている（表2）。初めの「里神楽目録」を見ると、その演目は御幣・五行・太刀・榊葉・猿女衢舞曲《さるめくぶきょく》・勧請・韓神・弓・総角《あげまき》・小竹葉・手草《たぐさ》・鳥名子・逆鉾・磐戸・湯立の十五曲である。このうち、「五行と猿女衢舞曲（猿田彦神＝降臨）は享保十一（一七二六）年にこれを加えた」とあり、特に猿女衢舞曲のところには「一社の秘奥である」との注記が施されている。あるいは、この享保十一年の追加は、利行のあとを次いだ敏文の所為であることが考えられる。敏文もまた京都で吉田神道を学び、多賀神社大宮司として、宝永六（一七〇九）年、京都上・下加茂神社の「葵祭り」を模した華麗な神幸祭を創始した傑物である。そこで、「御神楽本末」のこの二曲を除いた十三曲のうち、御幣・太刀（劔）・榊葉・弓・小竹葉（篠）・逆鉾の六曲が採物神楽である。そして、勧請・韓神・総（惣）角・手草・鳥名子《となご》の五曲は神楽歌と思われる。韓神の歌、「三島木綿肩に取りかけ韓神のからをきせんやからをきせんや」は、宗像神社の神楽歌「早韓神」と全く同じで、総角・手草は宮中御神楽の曲目にも見られる。そして残る二曲の磐戸と湯立は、序文にもあるとおり、里神楽の演目として加えられたものであるが、あとから加わった五行・猿女氍舞曲とともに、単なる舞・歌とは異なる、神々の問答を伴った演劇風の神楽である。つまり「里神楽目録」にあげられた十五曲をその内容から分けると、六曲が採物神楽、五曲が神楽歌、そして四曲が演劇的神楽ということになる。これを成立の順序から見ると宝永元年以前のものが採物神楽と神楽歌で、それに演劇的神楽の磐戸と湯立を加えて「御神楽本末」が成立し、享保十一年、あらたに五行・猿女氍舞曲が加えられて、演劇的神楽四曲が整えられたということになる。

それが次の「近世里神楽目録」になると、御祓・榊葉・御幣・五行・平手・四剣・御弓・降臨・後降臨・龍都・大蛇・異国・久米・劔舞・手草・扇舞・蟇目・磐戸・湯立の十九曲があげられているが、新たに後降臨・龍都・大蛇・異国（三韓）が加えられて、半数に近い八曲までが演劇的神楽になっている。そして神楽歌が採物神楽に吸収されて、全体が、採物神楽と演劇的神楽の二種類に整理されている。採物神楽は面を被らない直《ひた》面《めん》でせりふのないもの、演劇的神楽は着面でせりふのついたものである。この目録は標題を「近世」としてあるところを見ると、あるいは近代になってからの記録が挿入されているのかとも思われるが、内容自体は青山敏文の手になるものかどうかは別として、「里神楽目録」以後に加えられたものを含めた近世の里神楽と考えてまず間違いはあるまい。

こうして「御神楽本末」に記された近世里神楽を眺めてみると、一応は宮中御神楽の採物神楽・神楽歌の伝統を受け継ぎながら、その中に神話に題材を求めた演劇的神楽が新た登場してきたということがいえよう。そこで、筑前の里神楽に演劇的要素が加わってきた経緯が問題になるが、石塚尊俊氏はその著『西日本諸神楽の研究』（昭和五十四〈一九七九〉年）において、筑前地方を豊前地方とともに出雲・石見地方に匹敵する九州屈指の演劇神楽地帯であるとして、出雲神楽・石見神楽との接近を指摘している。

さきの表2では宗像田島社に次いで、「付」として「出雲佐陀神能」を加え、直方流「御神楽本末」の「里神楽目録」「近世里神楽目録」を中心に据えて、糟屋郡若杉太祖神社の「御神楽本末」、筑前御殿神楽、鞍手郡六嶽神楽、糸島郡高祖神楽、御笠郡山家神楽、那珂郡伏見神楽などの演目を示したが、筑前社家神楽の代表的なものという意味である。

吉田神道と筑前里神楽

筑前社家神楽から里神楽への系譜を辿る意味で、表2の一覧表を作成したが、これに番外として出雲佐陀神社（島根県松江市鹿島町）のものを付記したのは、さきに石塚尊俊氏が、筑前神楽の出雲神楽・石見神楽との接近を指摘していたことによる。あわせて青山の直方流における吉田神道との関わりに触れる必要を考慮してのことでもある。

佐陀神社の神楽は「佐陀神能」と呼ばれ、その濫觴は慶長の頃（一五九六～一六一五）佐陀神社の神職宮川兵部少輔秀行が京に上り、能楽の所作を学んで帰り、その方式によって作ったものといわれている。石塚氏によれば、それ以前から自然発生的に成立していた神事芸能を、能の方式によって整理したものであろうということであるが、以後各地にそれに模したものが現れ、演劇神楽の源流とまでいわれるようになった。その構成は前掲の表に見られるように、七座の神事と神能が、間に式三番を挟んで整然とした配列を示している。前の七座は直面の採物舞であるが、芸能というよりもむしろ神事である。演目から見てもわかるように、剣舞《つるぎまい》で悪霊を祓い、散供《さんぐ》によってあたりを浄めて神の座をしつらえ、神に奉仕する八乙女の舞があって幣帛を捧げる、という一連の流れである。そしてそのあとに、祭典後の法楽としての式三番、神能が続いている。この神能が演劇的要素を持つもので、面神楽と総称されている。演目には日本神話に登場する神々の物語から、神功皇后の三韓出兵なども含まれ、神々の問答だけのものと、かなり演劇化されたものとに分かれている。この佐陀神能をとおして筑前の里神楽を見ると、順序に多少の出入りこそあれ、全体が神事としての直面採物神楽と、神話を素材とした演劇的な面神楽によって構成されているところに共通点が見られるが、演劇的面神楽の演目には大きな相違がある。佐陀神能が同じ神話でも能の素材となっていたものを演目としているのに対し、筑前神楽の場合は、降臨神話と岩戸開きを軸に、その他の神話を配するという構成で、これに陰陽道の要素（五行）までが加わっている。この違いは、筑前社家神楽に出雲神楽が直接影響を及ぼしたというより、間に吉田神道の介在があってのことではなかったかと思われる。具体的な証左はないが、我が国固有の惟神《かんながら》の神道思想を唱導して、全国的に大きな勢力を持った吉田神道が、日本神話を重視したのは当然のことで、従来からの神法楽に改良の手が加わって、神話劇神楽が完成したのであろうという西角井正大《にしつのいまさひろ》氏の説も首肯できるものを持っている（『民俗芸能入門』昭和五十四〈一九七九〉年　文研出版）。出雲佐陀神社の宮川秀行が吉田家から神道裁許状を受けたのが慶長十三年、直方多賀神社の青山利文も若くして吉田神道の奥秘を窮めていたというから、元禄期（一六八八～一七〇四）には吉田家の神道裁許状を受けていたであろうし、その志を継いだ利行・敏文も同様であったと思われる。いずれも吉田神道の影響下にあって、神楽の整理がなされたと見るべきであろう。

筑前里神楽が直方流だけでなかったことは、表2にあげた筑前諸神楽の演目からも推察される。御笠（山家神楽）・那珂（伏見神楽）・糸島（高祖神楽）三郡の神楽も、例えば荒神・高処・神相撲など、直方流にはない演目が見られ、直方流の影響を受けたと見られる遠賀・鞍手（筑前御殿神楽）・嘉穂（嘉穂神職会）・糟屋（太祖神楽）各郡のものとの間に一線が画されている。そして、これらの場合にも吉田神道が関わっていたと思われるのは、黒田藩が江戸期に志摩郡桜井神社を領内神社の総支配として、筑前領内に吉田神道の支配体制が確立されていたのを見てのことである。年号は明らかでないが、黒田藩の『筑前町村書上帳』に、櫛田神社の神主祝部出雲守の位階授与を東長寺の座主が京都吉田家に願い出た際に、同社の社人榊・天野両人を神楽座と認める旨の書付があり、吉田家の支配が、神楽座にまで及んでいたのを示している。また、幕末のことになるが、糸島郡西浦の回船問屋津上悦五郎の手記（『見聞略記』）の元治元（一八六四）年六月、「香椎宮に奉幣使下向」の条に、

（六月）廿二日、前夜の内より青柳を御出駕、桜井大宮司、直方大宮司両派の社人数百人、福岡表より之諸役人、御足軽五十人、鉄砲数挺御警固之ため備立、御出迎ひ社家方は何れも装束にて御供被致、桜井大宮司は冠装束馬上にて浜男迄御先乗、云々

とある。前述のように黒田藩が江戸期を通じて桜井神社を藩内神社の総支配として吉田神道の支配体制が確立されていたが、幕末期のこの段階では「桜井大宮司、直方大宮司両派の社人」と、同じ吉田神道でも桜井派と直方派の二派の存在を認めている。筑前神楽の系譜に、青山の「里神楽目録」「近世里神楽目録」にない演目の存在していることが、何よりもよくその間の事情を物語っている。

そうした中で、筑前神楽と出雲神楽との直接の接触を示す事例もなくはない。延享元（一七四四）年秋のことで、『博多津要録』に、出雲大社の神主が、藩に国中の稲虫祈禱を願い出た際に、祈禱料を納めて大々神楽

の執行を願い出たことが記されているが、さらに宝暦三（一七五三）年にも同様の願いがあって、藩は出雲大社で行われる大々神楽の御初穂銀を町・郡・浦に割り当てている。直接筑前領内で神楽を行ったわけではないが、出雲大社の勧進神楽に藩が御初穂銀を割り当てていたこと自体、それ以前から何らかの接触があってのことと思われる。さらに翌四年の正月には、出雲大社から博多津中に玉串配布の依頼があっている。これも吉田神道を介在しての出雲神楽との関わりであろう。

祈願行事における里神楽

神社で神楽が上演されていたのは、定例的には各社の例祭においてであったが、雨乞いその他の攘災祈願、豊饒祈願、およびその願成就、社殿修復・遷宮の際など、臨時のあらゆる祈願行事の際に行われていた。例えば、手元の文献から目に付いたものを拾ってみると次のような機会である。

正保二（一六四五）年　鞍手郡頓野村内ヶ磯に福智権現勧請。豊前・上座郡天台宗山伏、頓野村吉田神道社人で祭成。神楽執行（直方旧考）

慶安三（一六五〇）年　竈門山堂社落成に際し、宗像社人神楽を奏す（竈門山旧記）

明暦元（一六五五）年　上座郡入地村で牛馬疫病退散を祈って山王宮を祀り、願成就に神楽を奏す（筑前国続風土記附録）。鞍手郡頓野村尺岳権現下宮建立。神楽を奏す（直方旧考）

延宝三（一六七五）年　直方妙見宮で雨乞い祈禱。神楽執行（直方旧考）

貞享二（一六八五）年　直方妙見宮で雨乞い祈禱。湯立神楽執行（直方旧考）

貞享三（一六八六）年　櫛田宮修補、大神楽湯立執行（博多津要録）

貞享四（一六八七）年　鞍手郡頓野村福智宮遷宮にあたって神楽執行（直方旧考）
元禄五（一六九二）年　糟屋郡伊野大神宮で雨乞いの神楽執行（黒田家譜）
宝永六（一七〇九）年　直方多賀宮神幸始まる。神楽・流鏑馬・能興行あり（直方旧考）
享保元（一七一六）年　櫛田宮遷宮に際し、同社および那珂郡の神職らによって大神楽執行（櫛田宮記録）
享保二（一七一七）年　福岡紅葉八幡宮本殿葺替え成り、大神楽執行（長野日記）
宝暦元（一七五一）年　太宰府天満宮八五〇年御忌に櫛田宮末社天満宮で大神楽執行（博多津要録）
天明二（一七八二）年　宗像郡田島村村民、耕作成就のために年々六月朔日氏神で神楽執行のことを願い出る（秘記町郡浦御用帳）
寛政元（一七八九）年　直方河原で五穀成就祈禱、二夜三日神楽執行（直方旧考）
安政二（一八五五）年　江戸表変災打続き、多賀社・紅葉八幡・鳥飼八幡・櫛田宮・香椎宮・住吉社・田島社・大島・沖島・桜井社等十五社で大神楽執行。遠賀郡社人二十五人も奉仕の社で十七日の祈禱後に神楽執行（秘記寺社御用帳）

各地で行われていた神楽の一部に過ぎないが、神楽が定例の祭礼以外にあらゆる祈願行事のたびに行われていたのを垣間みることができる。神楽が神事として重視されていたからで、「福岡藩郡役所記録」（『福岡県史資料　第四輯』昭和十〈一九三五〉年）には、延享二（一七四五）年、「村々で風祭・虫祈禱などの際に、これまで踊り・操り等を願い出て催してきたが、今後願成就はすべて神楽を執行すること」と、とかく派手になりがちな願成就の行事の中でも、神楽に限っては許可を与えている。

神楽はあくまでも神事である。雨乞い祈願・稲虫駆除・攘災祈願・豊饒祈願などの祈禱行事で、神に満足していただけるよう、技巧を凝らして演技をする。単に見物に集まった人々を楽しませるためのものではない。しかし、その神楽も、祭礼行事に娯楽的要素が強くなった中では例外ではなく、住吉神社が宝暦七（一七五七）年五月、社内で大神楽を執行する際に、博多・福岡両市中の辻々に貼紙をして人集めを図ったというように（『博多津要録』）、興行的に神楽を行う場合も現れている。

近現代の筑前里神楽

社家神楽から氏子の神楽座へ

明治の新政で神職世襲が禁ぜられ、近世の社家神楽が消滅するのを惜しんだ氏子たちが、まだ神楽の舞える神職の残っているうちにその指導を受け、自分たちの手で神楽を演じようと結成したのが氏子の神楽座である。社家神楽が、郡単位にグループを作ってそれぞれの受け持つ村の神社を巡っていたので、氏子の神楽座も社家の回って来ていた村で結成された。しかし村単位になると、様々な困難が伴う。神楽面や衣裳・楽器・採物の道具の調達をし、舞人を募って生業の合間に神職の指導で稽古に励まねばならない。さきに糟屋郡篠栗町若杉太祖神社の例をあげたが、糟屋郡ではこのほかに、宇美町の宇美八幡宮の神楽座があるが、一郡に二カ村の神楽座が存在すること自体稀なことであった。

氏子による神楽座で、早い時期のものに、旧那珂郡山田村、現那珂川町山田伏見神社の、岩戸神楽保存会「珍楽社」がある。明治十三（一八八〇）年（十八年ともいう）の設立で、伏見神社の神職から指導を受け、道具類は村の有力者の寄付によったという。さきに「櫛田宮記録」で、享保元（一七一六）年の櫛田宮神楽上演に那珂郡の社家が出演しているが、その中に山田村から堺淡路守以下五人が加わっている。伏見神社の社家である。そのほか住吉・塩原村・白水村・武蔵村の社家も出演しているが、これら各村では近代になっても氏子の神楽座は結成されていない。伏見神社にはすでに近代神楽座の生まれる素地があったようにも思われる。

社家神楽は神職だけにしか舞うことを許されない神事であったので、氏子の演ずる神楽はたとえ例祭であっても神事ではなく、神事の中で氏子によって演じられる芸能、「神事芸能」ということになる。それが伝承されることによって、「伝統芸能」という新しい価値が付与される。

昭和二十五（一九五〇）年に発布された「文化財保護法」により、神楽は「無形文化財」として保護の対象となり、那珂川町伏見神社の岩戸神楽は昭和二十九年十二月十三日付けで、神楽としては県下で最初の「福岡県無形文化財」に指定された（昭和五十年、法改正により「県指定無形民俗文化財」に変更）。伏見神社の酒井宮司を珍楽社の初代社長とし、社員九名から発足したが、紆余曲折を重ねながら、県の助成もあって昭和六十年代には会員数二十人を超え、平成十八（二〇〇六）年頃には子ども神楽会員十五人を超えるまでになった。

伏見神社の岩戸神楽は、表2に示したように十八の演目があり、「命和理《みことわり》」と呼んでいる。この神楽が近世社家神楽の形を崩さずに伝承されてきたのは、舞台の配置から、楽手の位置、銅拍子・笛・太鼓の拍子、舞手の衣裳、所作、各演目の演技・歌・問答に至るまで事細かに記した記録があって、すべてがそれに従って演出されてきたことによる。その詳細については、平井武夫の『福岡県郷土芸術　「民間演芸」の巻一』（昭和八年）に収録されているが、平井は、「本神楽の沿革は明確を欠くが、中興後の傳としては、黒田長政筑前に入部し、大に當社の祭祀を盛にし、吉次飛騨守、酒井出雲守を神官としてより明治維新に及んだといふ」と述べ、珍楽社ができてからは明治末期が全盛期で、県内では、筑紫・朝倉・糟屋・宗像・遠賀・早良・糸島と、筑前全体に招かれてそれぞれの神社で神楽を演じ、佐賀県の三養基郡・小城郡にまで及んだとあり、現在の福岡市田島神楽、糸島市高祖神楽などがこの系統に属しているのはその伝授によるものであるという。

筑前神楽座の現況

黒田藩は江戸初期に志摩郡桜井神社を領内神社の総支配としていたが、神楽に関しては前述のように直方派の存在を認めていた。直方多賀神社の大宮司青山利行・敏文らが、神楽の詳細な手引書「御神楽本末」を、「里神楽目録」と「近世里神楽目録」の二部にわたって作成し、それが、直方・鞍手・遠賀・嘉麻・穂波・糟屋各郡の社家の間に広まったことによる。結果的に、筑前社家神楽はこの直方派と、那珂・御笠・糸島三郡および福岡市田島の神楽に二分されることとなり、近代の神楽座もそれを引き継いでいる。表2の「演目一覧」は、現在の代表的なものでその比較を試みたが、那珂（伏見神楽）・御笠（山家神楽）・糸島（高祖神楽）三郡のものと、直方派の鞍手（六嶽神楽）・糟屋（若杉太祖神楽）・遠賀（筑前御殿神楽）郡のものとでは一線が画されている。以下便宜上直方派以外のものを桜井派として、一覧表以外のものを含めて両派の神楽を概観する。

桜井派

伏見神社岩戸神楽　旧那珂郡山田村伏見神社。明治初期に「珍楽社」と称する神楽座を結成、一覧表に示した「命和理」と称する十八番の神楽で「伏見神社岩戸神楽」と称し、現在七月十四日夜、祇園祭りに神社境内で舞われている。本社のみならず近隣各地の神社に招かれて出演、福岡市田島・糸島市高祖神楽に影響を与えている。

山家神楽　旧御笠郡山家村、現在筑紫野市大字山家宝満宮で十月十七日の〝おくんち〟に舞われている。明治の初め、神職鶴崎出羽守維春（天保元～明治三十八〈一八三〇～一九〇五〉年）が氏子に指導、戦

伏見神社岩戸神楽

多玖佐

事代

御弓

磯羅

高所

敷蒔

（『福岡県無形民俗文化財指定35周年記念誌　岩戸神楽』〈岩戸神楽保存会 珍楽社〉より）

福井神楽

山家神楽

時中一時中断していたが、昭和二十九年に復興。命和理七演目、神供・手草・天神・両刀・榊葉・四神・荒振神。昭和三十一年に祝詞・御弓・問答鬼・磯羅・天の岩戸を加えて十二演目、昭和三十四年には十六演目となり、その後伏見神社岩戸神楽の影響を受けて一覧表の十八演目と変動を繰り返している。

高祖神楽

糸島市高祖、高祖神社で四月二十六日と十月二十六日に舞われている。江戸時代までは怡土郡の神職によって舞われていたのを、明治になって高祖神社の氏子が受け継いだもの。伏見神社岩戸神楽の影響を受けている。現在は十三人の神楽師の奉仕で行われているが、一時は五人にまで減って存続の危機を経たという。最盛期には一覧表の二十一番が舞われていたが、現在は神供・高処・笹舞・国平《くにうけ》・蟇目・敷蒔・磯良・神相撲・両剣・問答・岩戸開きの十一演目になっている。

田島神楽

福岡市城南区田島、田島八幡神社で、江戸時代より旧暦六月一日のサナボリの日に旱魃防止の万年願を立てて神楽を奉納してきた。社家神楽が禁止されたが、万年願を立てているので、氏子による神楽座を結成、伏見岩戸神楽の指導を受けて継続してきた。現在二十名の座員によって運営されている。最盛時は神供・祝詞・大幣・御籤・剣舞（両刀）・水鬼・高所・問答・弓舞・久米の舞・天神・磯良・四神・大山・相撲・敷蒔・猿女舞・釣舞・

六嶽神楽（長谷川清之氏撮影）

岩戸の十九演目であったが、現在は傍線を付した十一演目が舞われている。

福井神楽

糸島市二丈福井、白山神社で、五月第二日曜日に舞われている。

明治二十年、福岡市田島から神楽師を招いて始められた。他の芸能や別系統の神楽の要素を数多く取り入れている。弓の舞には甲冑をつけて舞ったり、豊前神楽の駈先《みさき》を取り入れたり、異色の神楽である。神楽師の高齢化で一時中断、昭和四十八年に保存会を結成、現在二十二名の神楽師で受け継いでいる。演目は米巻《よねまき》・手草の舞・二本剣・四本剣・駈先《みさき》神主・折敷・弓の舞・幣の舞・龍の舞・須佐之男命・風鬼・火鬼・金鬼・水鬼・両鬼・神相撲・天津児屋根尊・長白羽尊・石凝留尊・太玉尊・細目尊・手力王尊の二十二番で四時間近くをかけて舞う。

直方派

六嶽神楽

鞍手郡鞍手町室木の六嶽神社で四月第一日曜日の大祭に舞われている。直方多賀神社の青山敏文によって伝えられた神楽といわれ、明治十八年頃、楽人三名、舞方六名で氏子の神楽座が組織された。一時は盛大を極めたが、後継者不足のため衰微して解散のやむなきに至った。その後、大正五（一九一六）年に元神職の舟津嵩氏が養子に来て神楽を伝授、一時は復活して昭和十年頃まで続いたが、戦時中の舞手不在で長期の中断となった。戦後、昭和四十六年に「神楽保存会」を結成、舟津家に伝わる神楽三種目を復活して、平成八年には一覧表に示した十三種目となった。直面の採物神楽六曲に、着面の演劇神楽七曲である。

また、昭和初期に記録された六嶽神楽の構成は、里神楽と降臨神楽の二段に分かれ、里神楽は直面の採物神

若杉太祖神楽（篠栗町教育委員会提供）

楽、降臨神楽は着面の演劇神楽に整然と区別されており、前者を太神楽、後者を大々神楽と呼んでいた。

若杉太祖神楽

糟屋郡篠栗町若杉太祖神社下宮で、四月十四日と十月十六日に上演される。明治維新後、糟屋郡の社家神楽が禁止されていたが、大正三年、尾仲村老松神社の社家であった佐々雪の指導により、氏子青年によって神楽座が結成され、一覧表に示した直面の採物神楽八曲、着面の演劇的神楽が湯立を交えて六曲、十四の演目で演じられている。現在の座員は十五名。「御神楽本末」を作成して永続を図っている。

筑前御殿神楽

神職が神楽を舞う社家神楽は明治四年に禁止されていたが、遠賀・鞍手郡の神職で社家神楽を守りぬいているグループがあり、「筑前御殿神楽」と名乗って両郡の神社を回っている。文明八（一四七六）年の記録が保存されており、神事としての雰囲気を漂わせた優雅で穏やかな舞が特色で、古い神楽の伝統を伝えている。日本で最も古い社家神楽と考えられている。現在直面で舞う採物神楽の、榊舞・弓舞・太刀舞・久米舞、演劇的着面神楽の、国譲り・天孫降臨・磐門開き・事代の舞、それに一社だけの湯立神楽と笛一巻だけで奏せられる秘曲「鎮嵐」が伝承されている。

宇美神楽

糟屋郡宇美町、宇美八幡宮で、四月中旬と十月十五日に奉納されている神楽で、氏子十七名によって神楽座が構成されている。文政三（一八二〇）年の文書によると、宇美八幡宮には二名の神楽師のいたことを伝えている。神楽殿には天敷を下げ、注連縄を張り巡らし、笛・太鼓・鉦の囃子で行われる。演目は榊舞・和幣舞・五行の舞・久米舞・手草舞・磯

宇美神楽（宇美町提供）

良の舞・蓑目舞・剣舞・四剣舞・天孫降臨・扇舞・蛭子舞・天の岩戸の十三曲である。

感田神楽

直方市感田王子宮境内で四月十五日と九月十三日に行われる。京都の槙戸神社の宮司がこの地に修行に来た時に感田の人々に教えたという伝えがある。演目は榊の舞・太刀の舞・弓の舞があり、この順に舞われる。穏やかで流暢な舞である。

嘉穂神職会「神楽帳」による神楽

嘉穂郡内の神職では神職会を結成して、共通の「神楽帳」を作成し、郡内の神社で氏子の神楽衆と共同で神楽を舞っている。「神楽帳」の演目は、千代・真榊・四人幣・四位・久米・太刀・天神・手草・花・四季・荒神・世伎・手折・奉幣・汐汲・事代・八乙女・方固・五行・三韓・降臨前段・降臨後段・岩戸・蛇退治・湯庭の二十五曲で、この中から神社で適宜選んでいる。

撃鼓神社の神楽

飯塚市大字中字野間の撃鼓神社で四月十九日と十月十九日に近い日曜日に行われている。元禄十四（一七〇一）年に雨乞い祈願で神楽を奉納した記録がある。大正八年、氏子が宮司佐伯氏の指導で神楽座を結成、神職会の「神楽帳」をもとに、千代・榊の舞・弓・五行の舞・四人幣・久米・四季・太刀・汐汲・世伎・手折・玉取・降臨前段・岩戸の舞・事代の十五曲のうちから適宜選んで舞っている。

嘉穂郡内の神楽

一つの郡内で社家神楽の名残りを留めて、村ごとに氏子の神楽座を結成している例は、前に糟屋郡の二カ所をあげたが、嘉穂郡では神職会で共通の「神楽帳」を作って、それをもとに神職と氏子で神楽を舞っているところがある。穂波町（現飯塚市）椿八幡宮の神楽、稲築町（現嘉麻市）の漆生神楽、桂川町土師老松神社の神楽、碓井町（現嘉麻市）日吉神社の碓井神楽、等々である。

椿八幡宮の神楽はオクンチの獅子舞のあと、郡内の神官によって演じられる。演目は「神楽帳」の真榊・千代・四位・方固・五行・奉幣・久米・三韓前段・三韓後段・剣・汐汲前段・汐汲後段・国土安定・荒神・世伎・手折・事代・天孫降臨前段・天孫降臨後段・八乙女・天神・岩戸のうちから選んでいる。

漆生神楽は稲築町（現嘉麻市）稲築八幡宮で一月一日、七月二十四日に舞われている。明治以前は社家神楽、現在のものは昭和三年御大典を記念して、庄内町（現飯塚市）綱分八幡宮の神職の指導のもとに、氏子数名が神楽座を結成して続けている。戦時中一時中断、昭和二十七年再興、昭和四十二年頃まで続いていたが、舞手の高齢化で再び途絶えた。昭和五十四年、桂川町土師の神楽座から指導を受けて再開している。

老松神社の神楽（長谷川清之氏撮影）

桂川町土師の老松神社の神楽は、鎌倉時代後期に疫病の流行した折に、獅子舞とともに始まったと伝えられ、四月第四日曜日に獅子舞の後に舞われている。現在の神楽座は中絶していたのを大正十一年、大分八幡宮の神職の指導で復活、十七名の座員で「神楽帳」の演目を適宜選んで舞っている。

碓井町（現嘉麻市）日吉神社の碓井神楽は、現在一月十日、七月二七日、十二月十四日に舞われている。途絶えていたのを戦後の昭和二十八年、五名の有志で神楽座ができたが中断。昭和五十七年、再び十五名により上碓井日吉神社神楽会として再興された。

巫女神楽

宗像神社の「応安神事次第」では宮中御神楽の内侍舞を八乙女舞と呼んで

いたが、これは「巫女神楽」である。さきに「櫛田宮記録」の神楽役に「惣之市」とあったが、これも巫女である。

大宰府天満宮秋の大祭神幸式のお旅所で舞われる「倭舞」は、かつて天満宮の巫女として奉仕していた「惣之市」が代々伝えてきた神楽である。現在では初潮前の童女四名によって、御神詠に合わせて榊舞と鈴舞が舞われている。

志賀海神社の八乙女の舞は、神幸祭の日に頓宮で舞われる。舞楽は御神楽と称し、舞手の八乙女は世襲で代々勤める老女たちである。

おわりに

筑前神楽は『宗像神社史』の「応安神事次第」によって、宮中御神楽の流れを受けた中世神楽の大要を窺い知ることができた。それが中世末期の戦乱によって中世的体制を維持することが困難となって、結果的には離散した神職が、江戸時代に生じた一村一社の村落神で神職として祭祀に携わることとなり、神楽に関しては、郡を単位に神楽組を作り、それぞれが受け持つ神社を巡って舞うこととなった。近世社家神楽の成立である。近世筑前社家神楽で特筆すべきは、直方多賀神社の大祝青山利行の編纂した「御神楽本末」のあることで、宗像神社の神楽の乱れていたのを正して、跡を継いだ大宮司敏文とともに、近世里神楽として直方流の神楽を完成させた。黒田藩では、江戸期に志摩郡桜井神社を領内神社の総支配として、筑前領内に吉田神道の支配体制を確立させ、近世社家神楽を普及させていたが、これに同じ吉田神道の直方流が加わったことになる。

近世社家神楽に致命的な打撃を与えたのは、明治新政府が明治四（一八七一）年に神職世襲制を廃止させたことで、従来の神楽組の組織は崩壊せざるを得なくなった。近世社家神楽の消滅である。村々の氏子にとっては、村の祭礼行事の中から神楽が消滅することは耐え難いことであったが、江戸時代を通じて洗練されてきた社家神楽を、氏子によって再現するのは至難のことであった。しかし、長年慣れ親しんできただけに、残された神職の指導を受けて氏子による神楽座を結成しようとする動きも根強く、那珂・御笠・糸島・糟屋・嘉穂・鞍手・遠賀各郡に氏子の神楽座が設立されてきた。また、遠賀・鞍手両郡には社家神楽が「筑前御殿神楽」の名で余風を留め、嘉穂郡では神職会が「神楽帳」を作成して、神職・氏子が共同して神楽を行っている。

神楽は神事であり、神前で歌舞音曲による鎮魂・清め・祓えを行う、神職以外は舞うことを許されない神聖なものであった。そうした清め・祓えを中心とした採物神楽に、着面の神話劇を演じる演劇神楽が加わるにつれて、芸能的要素が加わって神事芸能となったが、その間には、中世神楽、近世社家神楽、近代における氏子による「神楽座」という時代的変遷があった。それが筑前神楽の系譜である。

〔参考文献〕
『宗像神社史　下巻』　昭和四十一（一九六六）年　宗像神社復興期成会
『西日本諸神楽の研究』　石塚尊俊　昭和五十四（一九七九）年　慶友社
『民俗芸能入門』　西角井正大　昭和五十四（一九七九）年　文研出版
『筑前歳時図記』　国立公文書館内閣文庫蔵　『近世福岡博多史料　第一集』所収　秀村選三編　昭和五十六（一九八一）年　西日本文化協会
『長野日記』　長野源太夫　元禄九年～享保二十（一六九六～一七三五）年　『近世福岡博多史料　第一集』所収　同前
『博多津要録』　原田伊右衛門安信（博多年行司役所）　寛文六～宝暦九（一六六六～一七五九）年　櫛田神社蔵
『筑前国続風土記』　貝原益軒　元禄元～宝永六（一六八八～一七〇九）年　櫛田神社蔵

『筑前国続風土記附録』　加藤一純・鷹取周成　寛政十（一七九八）年　櫛田神社蔵
『福岡県郷土芸術「民間演芸」の巻二』　平井武夫　昭和八（一九三三）年　福岡県学務部社会教育課
『大系日本歴史と芸能　第一巻　立ち現れる神』　平成二（一九九〇）年　平凡社
『筑前神楽考――遠賀御殿神楽』　波多野学　平成十五（二〇〇三）年　渓水社
『筑前名所図会』　奥村玉蘭　文化十四、五（一八一七、一八）年頃（翻刻）昭和六十（一九八五）年　文献出版
『見聞略記』　津上悦五郎　天保十一～明治四（一八四〇～七一）年（翻刻）高田茂廣校註　平成元（一九八九）年
海鳥社
『福岡県史資料　第四輯』　伊東尾四郎編　昭和十（一九三五）年　福岡県
『直方旧考』『福岡県史資料　第四輯』所収　同前
『福岡県の民俗芸能――福岡県民俗芸能緊急調査報告』　平成四（一九九二）年　福岡県教育委員会

福岡県の獅子舞

獅子と獅子舞

獅子舞の獅子は百獣の王といわれるライオンを形象化したものである。ライオンはアフリカからバルカン半島、アラビア半島、インドの中部まで広く生息しているが、チグリス・ユーフラテス河流域の古代オリエントで、その威厳のある姿から神の乗り物と考えられ、それを形象化した〝獅子〟が、インドで仏教が誕生してからは仏の守護神、ヒンドゥー教では神々の守護神となって、その伝播とともにアジアの各地へと広がった。ライオンロードである。中国では仏法を護り悪霊を退散させる霊獣としてイメージ化され、それが〝唐獅子《からじし》〟として日本に伝わってきた。一方、朝鮮半島を経由してきたのが〝高麗犬《こまいぬ》（狛犬）〟で、今でも神社や寺院の境内にそれらの石像が見られる。

その獅子が邪霊を祓い、神や仏を護るしぐさをするのが獅子舞で、日本へは七世紀の初め頃に、これも朝鮮半島経由で、伎楽《ぎがく》と呼ぶ仮面劇の一部として伝わってきたといわれている。現存する最古の獅子頭は、正倉院御物《ぎょぶつ》の天平勝宝四（七五二）年の刻銘のあるもので、東大寺で大仏開眼供養の伎楽に用いられたという。伎楽や舞楽を通じて我が国に伝わってきた獅子舞は、その後、各地の神社を中心に民俗芸能として広く全国に分布し、悪霊祓い、豊作祈願、雨乞い等々の呪術的機能を持つ芸能として民衆に支持されるようになった。

獅子舞は形態的にはおおまかに〝一人立ち〟と〝二人立ち〟に分かれる。〝一人立ち〟には東北地方に分布する〝鹿踊り《ししおどり》〟や伊勢太神楽《いせだいかぐら》のように家々を祓って回る〝祓い獅子〟などが見られるが、もっとも普遍的なのは〝二人立ち〟で、一人が獅子頭を扱いながら前足を務め、もう一人が後足を務めながら尻尾を動かす。獅子舞の大部分がこの〝二人立ち〟に属している。

獅子舞は中国では元来フサフサした毛で覆われた縫いぐるみの姿で演じられており、それが韓国・台湾・沖縄にも分布し、マレーシアやインドネシアにも同様のものが普及している。我が国では高良大社で縫いぐるみの獅子が見られるほかは、獅子頭の後ろが母衣《ほろ》で、舞人二人の入るのが一般化しており、福岡県では母衣のほかに棕櫚《しゅろ》毛で覆われたものが筑後川流域に見られる。

興味深いことには、獅子の呼び名が、中国では北京でシーズイ、福建省でサイ、韓国ではサジャ、沖縄ではシーサー、日本ではシシと、いずれもサ行になっていることである。柳田國男や折口信夫は、我が国では同じシシでも鹿を表すカノシシと、イノシシ（猪）とがあり、東北地方では角のある鹿舞を〝シシ舞〟と呼んでいると指摘している。九州地方ではむしろイノシシが連想されていたらしく、福岡県における前述の棕櫚毛の覆いに特色が見られる。何しろ日本人はライオンを見たことがなく、奈良時代に伝わって来た獅子頭と、それが悪霊を追い払って災厄を免れたり、豊作をもたらす霊獣という言い伝えが受け入れられたと考えられる。そこで当面は福岡県の獅子舞にしぼって、その系譜を辿ることとしたい。

福岡県獅子舞の分類

福岡県の民俗芸能に触れる時、欠かせないものに、平井武夫氏の『福岡県郷土芸術』がある。福岡女子専門学校（のちの福岡女子大学）教授であった平井が、福岡県学務部社会教育課の委嘱で、昭和六（一九三一）年から十年にかけて、風流（反哉舞《はんやまい》・楽打・杖楽《つえがく》・松囃子・風流踊）・神楽・御田植行事・獅子舞・操人形・地狂言・歌舞伎系民芸・博多仁和加・幸若舞・盲僧琵琶などの民俗芸能について執筆、五分冊で刊行している。各項目ごとに解説を付し、個々の民俗芸能については全体を概観した上で分類を施し、代表的なものを選んで細部にわたる調査記録をあげている。

そこで当面の獅子舞であるが、『福岡県郷土芸術』第二分冊、「民間演芸」の巻一（昭和八年）に「獅子舞」とあり、「獅子舞の成立」に次いで福岡県の獅子舞を甲・乙・丙と三つに分類し、甲類に浮羽郡柴刈村（田主丸町、のち久留米市に編入）柳瀬玉垂宮の〝祓い獅子〟、乙類に福岡市香椎宮の〝伎楽系舞楽的獅子舞〟、丙類に早良郡壱岐村野方（現福岡市西区）の〝演劇・狂言的獅子舞〟をあげ、それぞれについて詳細な調査結果をまとめている。

最初の「獅子舞の成立」では、奈良時代仏教とともに入ってきた伎楽に付随していた獅子について、狛近《こまのちか》真《ざね》（仁治三〈一二四二〉年没）の著した『教訓抄』を引いて、「舞といっても頭を上下して、首を左右に振る極めて単純なものではなかったろうか」と述べ、平安舞楽の姿を描いたと思われる「信西古楽図」には、前足の部、後足の部に二人の人間が入って、かなり写実味のかかった獅子が出来上がっているとしている。ともかく寺院の獅子は奈良朝にも遡られるが、それが直ちに神社の獅子舞になったとは考えられず、神社のものは、柳田國男説を引いて我が国固有の鹿踊りから来たものではないか、と民俗学的見地から論じている。

そして「本県の獅子舞」に入り、さきの三分類に従って代表的なもの三例の解説を行っている。

そこで、以下、平井の分類に従って福岡県の獅子舞の概要を述べることとするが、その際有力な手がかりとなるものに、福岡県教育庁文化財保護課が、文化庁の補助金を受けて平成十四（二〇〇二）年から三年がかりで、県内の民俗芸能を映像化した「ふくおか民俗芸能ライブラリー」（以下「ライブラリー」と略称）がある。

全部で三三三カ所の民俗芸能を映像化しているが、そのうちの一〇二カ所までが獅子舞で、平井の調査を映像で補うのに充分な価値を持っている。

祓い獅子

福岡県の獅子舞は平井の分類に従って、①祓い獅子、②伎楽系舞楽的獅子舞、③演劇・狂言的獅子舞に分けられる。

獅子舞の特色の一つである悪霊・邪霊を祓うのが〝祓い獅子〟で、これにも村内の家々を祓って回る〝門祓《かどばら》い〟と、祭礼行事で神輿を据える斎庭《ゆにわ》を祓ったり神輿の先祓いをしたりする〝祭礼の祓い獅子〟の二通りがある。

門祓いの獅子

神社で御祓いを受け神遷《かみうつ》しをした獅子が、村の家々を戸別に回り、無病息災・五穀豊穣を祈願するのが〝門祓いの獅子〟で、源流は「伊勢太神楽」あたりではなかったかと思われる。

「伊勢太神楽」は昭和の初期頃までは北部九州にも来ていた形跡が窺われる（市場直次郎氏談）。伊勢神宮の神霊を奉じた獅子頭を携えた一団が各地を訪れ、家々を回っては家祓い、竈祓いをしていた。各地の農村では〝一生に一度は伊勢詣り〟と言って、組内で〝伊勢講〟を作り、同年輩の者が参宮同行として〝伊勢詣り〟をしていただけに、伊勢参宮になり代わって祈願・祈祷の神楽を奉納することを目的とするこの〝代神楽〟が受け入れられていた。一人が獅子頭を操り、もう一人が頭の後ろにつけた母衣を手で操りながら家々の〝門祓

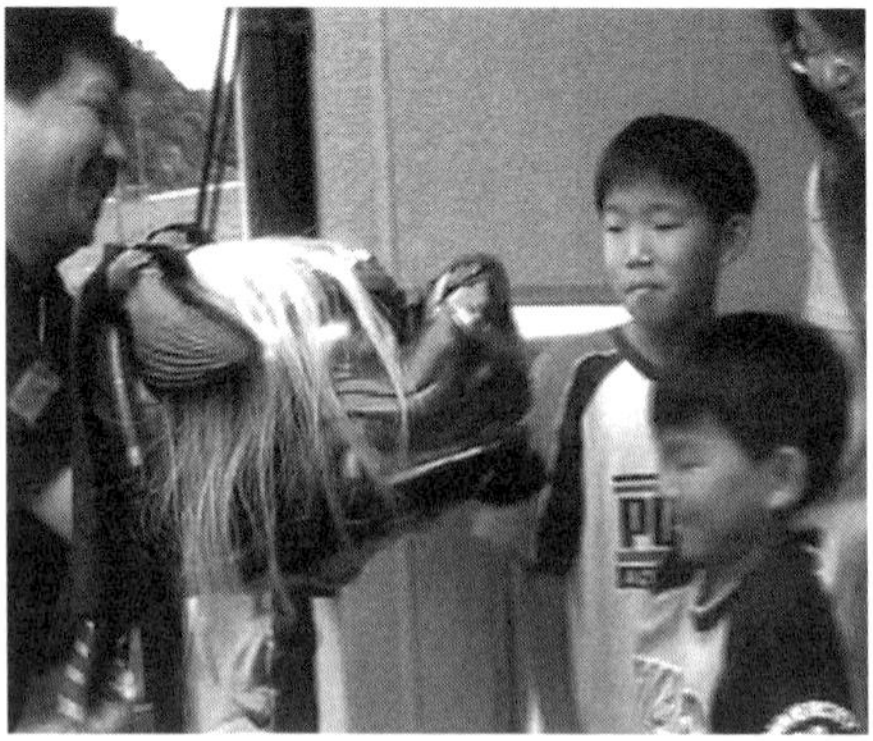

矢倉八幡宮の門祓い獅子

い〟をしたのち、神社の境内に移って獅子舞と放下芸《ほうかげい》を見せていた。江戸時代初期、三重県桑名太夫村（現桑名市）や三重県阿倉川村（現四日市市）に定着した伊勢神宮の神人《じにん》たちによって始められたと言われ、昔は数多くの組があって全国にその足跡が記されていたが、現在は数組しか残っておらず、巡業の範囲も限られ、福岡県ではその姿を見ることができなくなっている。しかし、その影響を受けたと見られる獅子頭を携えた〝門祓い〟の獅子は県内各地に見られ、特に筑後地方には濃密に分布している。一例として、旧田主丸町麦生（現久留米市）矢倉八幡宮の〝門祓い〟の獅子を取り上げる。

矢倉八幡宮の門祓い獅子

矢倉八幡宮の〝門祓い獅子〟は、江戸時代に始まったといわれているが、一時中断していたのを若者組が復活、疫病や災害の多い夏の七月朔日に行っている。獅子頭の後ろに棕櫚毛を長く編んで取り付け、一人が獅子頭を、もう一人が棕櫚毛の先を持ち、残りの若者が孟宗竹の先の割れたのを持って続く。獅子頭の後ろにつけた棕櫚毛は伊勢太神楽の母衣にあたる。神社で御祓いを受け、「祝いましょう」と手打ちをし、社殿を左回りに三度回って獅子頭に神遷しをし、神霊の依りついた獅子を先頭に〝村回り〟を始める。村中の家々を回り、玄関先でヨイサのかけ声とともに獅子の歯をカツカツと噛み鳴らし、孟宗竹を激しく地面に叩きつけて悪霊を祓う。獅子の訪問を受けた家では、家族が玄関先に出て、獅子の開けた口の中に子供の頭を入れて噛んでもらうと病気をしないで丈夫に育つといい、そのあとで開けた口に〝心付け〟を入れてやる。村回りがすむと、獅子を神社に戻し、手打ちをして〝門祓い〟を終わる。

こうした門祓い獅子は、〝獅子回し〟とか〝獅子廻《ししかい》〟〝獅子打ち〟〝お獅子様〟〝獅子追い〟〝ゴキトウ〟などと呼ばれ、「ライブラリー」のリストでは、濃密な分布を示す筑後地方のほかに、筑豊地方・筑紫野市・朝倉市・糸島半島、福岡市の志賀海神社・志式神社・姪浜住吉神社・紅葉八幡宮などにも広く分布している。

南良津の獅子舞

門祓いの獅子の中で異色のものに、鞍手郡小竹町南良津《ならつ》の獅子がある。毎年田植えが終わってから、オシシサマとかゴキトウとか呼んで、神社で御祓いを受けた雄と雌の獅子頭を持った二人の青年が村の家々を回り、玄関先で「カツ、カツ」と獅子の口を打ち合わせ、悪霊退散の祈願をしていた。そこまでは普通の門祓いであるが、南良津のものには、雌雄二頭の母衣を被った二人立ちの獅子、それも親獅子・子獅子の二組が付いて回り、区長・組長・村役の家のほか、新築や祝事のあった家の前などで、笛・太鼓に合わせた前楽・道楽・古楽・デハと呼ぶ四種類の舞を舞う。あとで触れる舞楽的獅子舞との混交である。

南良津の獅子舞（長谷川清之氏撮影）

祭礼の祓い獅子

神社の祭礼行事で斎庭の祓いをする〝祭礼の祓い獅子〟は、県内唯一の苧《お》で編んだ縫いぐるみの高良大社の獅子と、平井が甲類にあげた久留米市柳瀬玉垂宮を中心に筑後川両岸に分布する棕櫚毛の獅子、田川市位登八幡神社を中心に周辺に分布している母衣をまとって返閇《へんばい》を踏む獅子とがある。

高良山の獅子舞

高良山の獅子舞

高良山は水縄山地の西端にあり、山腹には神籠石が巡り、その中央部に高良神社が鎮座する。高良神社は履中天皇元（四〇〇）年の創建と伝えられ、高良玉垂命の他二神を祀る筑後一の宮であり、筑後・肥前の総社として篤い信仰を集めていた。昭和二十二（一九四七）年「大社」となる。

筑後地方の獅子舞は〝祓い〟が中心であるが、これは、鎌倉時代に田楽美麗《びれい》法師の梅津家が大善寺玉垂宮に奉仕し、「獅子勾当《こうとう》」としてこの地方の獅子舞の支配を独占していたことによる。梅津家は高良山大宮司家の庇護のもと、三潴荘夜明（現久留米市大善寺町夜明）に住み着いたといわれ、高良神社大祭の獅子・田楽・竹の舞を司った。高良山獅子舞が氏子連の手によって奉仕されるようになった時期は明確でないが、高良神社の御神幸祭が復活された寛文九（一六六九）年以降であるといわれている。その後、明治維新の廃仏毀釈によって多くの堂塔伽藍が焼け落ちてしまい、祭事もとどこおりがちになったが、獅子舞・風流を伝承するために氏子によって「高良山同志会」が結成された。しかし、戦時中から戦後にかけて、御神幸祭が十年に一度となり、その後は御神幸祭もなくなって獅子舞の継承も困難となったため、昭和五十二（一九七七）年からは高良大社御神前で、元旦祭、七月二十二日、十月十二日（おくんち）に、〝魔祓い〟として獅子舞を奉納することとなった。

高良山獅子舞は舞庭に莫蓙四枚を敷いて清め、その上で二頭の獅子によって舞われる。獅子頭が赤と黒、雌雄一対の〝二人立ち〟で、前獅子と後獅子の二人で舞う。胴は苧《お》で作られ、背中は三ッ組に編まれている。沖縄の獅子が同じく苧や芭蕉布を用いているのと酷似している。前獅子は右手で獅子頭の支え棒をしっかり握って真上に伸ばし、左手は顎の桟を持ち、口を開閉して「ガッガッ」と歯打ちをする。まず、赤・黒二頭が並んで正面に向かって立ち、五歩前進し立ち止まって左足から飛んで足踏みをする。舞は頭を右・左と大きく振り、振り下ろした時に口を開閉してガッッと歯を打ち鳴らし大きく足踏みをする。返閇といい大地を踏みしめて魔祓いをする修験道系の作法である。前獅子・後獅子の調子が合うまでには相当の熟練が必要である。足踏みをしたら直ちに大きく頭を振り下ろして右上に振り上げ、さらに左上へと振り上げ、これを二回繰り返す。最後に真上に高く上げて二回〝歯打ち〟をする。獅子頭は約三〇キログラムと大型で重いので、一振りごとに前獅子は交替して三振り行う。歯打ちで口を大きく開けた時に、子供の頭を入れてやると丈夫に育つといわれている。奉納舞は〝神の舞〟だけで、囃子も掛け声もなく、舞踊的な要素の全くない典型的な〝祓い獅子〟である。さきに平井が引用していた狛近真の『教訓抄』の「舞といっても頭を上下して、首を左右に振る極めて単純なもの」に近いようにも見受けられる。

柳瀬玉垂宮の獅子舞
（柳瀬しし舞保存会提供）

柳瀬玉垂宮の獅子舞

平井が『福岡県郷土芸術』に取り上げている浮羽郡田主丸町（現久留米市）柳瀬玉垂宮の獅子舞は十月九日のオクンチに舞われていたが、平成元（一九八九）年から中断されていたのを平成十三年より復活、従来どおりの形で行われている。平井の報告は大要次のとおりである。

獅子頭は木製で、胴は棕櫚皮で表面を覆い頗《すこぶ》る写実的である。裏は布張りで、内部は骨格として丈夫な竹を弓形に交叉している。舞手は二人で、〝前取り〟は獅子の頭を、〝後取り〟は右手で骨格をなす弓の交叉点をとり、左手で獅子の尻尾を持ち、前・後がよく連携を保ち、生きているような舞い方をする。獅子は雌雄二頭。舞手の服装は、白鉢巻・白襦袢・白股引、腰の周りにはヘラの樹皮で作った腰蓑を巻き、脚は棕櫚皮の脚絆に草履を履く。舞手の候補者として十数人の若者がいて、昼間は御幣を持ち、夜間は神社の神紋のある提灯を高く掲げて獅子の前後を護る。鬼面を被った者は、昔、神幸行列のあった頃は先駆となったもので、今は獅子の警護の役になっている。赤と青の面で紙製ではあるが頗る古色を帯び凄味があふれている。角の上に御幣をつけたところは、付近の棕櫚獅子に付随した鬼面とは趣を異にしている。地方《じかた》の人は赤面は雄、青面は雌と言っている。服装は碁盤形の着物（赤鬼は赤、青鬼は青）、襷は紅白ダンダラ模様の大きな紐で、両端を特に太く作っている。割れ竹で地面を叩きながら獅子の周りを回る。獅子の役をするには二、三十日の練習を要するので、出稼ぎなどでその練習のできぬ者が鬼面の役を勤めている。ほかに、紋付姿の警護役が二人ずつ雌雄の獅子に付き添い、暴れる獅子を鎮める役をする。

獅子舞の練習には二、三十日をかけ、祭りの当日になると、若者たちは斎戒沐浴して早朝神殿に集合する。同じく斎戒をした神職の修祓、祝詞奏上が終わって、村内各戸の魔祓いに獅子が出発する。若者頭の「祝いましょう」の発声で、獅子がガツガツと歯合わせを数回繰り返し、二頭の獅子が村回りに出発する。獅子舞を演じるのは、村の主だったもの何軒かで、一般の家々では門口で「祝いましょう」と獅子の口をガツガツ三回繰り返すだけである。各戸より〝神酒銭〟を包んで渡す。村中の祓いが終わると神社に帰って神殿の周りを右回りに三回、〝堂回り〟をして、村回りをした穢れを祓い落とす。

神社で奉納の獅子舞に入るのは日の暮れ方で、警護の若者が提灯に火を点じ、高く掲げ獅子を囲んで繰り出す。鬼面が先頭で雄獅子・雌獅子の順である。神社を中心に周囲の部落に通じる道を三、四町一周して神苑に帰る。神前で「祝いましょう」と獅子の口を三回ガツガツ鳴らして本殿の周囲を左回りに一周、これを三回繰り返して獅子に神霊を依り付かせる。獅子舞の前の〝堂回り〟である。それがすむと境内の広場で獅子舞が始まる。

赤鬼・青鬼が割れ竹で地面を叩きながら踊り場を広めていく。広場の人払いができてから雌雄の獅子は向き合って互いに中腰になり、頭で半円形を描き、二回口を開いてガツガツと上下の顎を打ち合わせる。続いて前足後足も地団駄を踏み、音高く返閇作法をする。この作法が二回あって二頭が位置を入れ替え、この時舞手は見物人の気づかぬうちに交替をする。これが数回繰り返され、やがて雌雄ともに暴れ出す。紋付姿の警護役が獅子に取り付いてこれを制するが、獅子はいよいよ荒れ狂い四方に飛び走る。この間約二十分。舞い終わって初めと同じく〝堂回り〟をし、返閇を踏んで行事を終わる。

平井はその他の棕櫚獅子として、浮羽郡芝刈村恵利八幡神社、川会村原の天満宮、千年村若八幡宮、水縄村石垣神社のものをあげ、「郡は違うが、筑後川を隔てた対岸で、遠くもない朝倉郡林田の美奈宜神社にもある」としている。

林田美奈宜神社の獅子舞

林田美奈宜神社の獅子舞

朝倉市林田美奈宜神社の獅子舞は現在「蜷城《ひなしろ》の獅子舞」として福岡県無形民俗文化財に指定され、十月二十一日、オクンチの神幸祭に奉納されている。雌雄二頭の獅子は氏子地域の長田と鶏ノ木地区の受け持ちで、長田の獅子は神幸の先祓いと神輿の警護、鶏ノ木の獅子は神輿台を祓う役を務める。一時期長田からの奉納が中絶していたため、「鶏ノ木の獅子舞」だけが県無形文化財の指定を受けていたが、長田の獅子舞奉納が復活したのを機に、昭和五十一（一九七六）年四月二十四日付で、両者を併せて「蜷城の獅子舞」として県無形民俗文化財に指定替えがなされた。

「蜷城の獅子舞」は獅子の胴体を棕櫚皮で編み、一頭に二人ずつ入る獅子役（舞手）の脚絆にも棕櫚毛を用いる。赤鬼・青鬼が割れ竹で境内を叩いて人払いをし、両獅子には一名ずつ〝郷者〟と呼ばれる責任者が紋付羽織で付き添い、ほかに獅子を経験した若者が二名ずつ〝世話人〟となって暴れ回る獅子の口を取って抑える役をする。獅子は頭を上下左右に大きく振ってカツッと歯を打ち合わせ、前後の獅子役が歩調を取り、リズムよく返閇を踏む。これを数回繰り返したあと、二頭で砂塵を巻き上げながら境内を暴れ回る。舞楽を伴わず、芸能的要素を持たない典型的な〝魔祓い〟の荒れ獅子である。

朝倉市には三奈木地区の美奈宜神社にも同じ棕櫚毛の獅子舞があるが、双方ともさきの柳瀬玉垂宮獅子舞とほとんど同型で、筑後大善寺系の〝魔祓い獅子〟の伝播かと思われる。さきに平井が取り上げたうきは市の恵利八幡神社は林田美奈宜神社の摂社で千歳川（筑後川）を挟んで対岸にあり、もと美奈宜神社の神幸祭には神輿が川を渡御していたとのことで、これを「林田宮川神幸」と称し、近郷に稀な盛典であったという。筑後〝魔祓い獅子〟との接近はそのあたりにあったのかもしれない。いずれにしてもこの棕櫚毛の獅子は、朝倉市恵蘇宿の恵蘇八幡宮でも十月十五日の神幸祭で同型のものが舞われており、浮羽と朝倉地方にだけしか見られず、沖縄の獅子舞とも通じ、東アジアの獅子舞との関連という点でも貴重な存在といえる。

位登八幡神社の祓い獅子

田川市位登八幡神社に奉納される獅子舞は胴を母衣で覆った雌雄二頭の二人立ちで、大人と子供の二組がある。県内ではこの形の獅子舞はそのほとんどが後述する舞楽系の舞であるが、位登八幡神社のものは、笛・太

位登八幡神社の祓い獅子

鼓こそあれ、舞らしいものは見出せず、二頭が横に並んで前後左右に動きながら返閇を踏み、ついで斎庭を雄獅子に雌獅子が従って回り、再び正面に並んで前の返閇の所作を繰り返す。囃子の太鼓には〝五段〟と〝六調子〟とがあるが、〝五段〟に比べると〝六調子〟はテンポが速くなり、それにつれて獅子の動作も力強さを増していく。最後は二頭が横に並んで返閇を踏んだあと、前かがみになって後ろの舞人が母衣を横に大きく広げて震わせる。いかにも悪霊を威嚇しているかのように見られる。

五月の神幸祭で神輿が出御する前に神社の境内を祓い、お旅所に着御した時にも前庭を祓う。翌日還御の時にも逆の順序で祓いをする。県下に広く分布している舞楽系の獅子舞とは明らかに異なる〝祓い獅子〟と見なすことができる。地元では宇佐八幡宮から伝わってきたといい、田川市の下弓削田・見立地区、田川郡川崎町の田原・守安・太田などにも伝播しているが、それらの地区では〝五段の獅子〟は格が高いといっている。

伎楽系舞楽的獅子舞

香椎宮奉納獅子楽

平井が乙類の〝伎楽系舞楽的獅子舞〟にあげた福岡市東区香椎の獅子舞は、地元では子供の太鼓打ちに中心を置いて〝獅子楽〟と呼んでいる。平井の報告はごく簡単なので全文を引用する。

毎年四月十六、十七、十八日、八月二十九日、三十日、十月十日に万

香椎宮奉納獅子楽（福岡市提供）

年願の一つとして香椎宮廣前に於て奉納される。当日は、早朝一番太鼓で獅子楽社のもの各自斎戒沐浴し、二番太鼓にて集合、三番太鼓を以って、神前にて舞の準備をなす。修祓を受け、御先祓「天下泰平国家安全萬民豊楽」と記した筥一對を建て、ついで獅子舞に移る。楽器は太鼓・笛・銅鈸子・大太鼓の四楽器。囃子の種類は、道囃子・デハ・ナカノキリ・キリ。獅子は雄獅子と雌獅子とあり、デハ・ナカノキリ・キリの三つの囃子の時に、両獅子が楽に合せて舞う。

服装　舞人の服装は襦袢・股引・白足袋・草鞋
　　　楽人の服装は裃・白足袋・草履

以上が平井の報告である。

現在の開催日は四月十七日前後の日曜日、六月第二土曜日、十月中旬の日曜日となっている。

香椎宮奉納獅子楽は延享元（一七四四）年の勅使参向の年に廃絶していた旧来の祭祀を復興し、二月、四月、九月、十一月の祭日に獅子楽を奏した旨の記載が香椎宮の記録に見られる。現在使用している大太鼓の胴内側にも、寛政十（一七九八）年に、「楽太鼓、獅子一双奉寄進」の墨書銘が確認でき、江戸中期から行われていたことがわかる。嘉穂郡筑穂町（現飯塚市）大分八幡宮から伝わったとされるが、反対に香椎宮から大分八幡に伝えたという説もある。

獅子舞の構成は、二人立ちの雌雄二頭の獅子が舞い、演目はデハ（序）、ナカノキリ（破）、キリ（急）の三段で、雌雄の出会いから、意識し合い、求愛までを演じるといわれている。獅子舞は演目三段を交替で舞い、笛も兼ねる。大太鼓は子供の役で、「獅子楽」の称は大太鼓を打つ花形から来ていると思われ、この役を勤める子供の衣裳は、宮参り着物を仕立て直して用いている。

大分八幡宮の獅子舞

嘉穂郡筑穂町（現飯塚市）の大分八幡宮は、神亀三（七二六）年の創建と伝えられ、福岡市筥崎宮の元宮で、八幡五所別宮第一の名社として崇められてきた。戦国時代の騒乱で絶えていた祭礼を享保年間（一七一六〜三六）に再興するにあたって、時の庄屋であった伊佐善左衛門が村人十五名を上洛させて、京都男山の石清水八幡宮に伝わる獅子舞を習得させ、享保九（一七二四）年、放生会を復活させた際に、祭礼行事として加えたという記録（「大分八幡宮中秋祭大当書送帳」）が残っている。県内で明確な由緒を持つ獅子舞の一つである。

大分八幡宮の獅子舞

舞は放生会の神幸祭で神輿の出御する前に神社で〝出立ちの獅子〟を舞わし、お旅所に着いて〝お着きの獅子〟、神輿の還御後に神社で〝納めの獅子〟を舞わす。獅子舞は雌雄二頭の母衣をまとった〝二人立ち〟で、獅子方の八人が交替して舞わす。衣装は雌獅子が紺色、雄獅子が茶色の袴を着け、同色の紐で膝下と足首を結ぶ。上衣は白で博多帯を締め、襷は獅子頭取から結んでもらい、舞い納めてから解いてもらう。黒い手甲の手首を白紐で結び、白足袋に草鞋を履く。足袋には底がなく、先が二つに割れ、それを折り曲げて草鞋の紐で結ぶ。〝獅子のひずめ〟を表しているという。楽方は大太鼓・小太鼓・笛・銅拍子で、大太鼓は小学生男児が、花模様の入った上衣と袴、赤の鉢巻、五色の襷という派手な衣裳で打つ。舞はハナノキリ（序）、ナカノキリ（破）、ノリ（急）（イリハ・ナカ・キリともいう）の三段階で、各段階ごとに獅子方が入れ替わり、太鼓と笛のリードで雌獅子と雄獅子が戯れたり愛情表現を見せたりする。随所に格式を持った所作が見られ、民俗芸能として伝承されてきた伎楽系舞楽的獅子舞の典型と見受けられる。飯塚市から嘉穂郡一円には「大分から習った」と伝えている大分系の獅子舞が濃密に分布しており、郡外でも先の香椎宮のほか、福津市勝浦の豊山神社、田川郡・京都郡などにも同型のものが見られる。

土師の獅子舞（太鼓の回り打ち）
（長谷川清之氏撮影）

土師の獅子舞

嘉穂郡桂川町土師の老松神社は、もとこの地が大宰府安楽寺の荘園であった時期に勧請された荘園鎮守神で、現在では上土師・下土師の産土神になっている。獅子舞は、嘉暦三（一三二八）年、五穀豊穣と家内安全を祈願して奉納されたのが始まりといわれているが確証はない。現在まで休止されることなく続けられ、毎年、四月第四日曜日と秋分の日に、上土師と下土師の人々によって老松神社の大祭に奉納されている。大祭は〝神幸〟と〝川祭り〟とに別れ、上土師と下土師とが一年交替で座元を引き受け、川祭りの地区が獅子舞を受け持っている。祭りの前日、当番地区の座元で〝神輿迎え〟と〝獅子迎え〟がある。〝神輿迎え〟は座元への御神幸、〝獅子迎え〟は座元での獅子の舞い初めである。大祭当日は早朝の川祭りと、両座元での御座があり、御座のあとに獅子を舞わし、御神幸のお上りとなる。神輿が神社に還御したのち、社頭で子供の〝太鼓の回り打ち〟と青年の〝杖使い〟があり、獅子舞となる。ここの獅子舞も雌雄二頭の母衣を被った〝二人立ち〟の獅子で、一頭に四人ずつ八人が交替しながら舞わす。楽器は大太鼓・小太鼓・銅拍子と笛で、曲には仙代《せんだい》・豊前、獅子楽の前段・後段、宮移りの五種類があるが、上土師と下土師とで獅子の舞わし方に若干の相違がある。上土師のものは雌雄二頭の獅子が唐から万里の波濤を越えて日本に渡って来るまでの様子を、下土師のものは日本に上陸してからの模様を表現しているという。大分の獅子舞と同じく、伎楽系の舞踊的獅子舞であるが、内容の異なった力感にあふれた獅子舞である。

綱分の獅子舞

嘉穂郡庄内町（現飯塚市）

綱分の獅子舞（長谷川清之氏撮影）

綱分《つなわき》八幡宮の放生会に奉納されている獅子舞にも子供の〝太鼓の回り打ち〟が伴っている。小学生以下の男の子が華麗な衣裳で円陣を組み、一カ所に置かれた太鼓を打ち、輪を一巡する間同じ所作を繰り返す。所作は十種、円陣を十回まわることになる。太鼓打ちに続いて獅子舞。母衣を被った雌雄二頭の〝二人立ち〟の獅子である。雌獅子の頭は黒で胴は紺、雄獅子の頭は赤で胴は茶、獅子方の衣装は紺の上衣に角帯を締め、股引と手甲は獅子の胴と同じ色と模様で、白足袋に草鞋がけ、獅子を舞わす時は草鞋を脱ぐ。舞には〝前庭〟と〝狂い〟の二種類がある。〝前庭〟は雌雄が並んで頭を左上に上げ、頭を振りながら向かい合ったり並んだりして舞い、向かい合ったところで獅子方が入れ替わる。〝狂い〟は、雌獅子が茣蓙を敷いてしゃがみ、雄獅子が近づき、両者頭を回す。やがて雄獅子が立ち、茣蓙が取られ、両者は舞いながら元の位置に並んで終わる。獅子舞は別に神幸祭お上りで神社境内に入って舞わす〝新馬場〟〝古馬場〟〝神殿入り〟がある。新馬場と古馬場は、神社の鳥居をくぐってから、ゆっくりと獅子頭を横にしながら、行列とともに進む。神殿入りは最後に行われるゆったりとした所作の舞である。この綱分の獅子舞は、嘉穂郡の庄内町・稲築町（現嘉麻市）のほか、田川市郡にも金田町（現福智町）南木菅原神社経由で広がっている。

演劇・狂言的獅子舞

『福岡県郷土芸術』で平井武夫が、獅子舞の分類で丙類の「演劇・狂言的獅子舞」にあげているのが、「早良郡壱岐村野方（現福岡市）の獅子舞」である。野方の獅子舞は、明治中期に糸島郡今宿字妙原（現福岡市）から伝わったというが、昭和二十五（一九五〇）年頃に廃絶しており、むしろ近隣の旧糸島郡元岡・今宿青木・宇田川原（いずれも現福岡市）の獅子舞に野方と類似のものが伝承されている。元岡のものは明治初年に隣村泊村から伝授されて八坂神社の祇園会に奉納されてきたといい、今宿青木のものは、神護景雲二（七六八）年高祖山に築かれた怡土城落成を祝って青木地区の住民が奉納したのが中絶していたのを復活して、昭和五十年元旦から八雲神社に奉納しているといい、宇田川原のものは享保年間（一七一六～三六）筑前一帯に大飢饉が続いたため当地の庄屋中村伊右衛門が彦山に参籠して願掛けを行い、獅子頭を拝領して帰り、宇多神社に奉納して豊作を祈ったところ、翌年は大豊作に恵まれたので、以後は毎年春にその獅子頭で獅子舞を奉納しているという。

内容は大同小異で、獅子は〝二人立ち〟の一頭、歌い方一人、囃子方笛・太鼓数人、演目によってそれぞれの演技者が加わる。演目は地区により若干の相異があるが、もとは各地区とも八種目。平井の取り上げている野方のものと他の三カ所のものを列挙すれば次のとおりである（三カ所のうち傍線が現存しているもの）。

○野方　①門付け　②猿の三番叟　③獅子の餌拾い　④萬作太郎の獅子撃ち　⑤もぐらの女郎買い　⑥源如《げんじょ》とおさんの餅搗き　⑦獅子と鬼女　⑧道八

○元岡　①門付け　②お猿の三番叟　③獅子の餌拾い　④萬作太郎の獅子打ち　⑤源如とおさん夫婦の餅搗踊　⑥もぐらの鬚剃り　⑦あやとり　⑧獅子と鬼女

○今宿青木　①門付け　②猿と獅子　③郎八のひげそり　④獅子の餌拾い　⑤郎八の獅子撃ち　⑥源丞の餅搗き　⑦鬼女　⑧あやとり　（このうちから五つか六つ）

○宇田川原　①門付け　②猿の三番叟　③萬作太郎の獅子撃ち　④萬作　⑤餌拾い　⑥源如　⑦藤八　⑧鬼女

各演目について宇田川原のものを例に内容を略記すると次のとおりである（現在行われていないものも含む）。

①門付け　笛・太鼓に合わせて二人立ちの獅子が舞う。各戸を回る時は一度家に入って屋内を祓ったのち外に出て舞う。

②猿の三番叟　出演は猿と獅子。猿は黄色の衣装にチャンチャンコ、襷がけで豆絞りの頬かむりをして烏帽子を被り、股引に白足袋、手甲を付けて御幣と扇を持つ。囃子に合わせて三番叟を踊り、獅子の蚤取り、鞠遊びなどをし、獅子の背に乗って退場。

③萬作太郎の獅子撃ち　萬作太郎が村人（囃子方）から頼まれて、田畑を荒らす獅子を撃つが、間違えて獅子舞の獅子を撃ってうろたえる。五穀の種を与えて蘇生させ、獅子と一緒に豊年踊りを踊る。狂言的な掛

け合いに特色がある。

④萬作　獅子が太鼓打ちの歌う祝い唄に合わせて豊年踊りを踊る。

⑤餌拾い　莫蓙の上に米または大豆を撒き、囃子に合せて獅子が拾う所作。尻ねぶりなど滑稽な所作を混える。

⑥源如　げんじょとおさん夫婦の餅搗き踊り。軽快な掛け合いがあり、滑稽なしぐさで餅を搗き、祝い唄があって獅子が舞う。

⑦藤八　ひょっとこ面を被った男が二人、問答よろしく萬作踊りを踊って女郎買いに行く。

⑧鬼女　宇田川原獅子舞の由来を口上で述べ、鬼女と獅子が登場。鬼女が獅子の首を落とす所作をする。獅子の首が三つになって、熊野権現・彦山権現と宇田大神に治り給うたので、二月十五日の彦山種撒き祭りが始まったという口上で終わる。

平井の『福岡県郷土芸術』には、この「演劇・狂言的獅子舞」に旧早良郡壱岐村野方の例を詳記しているが、元岡・宇田川原・今宿青木でも部分的な相違はありながら代表的なものは大差がないので、ここでは現在行われている元岡の「萬作太郎の獅子撃ち」を前述の『伝統芸能』から引用する。

萬作太郎の獅子撃ち

萬作太郎――袖なし羽織、ヒョットコ面、豆絞りの手拭、扇片手に鉄砲を肩に法螺貝を腰に、腰つきおかしく出る。

獅子――頭獅子・尾獅子各一人。ともに黒地の股引、黒足袋、草履。

囃子方――五人。統一された紺地の着物。黄色の鉢巻を締める。笛方（横笛）四人、大太鼓・小太鼓各一人。

笛・太鼓の獅子撃ち囃子によりて萬作太郎登場。

萬作太郎　これこれ太鼓は止めろ。太鼓は止めろ。笛も止めろ。俺がここに鉄砲打ちに来とりゃ、笛太鼓でピーピードンドンやらかすけん、小鳥も何もチリチリ、パラパラ、パラッと逃げてしもうた。まどいやれ、まどいやれ。

囃子方　そうすると、あなたは鉄砲打ちですな。

萬作太郎　そうとも、そうとも、如何にもみごとな小鳥射ちじゃ。

囃子方　あなたが猟師とありゃ、頼みたいことがありますが、何と、聞き入れては下さるまいか。

萬作太郎　みどもが身に叶うことなら何でも聞いてやる。

萬作太郎の獅子撃ち（福岡市提供）

囃子方　頼みと言うのは、ほかのことではありませんが、この頃裏の山から獅子が出て、種物、野菜、或いは女子の豆までちょいちょい荒しますので、何と打ち取っては下さるまいか。

萬作太郎　何や、獅子か。（飛び上がって震える）

囃子方　あなたは話聞いただけで震いござるが、獅子は打つことが出来ますか。

萬作太郎　む、これは震いよるとじゃなか。勇み立ってこま動きしよるのじゃ。

囃子方　ああ、それなら宜うございますが、あなたのお住いはどこでございますかな。

萬作太郎　みどもの住いを聞いて何んとする。

囃子方　もし見事に獅子を打ち止めてくださりゃ、大根や牛蒡の五、六本も持って、お礼に行かねばなりませんけん。

萬作太郎　それは千萬辱けない。みどもが住いは、福岡は尾が谷、白壁造りの大きな家。ならよけれども、その横の小さなちょんぼりとした家がみどもの住いだ。

囃子方　そうすると、あなたのお名前は。

萬作太郎　拙者は、花きれ萬作太郎と申す。

囃子方　花きれ、花きれとは又変な名前でございますな。

萬作太郎　いや、花きれじゃない、花芳萬作太郎と申す。

囃子方　それからもう一つ伺いますが、あなたの眼の高う低う、口のよごうどるとは又どうしたわけですかいな。

萬作太郎　拙者の眼が高い低いは堂島の米の相場にたとえたもので、米が上がれば眼が上がる。米が下れば眼が下がる。上がり下がりは放免放免。して、その獅子はいつ頃出て来るか。

囃子方　大体晩に出て来ますばってん、あなたが打ち止めてやらっしゃるごとありゃ、今から村中総出で追い出しまっしょう。（法螺貝を吹く。囃子につれて獅子あらわる）

囃子方　そら出た、そら出た。（獅子飛び出す。場内を一巡する）

囃子方　構えたり、構えたり。（萬作、片肌脱いで身拵え）

囃子方　ねじたり、ねじたり。（手拭をねじる）

囃子方　しめたり、しめたり。（鉢巻を締める。二、三回締めそこねる）

囃子方　こめたり、こめたり。

囃子方　狙うたり、狙うたり。（鉄砲を構え狙いをつける）

囃子方　打ったり、打ったり。ドーン

玉が外れて獅子荒れる。萬作、うろたえながら場内を一巡する。

囃子方　玉が外れて獅子があばれよりますけん、今度は二ッ玉でやってんなさい。

囃子方　こめたり、こめたり。（玉をこめる）

囃子方　狙ったり、狙ったり。（身構える）

囃子方　打ったり、打ったり。

萬作太郎　ドーン。

囃子方　ドーン。

萬作太郎　こらぁどうか、拙者が打ったら二度音がした。

囃子方　そらあ二ツ玉じゃけん、二度音がしますとたい。今度はなんでも当っとろうござすけん、尻から行きなさい。行かさい、行かさい。

萬作、獅子の尻から行かずに、自分の尻から獅子に近づく。土を摑んで投げたり、石を投げる真似をして、恐る恐る尻を獅子の鼻に近づける。獅子、萬作の尻に喰いつく。萬作、尻をさすりながら漸く立ち上がる。

萬作太郎　ああ、いた、いた。おまえ達が尻から行けって言うけん、尻から行ったら、俺が尻を半分喰い取った。ああ痛い、痛い。まどいやれ、まどいやれ。

囃子方　ああ、そらあ違っとりますもん。あなたの尻からじゃのうて、獅子の尻から行かれんけんたい。行かさい、行かさい。

萬作、獅子の尻からおずおず近より、頭の方へさすり寄り、獅子の頭を見て吃驚仰天。

萬作太郎　こらぁどーかぁ、大事の出来とる。お前達が打っちゃれ打っちゃれ言うもんじゃけん、命がけで

囃子方　打ったりゃ、元岡の俄獅子ば打ち殺いとる。大事の出来とる。こらあどうしたら宜かろうかぁ。

そもそも獅子と言うものは、天竺から五穀の種ば喰いへ、下したものですから、その五穀の種を食べさすりゃ直ります。

萬作太郎　そんならその五穀の種は、どこにあるかあ。

囃子方　その五穀の種は、ここにございます。（包を、萬作に渡す。扇子にて受取る）

そして獅子の口に入れてやると急に獅子は元気に立ち上がる。

囃子方　獅子も元気になりましたけん、お祝に萬作踊りの一つ祝うて下さい。

歌　一、今年ゃ万作　作　よかろう　一歩に米が七俵　五文に酒が七銚子
さあさ飲まんせ　踊らんせ
二、浦は今年も大漁で　続いて入り来る宝舟　大鯛小鯛の市が立つ
さあさ飲まんせ　踊らんせ

萬作太郎、獅子と共に引っ込む。

『伝統芸能』に収録されている獅子舞で、この「萬作太郎の獅子撃ち」は軽妙な掛け合いの滑稽さに満ちた「演劇・狂言的獅子舞」で、演劇性が強いだけにほかの地区でも代表的な演目になっている。

萬作太郎が獅子舞の獅子を撃って生き返らせるくだりで、「五穀の種」（米・麦・粟・黍・豆など）を与えているが、獅子が天竺から五穀の種を求めて下って来たというせりふは、獅子舞の解釈として興味深い。

注目したいのは、福岡県の北西部に見られるこうした「演劇的獅子舞」が、韓国の咸鏡南道北西郡一円に伝承されている正月行事の「北西獅子戯」と酷似していることで、旧糸島・早良郡と韓国南部の民俗芸能の交流

が暗示されていて極めて興味深い。

むすび

伎楽や舞楽を通じて朝鮮半島経由で我が国に入ってきた獅子舞は、悪霊祓い、家内安全、無病息災、豊作祈願、雨乞い祈願等々の呪術的機能を持つ芸能として民衆に支持され、広く全国に分布して様々な展開を見せている。本稿では福岡県における獅子舞の系譜を、平井武夫の分類に従って、〝祓い獅子〟〝伎楽系舞楽的獅子舞〟〝演劇・狂言的獅子舞〟の三部に分類して考察を試みた。その中で由来・伝承、上演の時期と目的、衣装、囃子、舞の構成と動作・芸態などに触れたが、福岡県は日本列島の西部に位置するだけに、中国・韓国・沖縄の獅子舞との交流が窺われ、地域的特色の現れているのを見ることができる。獅子舞の国際交流は、〝祓い獅子〟で高良大社のふさふさとした〝縫いぐるみの獅子〟、筑後川流域の〝棕櫚毛の獅子〟や〝荒れ獅子〟に、中国や沖縄の獅子舞との間の類似性が見られ、〝演劇・狂言的獅子舞〟では、朝鮮半島南部との交流が見られた。その他個々の事象については本文中に触れたので重複を避けるが、その中で福岡県の地域的特色が感知できれば幸いである。

〔参考文献〕
『福岡県郷土芸術「民間演芸」の巻一』平井武夫　昭和八（一九三三）年　福岡県学務部社会教育課
「ふくおか民俗芸能ライブラリー」平成十四～十六（二〇〇二～〇四）年　福岡県教育委員会文化財保護課
『伝統芸能』昭和四十八（一九七三）年　福岡市教育委員会社会教育部文化課

福岡市飯盛神社の流鏑馬

はじめに

流鏑馬は平安末期に武士の間で競技として行われていたので、祭礼の中でも相撲とともに競技と受け取られがちであるが、歩射に対する騎射で、もともとは年占《としうらない》の意味を持つ神事であった。歩射が小正月の行事であるのに対し、流鏑馬は五月五日の節供日に行われることが多かった。宗像神社（昭和四十四〈一九六九〉年に大社となる）の「応安神事次第」（「宗像宮毎月大小御神事次第注文事」）では中世の五月会にそれが見られ、筥崎宮でも『筑前国続風土記』に「五月騎射の祭りは近頃まであったが慶長年中になって絶えた」とあり、大江匡房の『筥崎宮記』には古式の祭りを「五月騎射、八月放生会」として、それが放生会と並ぶ重要な祭儀であったことを示している。

その流鏑馬も近世になると他の神事と同じく、廃絶するか、村氏神の例祭行事として九月または十一月に移行して行われるか、どちらかの傾向を示していたが、流鏑馬には馬を走らせながら的を射るという高度の技術を伴う関係で、近隣にそれを専門にする者のいるところに限られていた。

近世筑前の年中行事を絵入りで記した『筑前歳時図記』には、「九月、諸社神事、流鏑馬」の項に、

福岡・博多の所々の神事で興行をする。流鏑馬を専業として、近郷に住み、馬を飼って常に乗り、神事

飯盛神社の流鏑馬（飯盛神社提供）

のない時は農業をしているという。流鏑馬の時の装束は、緋の弓小手をかけ、背に幣をさして、布袴をはく。弓矢をたばさんで柵から馬場へ出ようとする時に見物の者たちが一斉に声をかけて馬の尻を打つが少しも騒がず、弓を射て的三枚を射る。たいそう勇ましい。

と、流鏑馬興行の模様をかなり具体的に記している。ここで「福岡・博多の所々の神事で」とあるが、流鏑馬を専業としながら、神事のない時は農業を営んで生計を立てるとなれば、前述のように限られた範囲の神社になってくる。最近まで流鏑馬を伝え、専業の射手によって行われている神社は、大川市風浪宮、福岡市飯盛神社、福岡市住吉神社、福岡市香椎宮、福岡市筥崎宮、福岡市志賀海神社、筑紫郡那珂川町現人神社、田川郡香春町鶴岡八幡宮ぐらいのもので、そのほかでは馬場のあるところで乗馬クラブ所属の騎手に委嘱して興行をしているが、観光を目的として例祭日などに復活させているという傾向を見せている。宗像市宗像神社、飯塚市大分八幡宮、飯塚市綱分八幡宮、糸島市桜井神社、柳川市三柱神社、築上郡築上町岩戸見神社などがそれである。

そうした中で福岡市の飯盛神社では、近隣に江戸時代から流鏑馬を奉仕してきた家が残っており、現代もそれが継承されている。『筑前国続風土記拾遺』の早良郡羽根戸村の項には、「流鏑馬の騎射を仕事とするものが二家、この村に住んでおり、諸社の神事に流鏑馬を奉仕している。その者のための給田もある。その始まりは、飯盛社が繁栄していた時期に、その祭りに奉仕をしていたのが、神領がなくなったあとは農民となりながら、今もひたすら

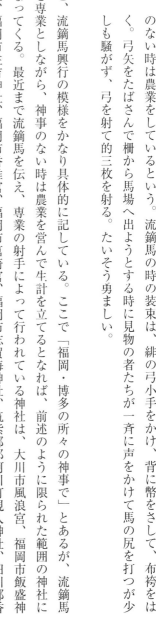

騎射をもってその仕事としている」とある。この二家は青柳・榊両家で、現在もなお榊家の末裔がその技を受け継いで諸社の祭礼に流鏑馬の奉仕をしている。さきの『筑前歳時図記』の例はこの両家を指しているのかもしれない。榊家には昭和十二年に、当主榊藤市氏が流鏑馬を奉納した神社から奉書に神社名と印判を受けた巻物が保存されているが、筥崎宮、志賀海神社、住吉神社、大分八幡宮、綱分八幡宮、宇美八幡宮、現人神社、香椎宮、警固神社等々である。このうち、住吉神社からは特に昭和三十年五月五日の日付で、「住吉神社相撲会大祭流鏑馬神事大正以来連続奉仕を表彰の為別紙の通り感謝状を贈呈するものなり」とあって感謝状が添えられている。

飯盛神社には、元亀四（一五七三）年を上限とする流鏑馬に関する文書類も保存されており、青柳・榊両家の文書の中には寛政十二（一八〇〇）年の「射具之書」や、天保九（一八三八）年の流鏑馬口伝書などが伝えられていて、伝来の流鏑馬の装束・作法なども継承されているので、それらをもとに「飯盛神社の流鏑馬」行事を通覧することとしたい。

早良郡総社飯盛神社

飯盛神社は、福岡市西区飯盛（旧筑前国早良郡飯盛村）、早良平野の中央部を南北に貫流する室見川中流域の西側で、なだらかな円錐形の山容を見せる飯盛山の山麓にある。旧社格は郷社、社伝によれば文徳天皇の勅願により、貞観元（八五九）年に社殿を建立、和気清友を勅使として下向させたとあり、応永年間（一三九四～一四二八）に百町の神田があったとされている。こうした円錐形の弧峰はしばしば山麓の村々から〝神体山〟として崇められている。

『筑前国続風土記拾遺』には「當郡の総社で、飯盛、吉武、金武、羽根戸、田村、野方、七カ村の産神である。祭神は三座で、主神は伊弉冊尊、左に寶満神、右に八幡大神を祀っている。昔は上宮・中宮・下宮があった。それで後世には三所権現と言った」とあり、『神社書上記』などにも「早良郡宋廟」と見える。飯盛神社の社領は文永八（一二七一）年の「社領坪付」に惣田数七十三町二段二杖とあり、社伝の百町には誇張があるにしても、地方の神社としてはかなりの規模であったことが知れる。しかも、その社領の範囲と、応永四年の「飯盛宮行事役屋敷注文案」に示された祭事に携わる各村役の分布を併せると、その勢力範囲がほぼ早良平野の中央部全域に及んでいたことが窺われ、文字どおり「早良郡総社」であった可能性が高いということになる。『筑前国続風土記』にも「昔は大社で神領も多く、祠官も多数いたという。現在も神職の家に古い文書が多数残されていて、昔の盛んだった頃のことが推し量られる」とある。この古文書は現在も神職家に保存されているが、年中行事関係では、九月九日の例祭における流鏑馬・相撲・神楽などに関する記録が多数含まれており、特に流鏑馬に関しては、青柳・榊両家のものと併せてその全貌を知る上での極めて有用な資料がある。もっとも古いものでは、元亀四（一五七三）年の「飯盛宮社領坪付」に「やふさめ田」とあり、羽根戸村と同じく、もと飯盛神社の神領であった四箇村《しかむら》の雁川《かりかわ》天神社の境内には、石祠の「流鏑馬社」が祀られていたという（『筑前国続風土記拾遺』）。

飯盛宮当流流鏑馬

流鏑馬口伝書

飯盛神社の宮司家および青柳・榊両家には前述のように流鏑馬関係の文書が多数保存されているが、青柳家には天保九（一八三八）年九月十八日付で、今村喜内なる者が羽根戸村の青柳七右衛門に与えた流鏑馬の「口伝書」（国立公文書館内閣文庫蔵の複写）が保存されている。「口伝書」の内容はおおむね次のとおりである。

流鏑馬之巻

（前文に流鏑馬之濫觴として、神功皇后の夷族征伐に当たって双方騎射の術を用いたことに始まり、それが武士の間に広まり、やがて神社の祭礼における流鏑馬となった旨を述べている）

一、射手・童形・雑色・弓持・的持・舎人等に至るまで、三日以前より精進潔斎をして、新筵に座すこと。

一、射手の装束は、俗衣・手細狩衣・手袋・地衣・行縢《むかばき》・刀・箙《えびら》・畏笠《いがさ》・沓・馬・弓である。

一、童形の装束は児が生まれた時のように、髪を乱して射手に伴う。

一、雑色の装束は鎧直垂を着し股引を穿き、髪を乱して結び、同伴する。

一、弓持・的持共装束は青襖《あおぶすま》に、烏帽子を着し、舎人は白丁を着て従う。

社参行列之次第

雑色　雑色　的持　同　同
舎人　童形
騎馬　的持　同　同
舎人　弓持
雑色　雑色　的持　同　同

是の如く射手が何騎も有り次第に行列して社参せよ。射手は馬上より神前を拝する。その時神主は御幣で人馬を清める。そのあと元の如く馬出《まいだし》へ行き、時分を見合わせて駆け出し、的を射ること。
一、的の拵え方は檜板を薄く削り一尺八寸四方、串は五尺八寸、馬数によって損じた時はいくつも立て替えるよう二人して持つこと。一人を添えたまでのことである。
一、射手は馬場の末まで乗り詰めて、馬出へ返し、三遍射納め、神前を拝し的に当たった矢を内神に納める。
一、弓は流弓、矢は鏑、白い羽、羽の付けようは口伝の通り。箙は組違いの長箙。矢を十二本挿す。
一、自然落馬の時は、沓を脱ぎ、馬を牽いて馬場の外に出し、神主が清めること。
（馬場見取り図〈左〉）
右、此の如く口伝をして置くといっても、上古以来面授口訣して、その人で無ければ判らない口伝を持

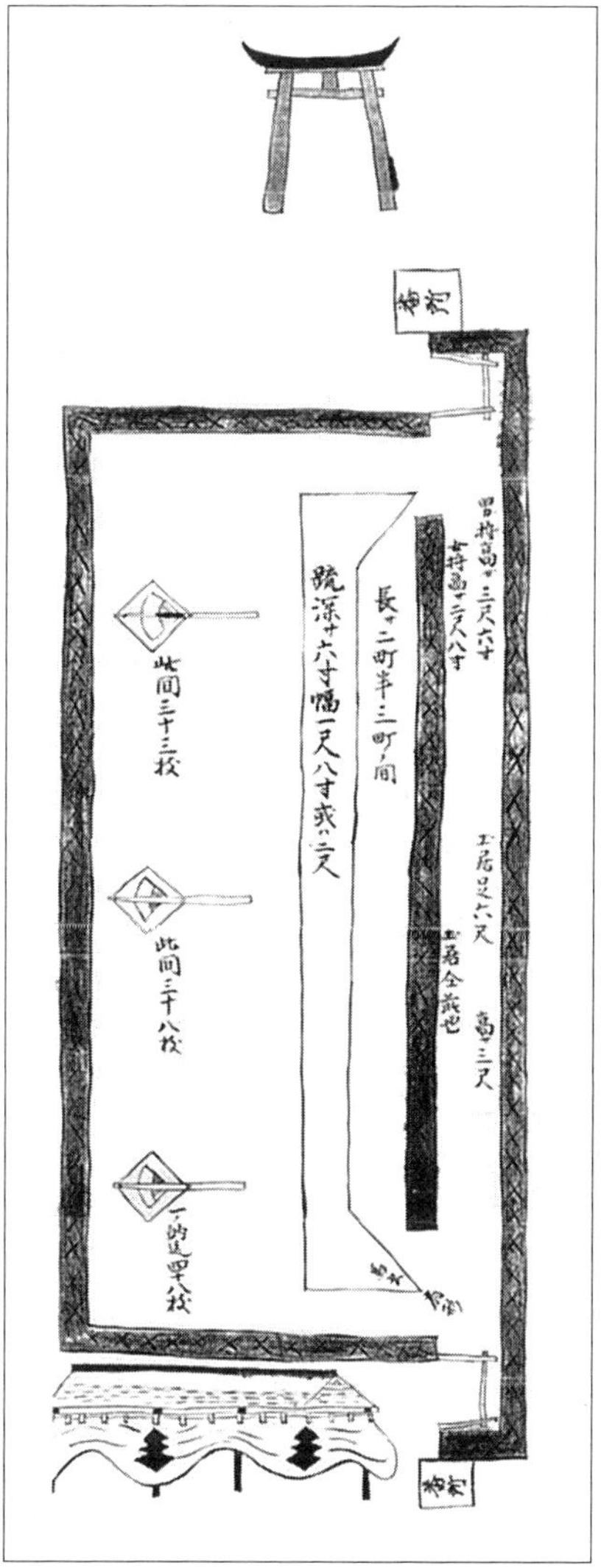

「口伝書」の馬場見取り図
（飯盛神社蔵）

って授ける五家の庭訓とするため筆墨するところのもので、愚味の子孫の為あらあら書き戴くものである。

今村喜内
印判　花押

天保九年　戊戌　九月十八日

青柳七右衛門殿　参

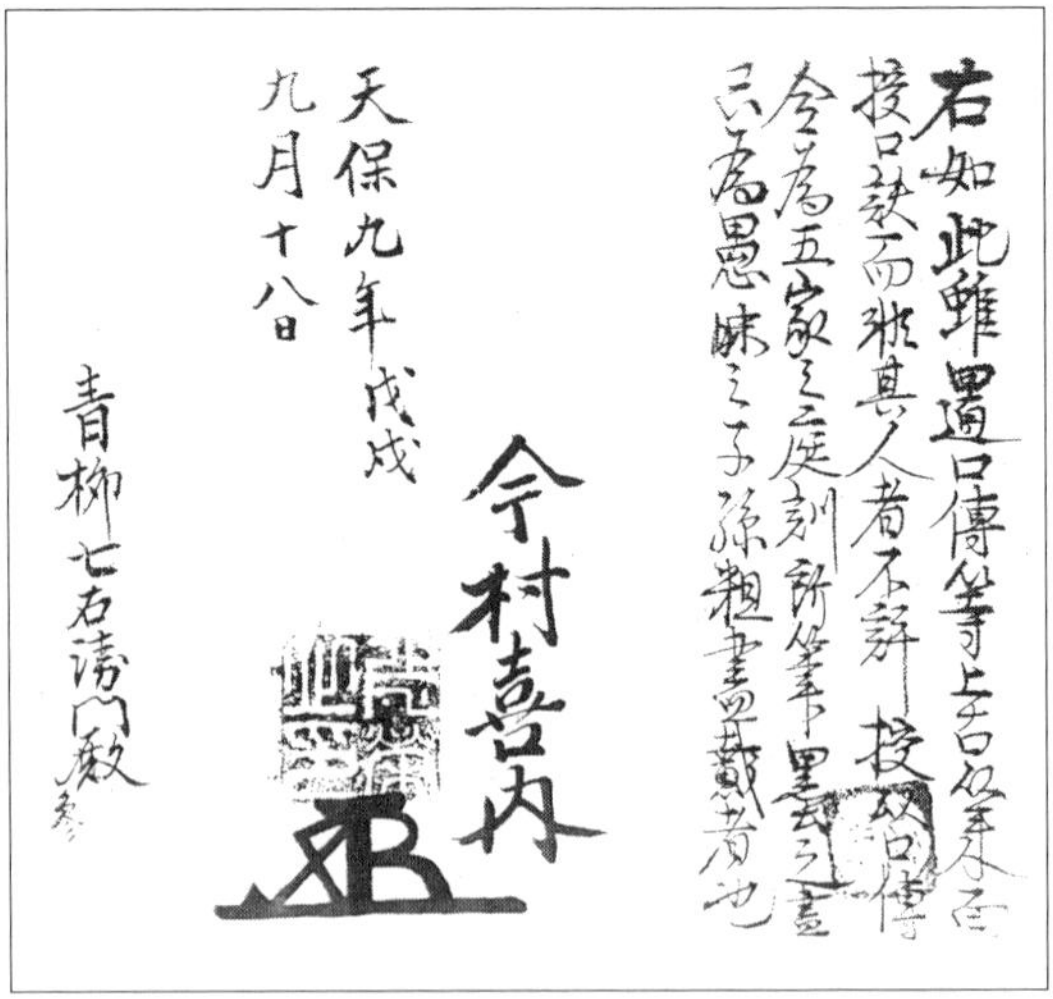

「口伝書」の奥付部分（飯盛神社蔵）

この「口伝書」は羽根戸村の青柳七右衛門に与えられたものであるが、小笠原流流鏑馬の継承者に対する免許の内容を記したものであると思われる。馬場の見取り図が描かれている中に、小笠原家の家紋である「三階菱」を染め抜いた幔幕が張られており、末尾に「ここに書き置く口伝は、上古以来面授の口訣でその人にあらざる者には授与しないので粗略に扱ってはならない」という旨の記載がある。小笠原流流鏑馬の射手に対する免許状と考えて間違いあるまい。この「口伝書」が、飯盛神社流鏑馬の射手であった青柳七右衛門に与えられているのは、当初は小笠原流流鏑馬であったことを意味している。飯盛神社が「当流流鏑馬」と流派名を改めたのは、この流鏑馬を福岡市無形民俗文化財に指定申請する際に、昭和五十二（一九七七）年、「口伝書」に沿って行事形態・装束の整備がなされ、平成三（一九九一）年に「飯盛宮当流流鏑馬保存会」（代表・榊輝長）が発足して、保存・継承の体制が調えられたことによる。福岡市無形民俗文化財に指定されたのは平成五年である。

飯盛宮流鏑馬有職

飯盛宮流鏑馬を「当流」と改めた段階で、宮司が現在の流鏑馬装束を一覧表にまとめたものが「飯盛宮流鏑馬有職《ゆうそく》」である。個別的な射手の装束は前述の寛政十二（一八〇〇）年の「射具之書」に図解されているが、どこに装備されているかが明確でないので、「口伝書」と重複する部分もあるが、まずは「有職」から見てゆくことにする。

飯盛宮流鏑馬有職（装束）

大将（采配）　鎧直垂　引立烏帽子　陣羽織　太刀　前差（腰刀）　弦巻　毛沓
騎馬武者　白足袋　鎧直垂　脛巾《すねはば》　行縢《むかばき》　太刀　弦巻　鞘巻（腰刀）　引立烏帽子　綾藺笠《あやいかさ》　箙《えびら》　弓
進行　裃　前差　白扇　草履
童形　白衣　奴袴　細長　太刀　鞘巻　草履
舎人　白丁　立烏帽子　白衣　白褐袴　如木　草履
雑色　細桜冠《ほそさくらかんむり》　老懸《ろうけん》　白衣　褐袴《かつはかま》　褐衣　藁履　一位脛巾《いちいすねはば》　太刀
奉行　後三年侍烏帽子　白衣　直垂　足袋　草履　前差　中啓
山法師　頭巾　白衣　褐袴　篠懸衣《すずかけころも》　結袈裟　手甲　脛巾　錫杖　法螺貝　太刀

最初の大将は行事全体の指揮をとる総支配で、鎧直垂に陣羽織を着て烏帽子を被り、太刀・腰刀をつけ、弦巻（予備の弓弦を巻いておく）を腰に付け、毛沓を履く。「射手大将」とも言うが、騎射はしない。

射手の装束（福岡市提供）

射手を勤めるのが「騎馬武者」で、鎧直垂を着て、裾および袖を括り、脛には脛当て、腰には毛皮の行縢を付けて白足袋に馬上沓を履き、左手に射小手をつけて手袋をはめ、右手に鞭を取り、頭には四隅に小幣を下げた綾藺笠を戴き、太刀を負い、脇差を差し鏑矢を五筋さした箙《えびら》を負い、弓および鏑矢一筋を左手に持つ。

進行は行事の進行を司り、裃に草履履き、脇差を腰に差し、進行の合図をする白扇を手にする。

童形は尸童《よりまし》といって神事の時に現れる幼児で、神の依代《よりしろ》である。白衣に奴袴、太刀に鞘巻を帯び、髪に刃物を当てないで髪の伸びたままの姿で射手に付く。射手に神が依り付くのを意味する。

舎人・雑色はいずれも下級の役職を勤める者たちで、ともに白丁・白衣に草履履きで、舎人は弓持・的持、お潮井採りで潮井砂を盛ったり、松明を掲げたり、雑色も馬丁、射手の弓取りの加勢などをする。

山法師は頭巾・篠懸衣・結袈裟・手甲・脛巾に錫杖・太刀・法螺貝の装束で行列の先頭を行き、流鏑馬開始の合図に法螺貝を吹き鳴らす。飯盛神社が三所権現を名乗っていた名残りで流鏑馬に修験者が関与していたと思われる。

この「口伝書」とともに青柳家に伝えられている寛政十二（一八〇〇）年三月九日付の「射具之書」は、射手の装束の図解であるが、目録に弓籠手之図・行縢之図・馬上沓之図・敷皮之図・引敷之図・空穂之図・同矢指様之図・矢母衣之図・空穂ニ矢母衣掛タル図・矢壺之図とあり、一つずつ図解をして解説を記入しており、末尾に「右射具之図は小笠原家古伝の方式也。伊勢家伝来の古伝書の図を以て記す者なり」と、土井主税なるものが伝写したのを寺島勘大夫へ送ったことになっている。幾度か伝写した形跡があり、図も鮮明さを描いているが、一例に行縢之図を示して、当面の流鏑馬神事へと移りたい。

流鏑馬神事次第

飯盛神社の当流流鏑馬は単なる興行ではなく神事である。九月九日の節供日であったのが、現在では陽暦で十月九日になっている。前述の大将以下総勢三十一名で社参を行い、参拝式を行って、流鏑馬執行となる。関係記録には宮司家のものと、騎射を勤める榊家のものとがあるが、宮司家のものには宮司がまとめた参拝式から流鏑馬までの関係者の移動を図式化したものと、現在の神事次第をまとめたものとがあり、榊家のものは射手の立場から「流鏑馬神事順序」を記録化したものである。

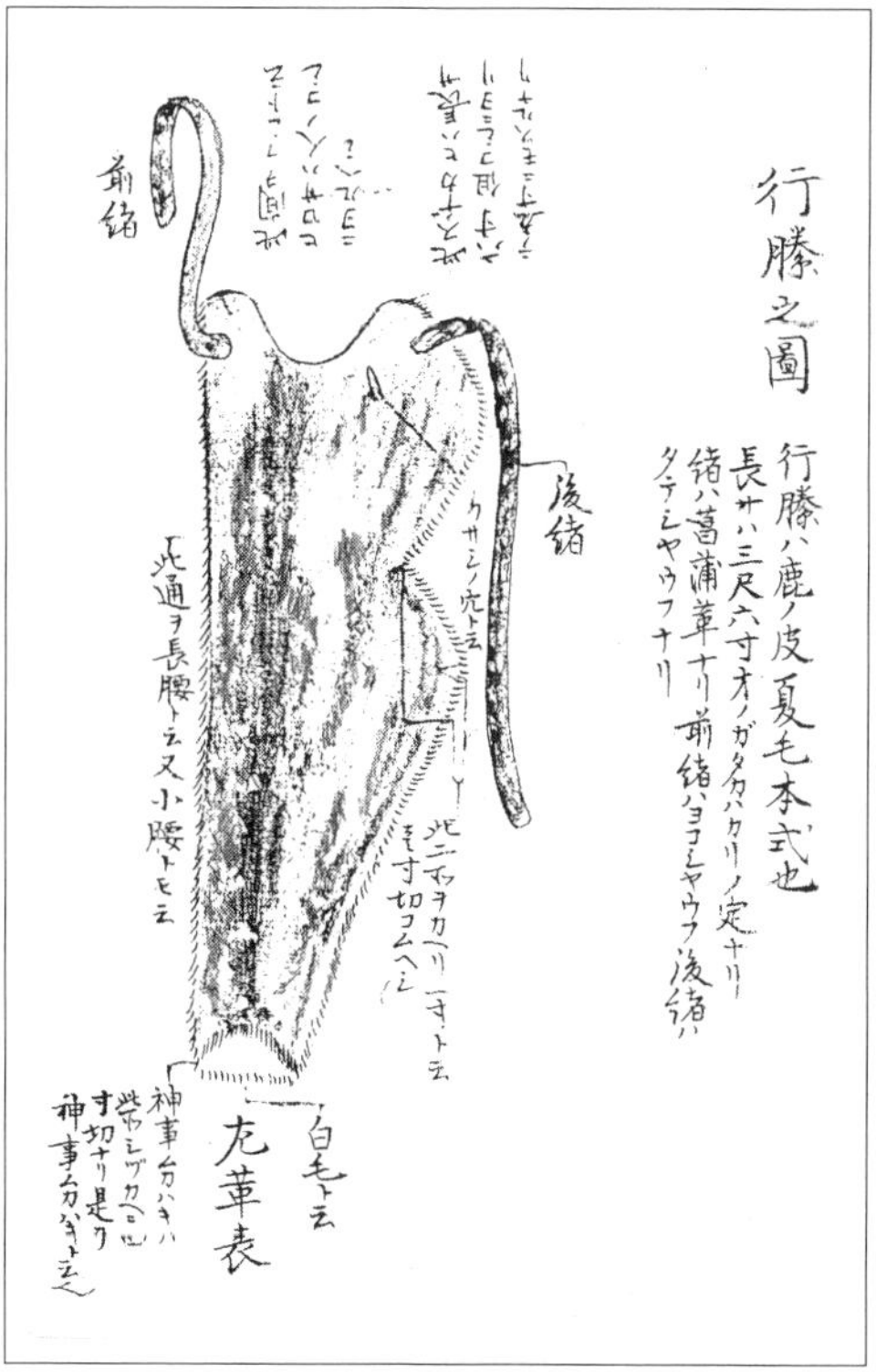

「射具之書」の行縢之図
（飯盛神社蔵）

射手自らの記した「流鏑馬神事順序」は、宮司のまとめた「飯盛宮当流流鏑馬次第（十月九日）」を補足する部分もあり、双方を参照することによって流鏑馬神事の全体像を通覧することができるので、宮司のまとめた二つの記録を骨子として神事の流れを辿り、適宜射手の記録で補うこととしたい。

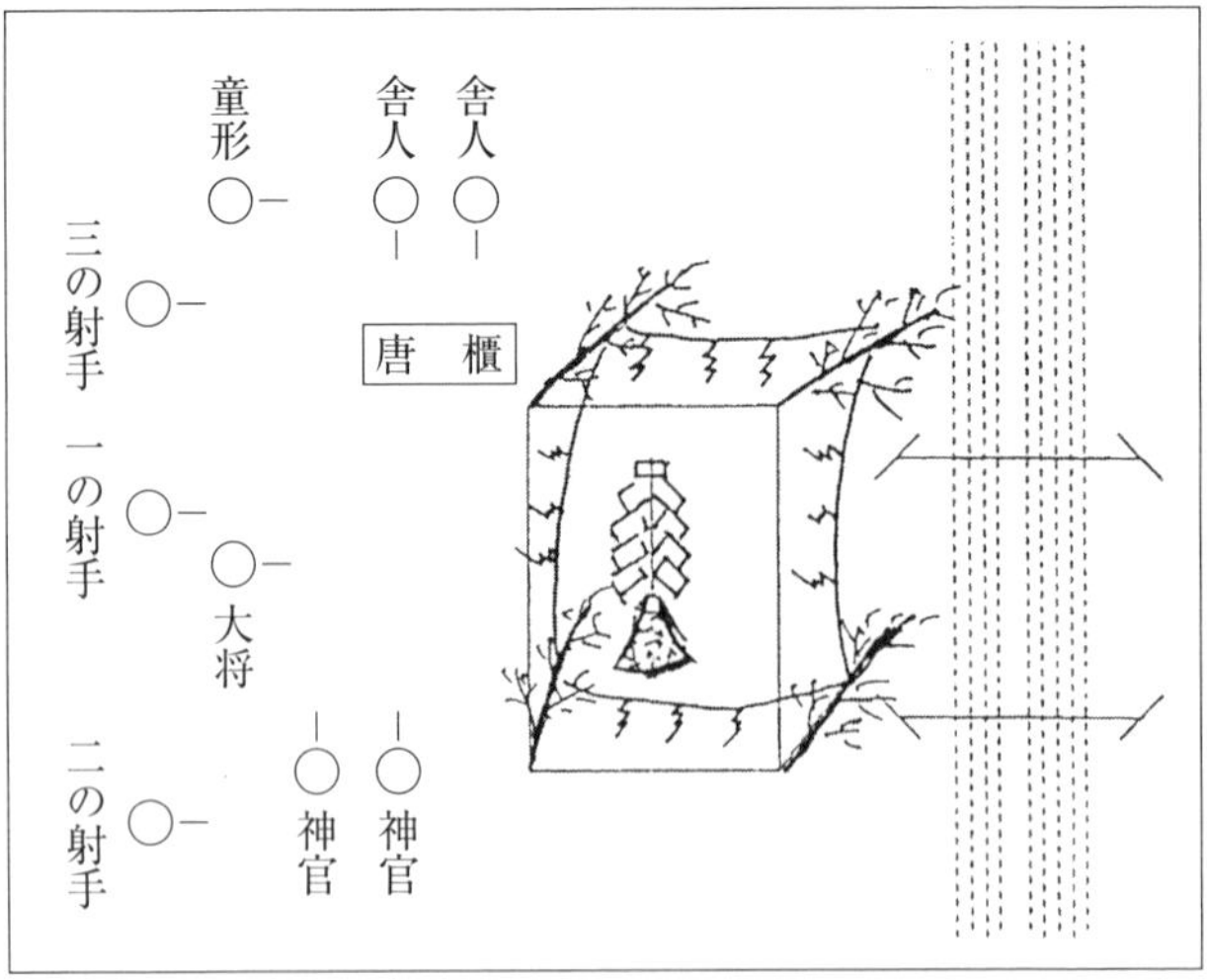

図1　お潮井採り（飯盛神社提供資料より）

お潮井採り

十月九日午後一時、流鏑馬神事開始の二時間前に、射手および各所役が宮司宅に集合して着装をする。午後二時、社参行列の隊列を作り、射手は馬上で社務所前を出発して〝潮井採り〟に向かう。雑色の持つ幟旗二流と舎人のかざす松明二本（点火はしていない）、山法師の吹く法螺貝を先頭に、先掛祓主の神官の後から潮井を入れる唐櫃を担いだ二人の舎人と後掛お潮井役の神官が続く。裃姿の進行係の合図で、足軽が鉦・太鼓（二人で担ぐ）を叩き、三人の的持・矢取の舎人に続いて、侍烏帽子直垂の的奉行三人、尸童の童形、足軽の馬丁に手綱を取られた射手大将のあとから、馬丁・弓取・矢取（雑色）に付き添われた三人の騎馬射手が続く。神社から約三〇〇メートル離れた日向川の河川敷の所定の場所に行き、舎人が忌竹を立てて注連縄を張り、その真ん中に筥崎宮から採って来た「お潮井砂」を盛り上げてその中央に御幣を立てる。童形、下馬した射手大将、三人の射手の前で神官の修祓があり、射手大将が木の鍬で三度お潮井をすくって唐櫃に納める。帰路は往路と同じく山法師の法螺貝に、鉦・太鼓を打ちながら、お潮井櫃、童形の付いた射手大将、三人の騎馬射手・的奉行らが神社に帰り、拝殿にお潮井を献上して参拝式を行う。お潮井櫃を中央に据え、神官に総奉行、童形に付添われた射手大将と、三人の射手が控える。一人の神官が鼓を打ち、今一人が修祓をし、射手大将の玉串奉奠がある。

終わって一同神酒を戴き、射手三人に綾藺笠・箙・矢・弓が渡され、拝殿を出て乗馬する。その時に射手大

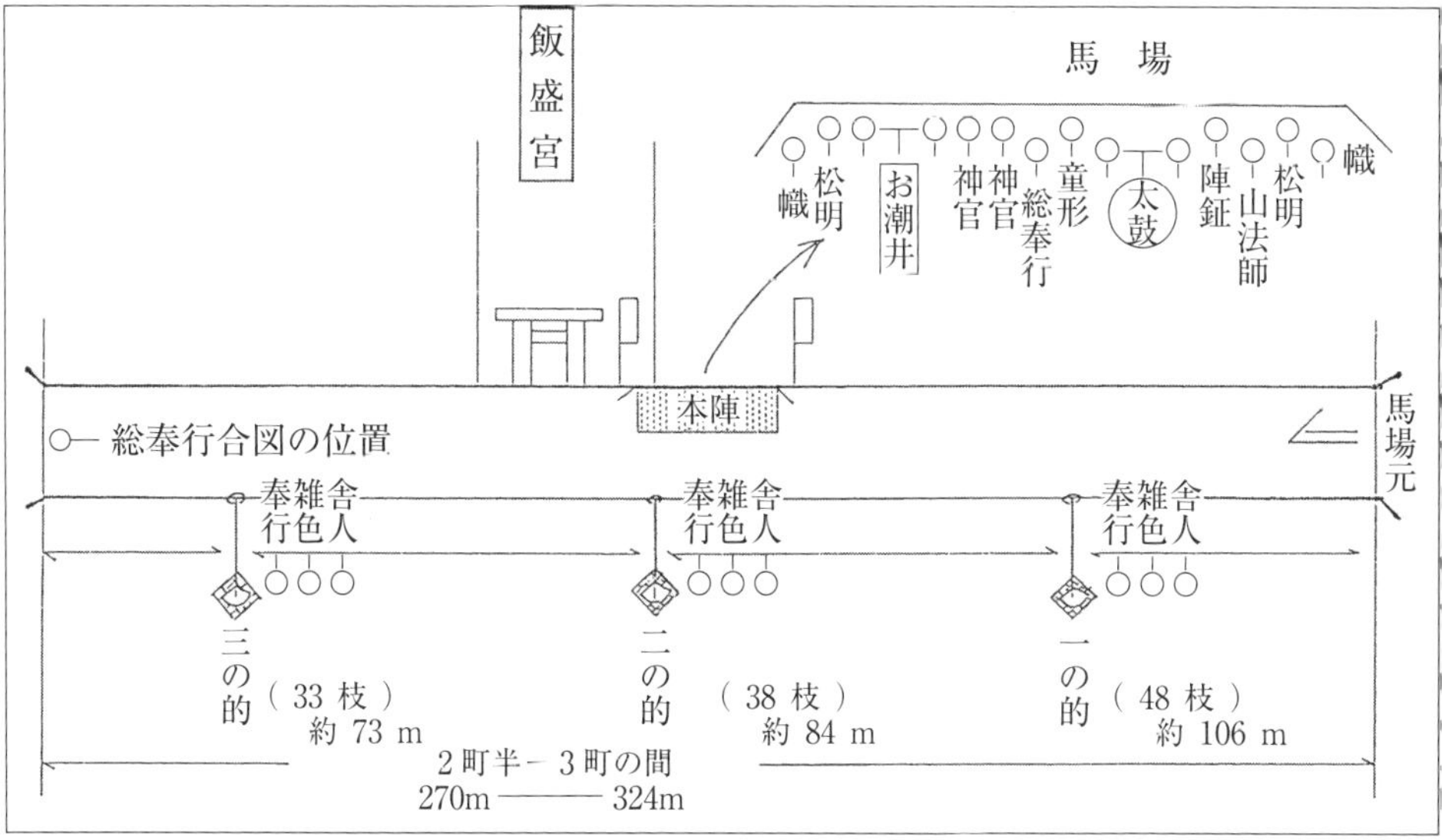

図2　馬場（飯盛神社提供資料より）

将が「治国平天下」の祝詞を奏上し、射手三人が「天長地久の型」を行う。下馬して五色幣で「振り幣」、弓の弦を引いて鳴らす「ひき目（鳴弦）の儀」で、それが終わると騎馬射手三騎は社殿を三回駆け巡る。「天長地久の型」以下は当流のみが行う儀礼である。以上の儀式が終わって流鏑馬となるが、その前に神官が大麻と潮井で馬場を清める。

流鏑馬執行

馬場は飯盛宮鳥居前に前掲の「口伝書」に描かれているものと同じく、二町半（二七〇メートル）から三町（三二四メートル）の間に、三枚の的を立てている。ただ、「口伝書」の挿画とは方向が違っていて、鳥居の前を東から西に向かって走り、左側に立ててある的を射る。的は方一尺八寸（約六〇センチメートル）、厚さ一寸（約三・三センチメートル）ほどの檜板、的串の長さは三尺五寸（約一・一六メートル）ほどで的を挟み、頂点を上下にして立てる。

流鏑馬の開始は午後三時。騎馬射手以下全員が馬場の所定の位置（本陣）に着く。三名の騎手は御神酒を戴き、弓矢を受け取り籐を着けて馬に乗り、馬場入りをして、馬慣らしのため数

神社前を疾駆する射手（福岡市提供）

回馬場を駆けて出発点の馬場元で待機する。

各射手が駆け終わったのを見届けた総奉行が馬場末から大幣を振り上げて出発の合図をする。山法師が法螺貝を吹き鳴らすと、一の射手が走り出し、一の的・二の的・三の的と射て駆け抜ける。二の射手、三の射手は、一の射手が三つの的を射終わって、馬場元に戻って来てから続いて走り出す。これを三回繰り返す。一人の射手が九本の矢を放つことになる。射手は矢を射る時に掛け声を掛ける。一の的に向かってインヨー（陰陽）、二の的に向かってヤー（矢）、三の的では無言で止め矢とする。終わって射手は的・矢を神殿に奉納して拝礼し、流鏑馬行事を終わる。

この行事には記録係がいて、奉書を二つ折りにした日記に、当日の射手の姓名と、矢の的への当否を記し、右端を水引で閉じて保管する。

なお、毎年の飯盛宮流鏑馬には氏子旧七カ村が順番に当番となって神馬を出すことになっていたが、現在も神馬は出すが使われてはいない。

おわりに

現在各地の神社で行われている流鏑馬は、どちらかといえば観光を目的にした流鏑馬興行であるものが多いが、飯盛宮当流流鏑馬は純然たる神事である。小笠原流の流儀を受け継ぎ、総奉行が全体の指揮をとり、射手大将以下、馬場を駆けて的を射る騎馬射手には戸童が付き、弓取・的持の雑色・舎人などに至るまで三日間の精進潔斎をして、当日は山法師を先頭に全員が行列を作って潮井採りに行き、持ち帰ったお潮井で馬場の清めをする。総勢三十一名にも及ぶ関係者による神事の前の一部の隙もない祓いである。そうした清め祓いを済ませた中で行われるのが、旧早良郡七カ村の総社飯盛神社の「当流流鏑馬」であった。平成五（一九九三）年、福岡市無形民俗文化財に指定されている。

〔参考文献〕

「応安神事次第」（「宗像宮毎月大小御神事次第注文事」）　応安八（一三七五）年　『宗像神社史　下巻』所収　昭和四十一（一九六六）年　宗像神社復興期成会

『筑前国続風土記』　貝原益軒　元禄元～宝永六（一六八八～一七〇九）年　櫛田神社蔵

『筑前国続風土記拾遺』　青柳種信　天保八（一八三七）年頃　福岡県立図書館蔵

『筑前歳時図記』　国立公文書館内閣文庫蔵　『近世福岡博多史料　第一集』所収　秀村選三編　昭和五十六（一九八一）年　西日本文化協会

『筥崎宮記』　大江匡房著　松嶋照海写　元禄九（一六九六）年

福博相撲考

はじめに

相撲の起源は『日本書紀』にある當麻蹶速《たいまのけはや》と野見宿禰《のみのすくね》の相撲とされているが、垂仁天皇七年七月七日の条にも相撲のことが出ている。七月七日は七夕で、宮中では〝七夕節会《せちえ》〟に相撲が行われていたということである。諸国の神社でも五月節供には流鏑馬、七月節供には相撲が行われていたが、双方とも年占いを意味していた。天平六（七三四）年から始まった宮中の〝相撲節会〟は、東西各二十名（のち十七名）の力士を諸国から選んで相撲を取らせたが、東日本と西日本の豊凶を占うという意味を持っていた。（和歌森太郎『相撲今むかし』）。現在行われている大相撲で、番付が東方と西方に分かれ、結びの口上に行司が「東西々々、番数も取り進みましたるところ……」と唱えているのが、その伝統を踏まえてのことである。

中世の神社祭祀における神事相撲もそうした流れを受けたもので、宗像神社（昭和四十四〈一九六九〉年より大社）では、七月十五日の祭礼に、第一宮で盂蘭盆経《うらぼんきよう》供養《くよう》のあったあと、「諸郷の相撲十七番」が行われていた（「応安神事次第」）。

〝神事相撲〟は当初から近郷の力自慢の者を集めて行われるという性質のものであっただけに、祭礼の中心が神職団から氏子集団に移行しても順応しやすかったと見えて、近世に入っても地域の古社の例祭の中でそれが受け継がれていた。しかし、神事というよりは、流鏑馬と同じく、興行的な色彩の強いもので、やがて、それが各村の産神社の祭礼にも波及すると、〝宮相撲〟と呼ばれ、力自慢の者が集団を作って村々の祭礼を巡回するようになる。そうした定例的な村落の祭礼で行われる宮相撲が盛んになる一方で、興行自体を目的とした〝勧進相撲〟が都市を中心に現れてくる。

勧進相撲は元来は社寺への寄付を目的とした相撲興行をいうが、室町期あたりから相撲そのものを半ば職業的に行う武人が現れ、十数人で組を作って各地を巡り、勧進のためと称してあたりの武士や民衆を集めて相撲興行を催していた。戦国末期頃からこれらの力士集団は各地に赴くと、社寺のための勧進という名目で、領主の免許を受け（御免を蒙《こうむ》る）、彼らが勧進元となって地元の人々を集めた。「蒙御免」も現在の大相撲番付に見出しとして大きく記されている。人々を集めると〝勧進方〟を東、地元を西に分けて、地元のいわば素人力士は勧進方に対して〝寄方〟といった。

勧進相撲は江戸時代になるとますます盛んになり、時には相撲がもとで喧嘩騒ぎが起こったりなどして、幕府が勧進相撲の禁令を発したこともあった（和歌森太郎『勧進相撲の発達』）。

勧進相撲の始まりは、通例、正保二（一六四五）年、京都において十日間にわたって行われた光福寺八幡宮再建のための相撲興行とされているが、おそらく江戸幕府公認の最初ということであろう。同じように大阪で元禄五（一六九二）年、江戸で寛文頃（一六六一〜七三）から始まったとされている勧進相撲は、やがて定例的なものとなり、職業的な力士を生むに至った（『古今相撲大全』宝暦十三〈一七六三〉年）。

筑前領内の勧進相撲が記録に現れるのは、元禄十四年の箱崎浜での相撲興行からであるが、まずは人口に膾《かい》炙《しや》した福岡・博多の相撲取りに関する伝説から見ていくことにする。

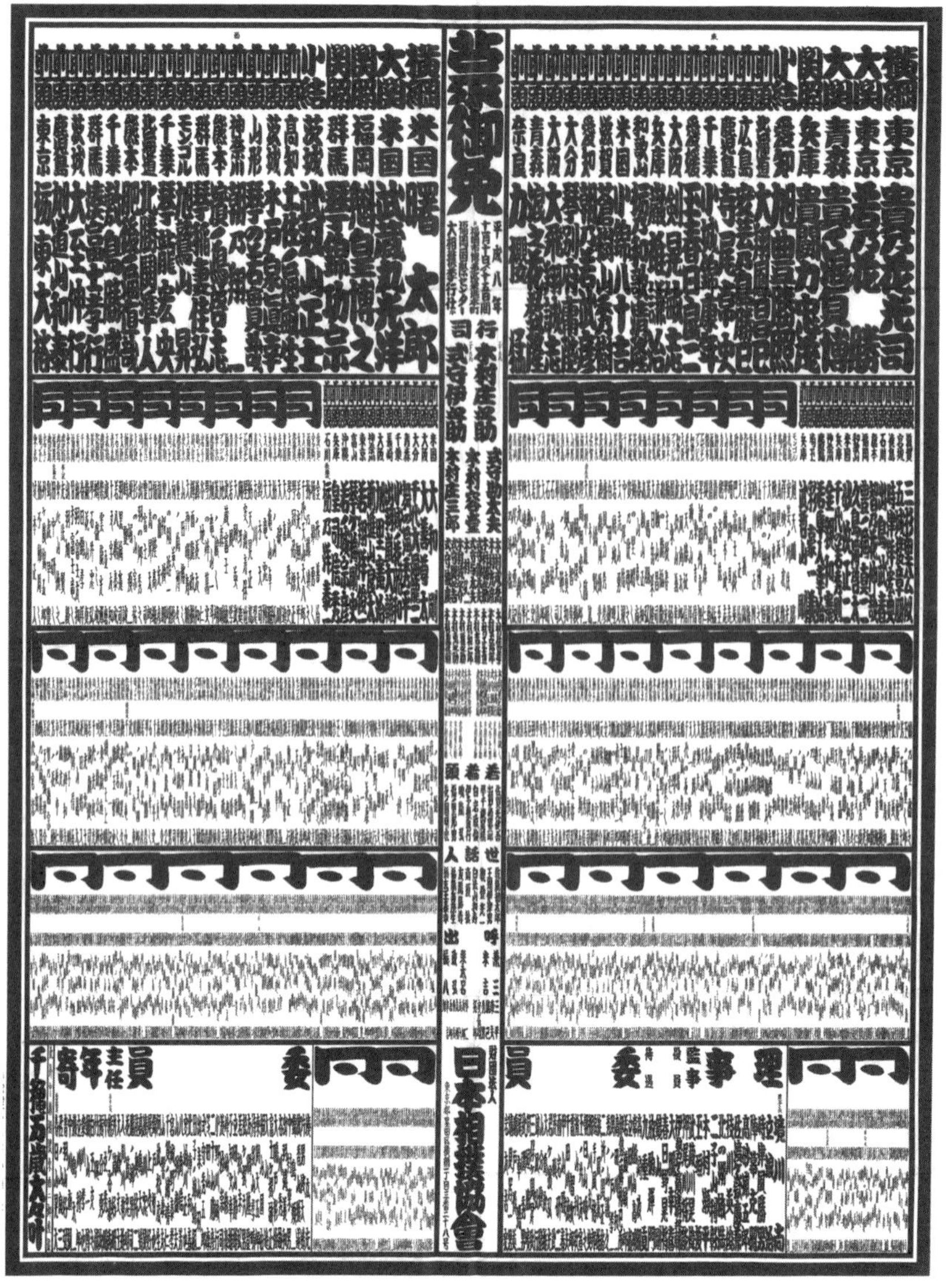

大相撲番付表（平成８年11月場所）

福博の相撲取り伝説

福岡・博多の相撲取りに関する伝説を記したものに、『博多古説拾遺』と、『筑紫史談』[1]所収の春山育次郎による「博多相撲考」とがある。『博多古説拾遺』は享保年中（一七一六〜三六）のものと思われ、筆者は熊本敬卿、博多の歴史・風俗が記されているが、いわゆる古説で、伝え話の記録である。この中に「相撲取反橋之事」というのがある。

博多綱場町に反橋・時鐘・旅狐という相撲取りがいたが、唐津の寺沢兵庫守から請われて唐津に行って相撲を取ったが、その御領内で大力のものが反橋の相手に出たのを即座に打ち殺した。兵庫守様も甚だ御立腹なされ、又死んだ者の一族たちがそれを恨みに思っていると聞いて、その夜逃れ出て博多に帰って来たという。このことは熊沢了海（蛮山）の『武将感状記』にも書き残されている。この反橋はのちに名を富士ノ山十左衛門と改めた。ある日、十左衛門宅の裏で相撲を取っている時に、見物の中から、どこの国の者か知らないやせた男が出て、十左衛門の相手になった。初めの一番は負けたが、次の相撲はやせ男が勝った。とかくするうちに此の男の姿が見えなくなった。見物の者をはじめその場に居合わせた者たちが不審に思った。十左衛門はそれから病気になり、体が痛み出して、ついには死んだ。不思議なことだと古老が語った。

この反橋のことは、春山育次郎の「博多相撲考」にも異説が取り上げられている。

唐津城主寺沢家に遠山六左衛門という大力無双のものがいた。博多の反橋が唐津に来て相撲を取った折、唐津のものに敵するものがいなかった。六左衛門の部下たちが悔しがって六左衛門に相手をするように懇願するので、やむなく土俵に出て反橋と取り組み、反橋を土俵に叩きつけ、ために反橋は不具になってしまった。これは『武将感状記』に載っているというが、博多の伝説とは全く正反対である。いずれが事実であるか取捨に苦しむ。

『博多古説拾遺』が博多の伝説を記しているだけに、反橋を富士ノ山十左衛門として、時鐘とか旅狐と共に綱場町出身の博多を代表する力士としているあたり、唐津での行状に食い違いがあるにしても、享保年間頃の博多の相撲取りの逸話として、評判になった巷説だったようである。

大名のお抱え力士

「博多相撲考」には、「寛文・延寶の頃から元禄（一六六一～一七〇四）の世にかけて泰平無事が続き、相撲取りが一種専門の芸人のようになり、諸大名家で力士を召抱えることが流行した」として、

對州藩主宋對馬守が博多から星之助・團之助・亂髪という三人の相撲取りを召抱え、また、黒田家三代藩主光之侯が、大空左衛門・大江山伊太夫・沖ノ石正三郎・いろは利左衛門・唐糸彌内という五人の相撲取りを讃州丸亀の城主京極備中守に進ぜられたという事実がある。

と記している。同様のことは『博多古説拾遺』にも記されている。

大名が相撲取りを召抱えるということは、先の唐津の城主寺沢兵庫守のように自慢の力士を抱えていて、博多から評判の力士を招いて勝負をさせ、お抱え力士の勝つのを見て満足したいというような、大名特有の一種の優越感から出ているもののようにも見受けられる。それだけに、召抱えた力士のその後の相撲に関する実績については、あまり語られていない。黒田藩主光之が讃州丸亀の城主へ遣わした五人の力士についても、『博多古説拾遺』に、

大江山は帰国して藩の仕事に従事し、沖ノ石は讃岐で立身して網干の代官役を仰せ付かり、大空はそのことを恨んでお暇をとり、妻子を連れて博多へ帰ったが、お暇の取り方が悪かったために帰国してもお構いがなく、町人になって病死した。いろはは伏見に住んでいたが病死した。唐糸は元禄十五年八月の筥崎八幡宮の勧進相撲の時に国に帰って相撲支配をしたが、その後のことは不明である。

と記されている。また、博多年行司の記録である『博多津要録』[2]の宝永八（一七一一）年八月の項にはおおよそ次のような内容の記事が見られる。

前年の春、京都・大阪で勧進相撲が行われた時、全国より大勢の相撲取りが集まったが、御国からもそれに加わった。上方での相撲が終わってから、江戸表でも行われることになって、御国相撲の主なものが同行した。江戸表へ行ったものの中で、越前国の松平兵部太夫様より、福岡鍛冶町の片男波長之助、たばこ町の揚ヶ石源八、博多店屋町下の中川惣八、志摩郡北浦の居リ船三七の四人を所望され、召抱えられた

が、なぜか正徳四（一七一四）年春になってお暇を申し出て帰国をした。

いずれにしても、大名の〝お抱え相撲取り〟は長続きしなかったもののようである。

福博の相撲取り

黒田藩主が対州藩主に三人、讃州丸亀の城主へ五人、越前藩主に四人の力士を遣わしたというのも、博多・福岡には、それだけ多士済々の相撲取りがいたということであろう。『博多古説拾遺』には、

いにしへより博多に出生する者、相撲を取さるはなし。夫故諸国の一方に成し所なり。元禄八亥年、上方より浦嶋為右衛門・両国梶之助と云者来りし時迄は博多に金碇《かねいかり》・荒木・荒川・小空・村留・小乱・小桜・ねつ鉄・尾上・掛橋・唐まつ・峯松・唐原・嵐山杯云相撲取在し也。


とある。ちなみに博多の金碇仁太夫の名は、『相撲今昔物語』の「近世当時名高相撲」にもあげられていて、「筑前米二俵を草履にはく、貫目四十弐貫目、長六尺四寸七分《たけ》」とある。

『博多相撲考』には、「元禄八年の西門口の古崎に於ける大相撲」として、当時の福博の相撲取りのことがかなり詳しく記されている。

元禄八年に浦島爲右衛門、両國梶之助一行の大相撲が下って博多で興行した砌《みぎり》は、金碇を大関として、

博多の相撲取りばかりで、西の方を組織しまして、両國、浦島以下の上方相撲天下名題の大力士を向に廻はし、勝敗を争ふて屈しませぬでした。
此時分は初代金碇を筆頭として村雨五太夫、小亂難波助、尾ノ上甚五郎、片男波勝之助、小分銅金右衛門、唐糸川右衛門、その外、荒川、荒木、小空、唐松、唐橋、小櫻、峰松、それから熱鐵という異はった名のものまで居りまして、夫れは多士済々といふ有様でしたから、上方の大相撲を相手にして互角の勝負を争ふことも出来たので、先ず此が博多の相撲の古今を通じて、全盛を極めた時でありました。

福博の相撲取りが初めて上方力士と博多で相撲興行を行って互角の勝負をしたということであるが、その時の番付などについては記されていない。

筑前の勧進相撲

筥崎宮の勧進相撲と相撲絵馬

筑前領内の勧進相撲が初めて記録に現れるのは、元禄十四（一七〇一）年、筥崎宮の御神幸再開にあたって諸道具調達のために社家からの申請のあったもので、七月二十三日から箱崎浜で相撲興行が行われた。福岡藩の祐筆長野源太夫の日誌『長野日記』(3)にはその時の番付が表1のように記されている。「本」とあるのが本方《もとかた》、すなわち勧進元で上方力士。寄方《よりがた》が福岡・博多を中心とした西国力士であるが、ここには興行の日数は記されていない。その時の番付を見ると、本方が大阪の大山次郎右衛門以下、大阪・因幡・讃岐を中心に江戸を含めた上方力士二十二人、寄方が肥前の西国斎蔵、博多の金碇仁太夫以下、筑前を中心

表1　筥崎宮勧進相撲番付表

同廿三日ゟ箱崎濱ニ而勸進相撲有之、御神事舊例之如く當秋ゟ御幸執行有之ニ付、諸道具仕調ゆため、社家ゟ芝居申請之由

大關 本大坂 大山次郎右衛門	相關 サヌキ 一松半大夫	脇 上同 松山左五右衛門	脇 上ニ同 今川三右衛門
小結 大坂 辛山利大夫	小結 サヌキ 大瀧波右衛門	上ニ同 竹嶋岡右衛門	イナハ 龜山安大夫
サヌキ 立石何右衛門	大坂 出來山左五郎	大坂 荒嶋半大夫	大坂 玉井安之進
サヌキ 松風半左衛門	大坂 住江仁大夫	イナハ 音羽七之助	イナハ 追風七大夫
サヌキ 高岸角之丞	サヌキ 土築百度兵衛	音羽瀧之介	大坂 入船勘左衛門
江戸 石濱道藏	江戸 竹照彌太八〇		
寄方大關 肥前 西國斎藏	相関 博多 金碇仁太夫	肥前 名取川傳之丞	肥後 早船梶之助
大戸門大夫	片男波長之助	小村雨荒五郎	以呂波元右衛門
一松岡之助	住江吉大夫	小乱勘五郎	小櫻十之助
福岡 諏訪井善六	槇嶋又九郎	小分洞金左衛門	小嵐勘之丞
甘木 小乱難破之助	荒川鷲右衛門	西郷村 小碇次郎介	御笠下見 三笠山正七
上ノ府 末松吉之助	十七品之助	玉篇（ママ）熊之助	笹嶋虎之助
杉森又市	振分六之介	大筑紫瀧之介	十五夜團兵衛

肥前	行司
鹿取五郎右衛門	新葉利左衛門
桂音右衛門	同　吉十郎
清瀧忠吉	同　弥七

に筑後・豊前・豊後・肥前・肥後を含めた、西国力士二十八人が名を連ねている。

注目されるのは、江戸時代の狂歌師、太田蜀山人（南畝《なんぽ》）の随筆『一話一言』に、江戸牛込七軒寺町の末弁天社相撲絵馬の「相撲人名」にこの中の多くの力士が名を連ねていることである（表2）。行司は二人が大阪、一人が豊前となっている。寄進者が記されていないので開催地がわからないが、この上方力士と西国力士の取り組みが、元禄期には全国的にも名の通ったものであったのを窺わせている。ちなみに博多の金碇仁太夫の名は前述のように「近世当時名高相撲」にもあげられており、大阪の大山次郎右衛門については

「勧進元初め」と記されている。

上覧相撲と興行相撲

『長野日記』には翌元禄十五年に城内で上覧相撲の行われていることを記している。六月十八日に、黒田家の支藩秋月藩の藩主長重侯が秋月より御出でになり、八時に御館にお入りになられ、暮頃お立ちになられたが、家老上座の黒田源左衛門一利と家老立花次郎太夫重敬宅にも御入りになられ、御広間の庭で相撲を御覧になられた。この時は福岡・博多両市中対抗の取組みで、福岡二十五名、博多二十八名の名があげられている。この中で前の筥崎宮勧進相撲に名を連ねていたのは、双方合わせて十三名で、残りの三十名は新しい顔ぶれである。筑前力士の層の厚さが窺われる。

時代は少し下がるが、『博多津要録』には、宝暦三（一七五三）年九月十七日の記事に、黒田四代藩主継高の息子長経が鳥飼宮で能と相撲を見物した際に、頭取の瀧川伊平次と小桜甚吉に命じて、博多から四十人の相撲取りを差し出させているのが見られる。

勧進相撲は、『長野日記』によると、享保十一（一七二六）年にも大がかりな相撲が行われている。博多西門口における八月二十二日から九月十四日に至る晴天十四日間の興行で、東方は谷風梶之助（讃岐）以下の上方力士三十二人、西方は地元の嵐山甚四郎（筑前唐泊）以下四十四人というかつてない規模のものであった。

旅相撲はこの頃までが上方相撲の全盛期であったが、享保十一年に博多入りした一行の中には筑前出身の力士五人が加わっていた。御国相撲、すなわち地元の筑前力士も興行としてこれに対抗しているだけに質量ともに劣らぬものを持ち、中には単なる素人相撲ではなく、半ば職業的な力士が含まれていたものと思われる。そして、すでにこの時は「勧進」とは名目だけで、藩から二名の相撲奉行（長谷川甚内・高木甚八）を差し向け

表2　末弁天社絵馬相撲人名

牛込七軒寺町の末弁天社に相撲の額あり。其上に、

寄方

大関	肥前	西国斎蔵
相関	筑前	金碇仁太夫
脇関	肥前	鹿良五郎左衛門
同	筑前	大筑紫磯之助
小結	筑前	大戸門太夫
同	同国	片男波長之助
前頭	筑前	十五夜団兵衛
	肥前	植　音右衛門
	豊前	浦島為右衛門
	肥前	朝雪勘三郎
	筑前	小乱難波之助
	同国	小分銅金右衛門
	同国	諏訪江善六左衛門
	同国	一松岡之助
	同国	揚石源八郎
	同国	花乱滝之助
	筑後	釣鐘作左衛門
	同国	千年川久左衛門
	肥前	名取川伝之丞
	同国	篩　折之丞
	同国	高岸角之丞
	豊後	出船千艘兵衛
	筑前	荒川鷲右衛門
		乱髪菅右衛門
		村田常右衛門

本方

大関	大坂	大山治郎右衛門
相関	因幡	西国梶之助
脇関	讃州	一松半太夫
同	同国	松山佐五左衛門
小結	山州	八重垣和田兵衛
同	讃州	今川三五左衛門
前頭	山州	錦　竜田右衛門
	摂州	唐竹門司之丞
	紀州	荒砂長太夫
	摂州	荒川団蔵
	泉州	久米川三太夫
	讃州	大灘波右衛門
	同国	亀山安太夫
	同国	立石理太夫
	武州	石浜道蔵
	同国	竹熊弥太夫
	摂州	竹島岡右衛門
	同	羽綱紋太夫
		榊今荒之助
		玉井安之助
		松風半左衛門
		唐島源太夫
		朝霧島之助
		小唐竹団七
		築山三右衛門

表3　享保十一年の西門口相撲番付

享保十一丙午年八月廿二日ゟ於博多西門口、勧進角力名付、
九月十四日迠（ママ）、日數十四日、合十二番

東

大關	讃州 谷風梶之助	同 磐石新五郎	讃州 松尾崎丹平
關脇	讃州 大筒七郎大夫	同 荒波市郎大夫	藝州 櫻川五兵衛
小結	藝州 巻戸喜傳	同 小野川市大夫	豊州 荒磯打右衛門
前頭	八栗山善之助	同 御代松善大夫	同 早山惣七
	藝州 出來山市大夫	讃州 八嶋檀右衛門	同 更科助太夫
	筑州 緑松弥左衛門	同 絹嶋浦之助	
	同 鳴川善七	藝州 唐原兵右衛門	
追掛			
	讃州 八重山畦右衛門	讃州 若山岩右衛門	豊州 伊呂波仁助
	同 小嵐慶平	藝州 石上甚八	筑州 御神山團八
	同 入船鳰之助	讃州 打波三太左衛門	同 若松久大夫
	同 浮嶋藤八	藝州 雲切幸八	同 走船善吉
	讃州 高崎十太兵衛	同 笘ヶ嶋傳六	
	藝州 榊　正兵衛	同 音山正之助	藝州支配人 吉村重五郎
	讃州支配人 國越九大夫		
	行司 木村茂助		林　善大夫

西方

大關	筑州唐泊 嵐山甚四郎	諫早 岩石加右衛門	諫早 振袖茂太夫

小村雨荒五郎　朝日山六太夫
小乱又五郎　塩釜唯之助
牧島又九郎　小嵐勘之丞
明石須磨右衛門　浮船百渡兵衛
音羽滝右衛門　岩浪加平次
伊呂波元右衛門　小柳甚左衛門
留碇石右衛門　出来島多五平
杉森又市　住江九太夫
相坂森之助　入舟勘左衛門
唐糸助太郎　明石平蔵
小筑紫小三郎　宇治橋浪之助
笹島虎之助　追風七太夫
鏡石三太郎　音羽乙之助
振合六之助
住江吉太夫
三笠山庄七郎　大坂　藤竹兵庫
末松吉三郎　行司　同　木村久米之助
蓑島五太夫　豊前　新葉弥七郎
梯　善五郎
玉簾熊之助
袖湊市之助

此絵馬の相撲人の肖像めづらしとて、先年山岡明阿弥陀仏などわざ〳〵見物に来られし也、一とせ飯田町小松軒小松屋三右衛門薬店これを摸写して飯田町世継稲荷社の絵馬に上しが、其後の回録にうせて今はなし。

關脇　肥州諫早 乱竿十一兵衛　福岡 揚石源八　博多 難波吉次
小結　同 鯨波猪右衛門　同 一文字半右衛門　福岡 唐士甚藏
前頭　筑州 片男波長右衛門　博多 中川平四郎　堤村 山猪金太夫
博多 金碇藤五郎　同 西國森右衛門　諫早 村雨村右衛門
甘木 神樂三太夫　長州 關戸喜八　同 官貴門大夫
諫早 和田原八十之助　博多 小筑紫清八　姪濱 山ノ井幸八
同 大江山幾野右衛門　甘木 小難波善八　博多 若竹又吉
同 要石丈八　博多 唐松市太夫　西浦 藤戸利平次
同 小天狗加藤太　同 木幡山宇治之助　福岡 出來嶋甚右衛門
追掛
諫早 稲妻雷藏　博多 振分儀兵衛　内野 万歳權兵衛
肥州 十七竹之助　筑州 湊　紋之助　キツ木村 紋幕
甘木 白藤宅平　豊州 早潮瀬戸右衛門　赤間 投煙草
佐賀 相模川常五郎　遠賀高倉社人 岡ノ松　博多 荒川鷲右衛門
黒崎 大海吉右衛門　博多 高瀬川
行司　豊前（新葉利左衛門
　　　博多（新葉音右衛門
筑前ゟ奉行（長谷川甚内
　　　　　（高木甚八

て行わせる、純然たる興行相撲になっていた。

『博多津要録』には、寛延四（一七五一）年に、博多西町浜の金碇甚左衛門という力士から、「自分は歳をとって相撲が取れなくなり、別に生活のてだてもないので、両市中の相撲取りを集めて、稽古相撲の興行を催したい。ついては浄瑠璃稽古芝居と同様にそれを興行として認めてもらいたい」旨の申し出のあったことが記されている。

この頃までは相撲興行も他の芝居興行と同じく、町役所に許可を願い出て「御免を蒙る」ことになっていたが、享保大飢饉のあと、元文四（一七三九）年には、興行願いを免除する代わりに地主銀（土地の使用料）を納めることが、藩から申し渡された。日数を十四日に限ったもので、他国の旅相撲は二貫目、御国相撲は一貫目という定めであった（「福岡藩町役所記録」）。ちなみに、当時の相撲興行の場合、そのための小屋掛けをしないので、畠や芝生に莫蓙を敷いて見物をするため、場所代の芝居賃に筵代を支払っていたが、野外であるため雨天の場合を考慮して、「晴天何日」と定められていた。これらの御国相撲は、許可を受けて行う興行相撲のほかに、藩の命令による上覧相撲や雨乞い相撲も行っていた。

雨乞い相撲

雨乞い相撲は、元文二（一七三七）、寛延元（一七四八）、宝暦四（一七五四）年に筥崎宮で行われたが、寛延・宝暦の節には、博多津中より五十人余りの力士が動員されている。特に宝暦四年の際には、福岡・博多両市中のほか、郡部からも大勢の相撲取りが来て、箱崎（糟屋郡）に中立宿《なかだちやど》を設けるほどであった。『博多津要録』によって、その経過を辿ってみよう。

宝暦四年七月十八日。

近来雨が遠いので、諸社に御祈禱を申しつけたが、今もって雨の降らないことが、藩侯のお耳にも達し、今般筥崎宮で御祈禱興行をすることになり、来る廿日の暁より廿一日朝まで執行するよう仰せつけられたので、その旨を座主坊へ伝えた。尤も御祈禱料はこれまで通り渡すことにした。

雨乞い相撲は廿一日に同所で行うことになったので、両市中より相撲取りを残らず差し出すよう両行司・両年番を呼び出してその旨を仰せ付けた。頭取の瀧川伊平次・小桜甚吉が年番所で相撲取りの詮議をして名の知れたもの五十人を差出した。御郡方にも相撲取りを出すように依頼し、相撲取り衆には赤飯を振舞うこととし、酒も三斗程、肴はするめで、右の酒肴は土俵において振舞われるよう仰付られた。

福博の相撲取りだけでなく、郡部からも宮相撲を動員した大規模な雨乞い相撲であった。近郷の農村でも旱魃が続くと五穀豊穣を祈って万年願の雨乞い相撲をしているところがあった。

近世後期の興行相撲

『旧稀集』に見る江戸相撲

江戸時代も後期になると、寛政三（一七九一）年の幕府上覧相撲を一つの頂点として、谷風（享保期の谷風梶之助と同名）・小野川・雷電を中心とした江戸大相撲の全盛期となり、上方相撲を凌駕して筑前における相撲興行も江戸相撲が中心となった。近世後期の福博見聞録に庄林半助の『旧稀集』(4)があるが、簡潔ながら編年的に相撲に関する記事を綴っているので拾ってみよう。いずれも江戸からの旅相撲である。

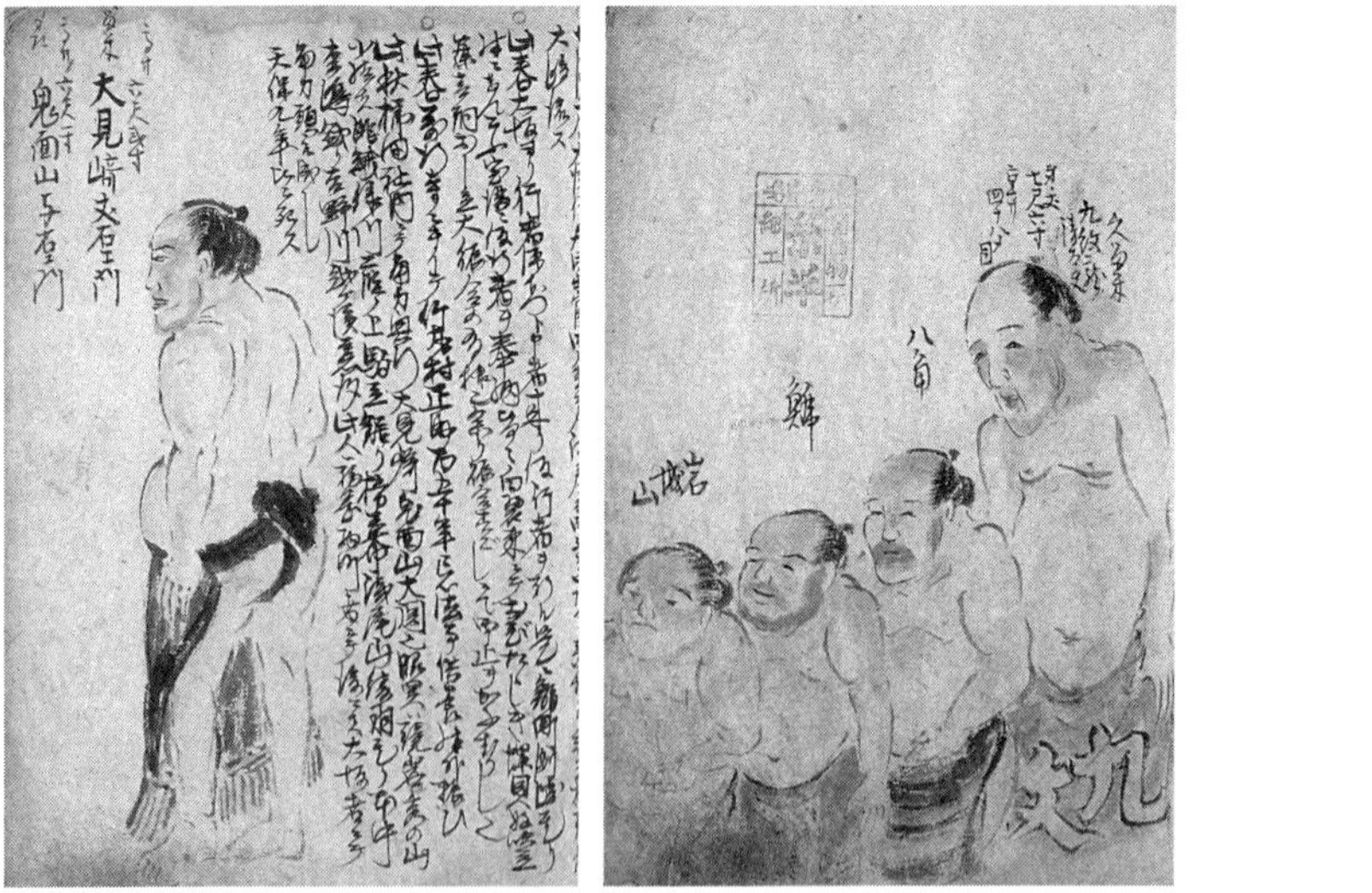

『旧稀集』に描かれた相撲取り（福岡市博物館蔵）

寛政十一（一七九九）年　此の年の夏、筥崎宮で相撲興行。谷風・鳴ヶ崎・出汐・四海波らの関取相撲。また、福岡西町浜で相撲興行、筑前出身の大関田子浦・岩井川、博多出身の綾羽。

享和元（一八〇一）年　十月初め頃より東中洲において相撲興行。久留米出身の大関九紋龍・手柄山、外に不知火・千賀浦・八角・鯱・中前頭筑紫野・岩金。

享和二（一八〇二）年　この夏、浜小路浜で相撲興行。大関雷電・平石・押尾川・千田川・梯子・稲妻、本中で市乃川・白峯・藤戸・博多出身の平岩等。

享和三（一八〇三）年　この秋、東中洲で相撲興行。大関大童山・柏戸・四ッ車・九龍山。

文化二（一八〇五）年　この秋、櫛田社内で相撲興行。大関は大見崎・鬼面山、関脇は鏡岩・秀の山、小結は緋縅・緑川・藤の上・駒立ほか。

文化八（一八一一）年　この秋、福岡西町浜で相撲興行。大関七瀧・大城戸など。

文化十二（一八一五）年　七月十八日より那珂川中洲口で相撲興行。大関玉垣・鳳、関脇真鶴・大鳴門、本

中山分、貴舟川・種ヶ嶋・浅乃川・鯨波・松浦川・大峰など。

文政三（一八二〇）年　この夏、市小路浜で相撲興行。大関高砂・宮城野など。

文政四（一八二一）年　九月末市小路浜で相撲興行。

『旧稀集』はその興行で人気の高かった旅相撲の力士名をあげているようであるが、江戸相撲の大関雷電・九紋龍・大見崎・鬼面山・田子浦などの名は地方でも知られていただけに、上方よりも距離的に遠い、江戸からの旅興行が上方相撲を凌駕していたということであろう。

天保六年の江戸大相撲

さきに『長野日記』で、博多で大がかりの上方相撲が行われたのは、享保十一（一七二六）年の博多西門口における八月二十二日から九月十四日に至る晴天十四日間の興行で、東方は谷風梶之助以下の上方力士三十二人、西方は地元の嵐山甚四郎以下四十四人というといいうかつてない規模のものであったことを述べたが、それ以後は享保十七年に西日本を襲った大飢饉の影響もあり、元文二（一七三七）年に始まる筥崎宮での雨乞い相撲か、『旧稀集』に見える江戸相撲の旅興行に頼るしかなかったようである。そうした中で、享保十一年から一〇九年を経た天保六（一八三五）年の夏六月、江戸の大関稲妻雷五郎、緋縅力彌一行がはるばる九州まで下って来て、東中洲の浜新地で六月十五日を初日とした晴天十日の興行と、それが終わってから箱崎の御茶屋で藩侯の御覧に入れる一日興行の上覧相撲が行われた。その時の模様を「博多相撲考」は次のように記している。

相撲はこれまでも半公半民の形式で行われてきたので、この度の興行も福山重左衛門・樺田権内という二人の武家が相撲奉行を務め、町奉行以下福博両市中から世話人も出て、享保十一年の時の通りの役割で興行が実施された。久しぶりの興行でもあり、福岡博多の武家町家や、領内の在方浦方からの見物が夥しく、隣国近国から噂を聞いて参る者も数多あって、日々小屋も木戸も割る、ばかり満員客止といったような大入り、それに天気都合も至って宜しく、初めから終迄それは素晴らしい好人気で打っ通した。東西の大関は稲妻に緋縅、関脇は小松山に鋸り、小結は真力に朝嵐、それから前頭に天津風、四明ヶ嶽、大江山、岩戸山、本中に朝鶴、荒川、鐵砲、槇島、大鳴門、柳島というような顔触れ、これに隣国近国や筑前中の地相撲も加わって中々の大相撲であった。

この東中洲浜新地での興行が首尾よく終わってから、お沙汰により箱崎の御茶屋で一日の興行をして国主黒田長溥公の上覧に供した。当日は家老用人を始め御家中一同に陪観が許されたばかりでなく、福岡博多両市中から特に願い出て拝見したものもあって、見物人の数は市中日々の興行にも変わらぬような大賑わい。やがて両大関の取組みとなり、四つに組みしばし揉みあった後、緋縅が稲妻を腹にのせて押出した時は歓呼喝采の声が潮のように起こり、長溥公も殊のほかご満悦。稲妻の五人掛かり、緋縅の〝弓執り〟の式があって興行は終わりを告げた。この天保六年の興行を黒田家の治世中最後の大相撲として、維新の政変となった。

大相撲も江戸後期になると上方相撲から江戸相撲へとその流れが変わり、こうした他国の旅相撲に対し、地元の御国相撲にも職業化したものが現れ、御救方仕組（困窮救済措置）による相撲興行や、社寺の勧進相撲、村落神社の祭礼における〝宮相撲〟などに根強い人気を持ち続けてきた。

おわりに

相撲はその発祥が、東日本と西日本の豊凶を占う年占いの神事にあっただけに、神社の祭礼で行われるのが本来の姿であった。そうした神事相撲に、近郷の力自慢のものが集まった力士集団ができ、社寺に寄付をする勧進相撲から、やがて興行的色彩の濃い、職業的な興行相撲が都市を中心に人気を博するようになった。その過程で大名のお抱え力士や上覧相撲なども行われ、神事相撲本来の姿が失われたが、農・山・漁村などにおける村氏神の例祭で行われていた〝宮相撲〟に、かえって神事相撲本来の姿を見ることができる。その具体例を『津屋崎町史』から拾ってみよう。

現福津市の宮地嶽神社・金刀比羅神社・波折神社・年毛神社などでは、いずれも神幸祭のお上りがあったあと、境内に土俵を築いて宗像郡内の吉武・赤間・東郷・南郷・鐘崎・渡・津屋崎などから力士が集まって宮相撲が行われていた。各神社には勧進元がいて取り仕切った。大石でも福地神社の〝おくんち〟に相撲が奉納されていた。渡には京泊出身の源氏山というシコ名の大関格の力士がいて、京泊にはその記念碑がある。渡では地元の力士が他の地区の宮相撲で優勝した時には、〝弓祝い（弓開き）〟といって、神社の境内に土俵を築き、各地の力士を招いて宮相撲をしていた。

宮相撲は日中戦争を境として急速に衰退して、各地ともほとんどが子供相撲となって行事を継承している。

一方の興行相撲は江戸相撲が上方相撲を吸収して、昭和二（一九二七）年、日本相撲協会として近代化された組織となったが、力士の髷《まげ》・まわし・さがり・化粧まわし、横綱の土俵入り、弓取り式その他の儀礼、行司の衣装・口上・儀礼、呼び出し、床山などには伝統的な様式が維持され、現在では一年六場所制でテレビでも放映されて、全国津々浦々まで、昔ながらの人気を持続している。

[註]

(1) 福岡県における郷土史研究団体「筑紫史談会」の機関誌で、大正三(一九一四)年四月創刊、昭和二十(一九四五)年六月までに九十集が刊行された。春山育次郎の「博多相撲考」は、昭和六年四月の第五十二集と八月の五十三集に連載されている。

(2)『筑陽博多津要録』二十八巻、但し首巻欠。博多の年行司を三十七年間勤めた原田伊右衛門安信〈宝永年間〈一七〇四〜一一〉に生まれ、七十八歳で没)が、年行司の公式文書を選禄したもの。

(3) 黒田藩の祐筆を勤めた長野源太夫の、元禄九(一六九六)年九月から同十六年と、寛永四(一七〇二)年から享保二十(一七三五)年にわたる日記。福岡県立図書館蔵。

(4) 大宰府の大町に住んだ庄林徳三郎の祖父にあたる半助の書き残した江戸末期の福博見聞録。寛政七(一七九五)年より慶応元(一八六五)年まで、各年の出来事が簡潔に記されている。相撲に関しても漏れなく記録しているが、興行の場所と主な力士名程度である。

[参考文献]

「応安神事次第」(「宗像宮毎月大小御神事次第注文事」)応安八(一三七五)年『宗像神社史 下巻』所収 昭和四十一(一九六六)年 宗像神社復興期成会

『一話一言』太田南畝 天明(一七八一〜八九)頃『日本随筆大成 別巻一・二』所収 昭和五十三(一九七八)年 吉川弘文館

『勧進相撲の発達』『相撲今むかし』『和歌森太郎著作集 十五巻』所収 昭和五十七(一九八二)年 弘文堂

『福岡藩町役所記録』『福岡県史資料 第六輯』伊東尾四郎編 昭和十一(一九三六)年 福岡県

『筑前那珂郡住吉神社縁起』住吉神社文書 住吉神社蔵

『古今相撲大全』宝暦十三(一七六三)年『古事類苑』所収

『津屋崎町史 通史編』津屋崎町史編さん委員会編 平成十一(一九九九)年 津屋崎町

あとがき

福岡県の祭り行事から、祇園祭り・神幸祭・宮座に、神事芸能の神楽・獅子舞・流鏑馬・相撲を取り上げ、それぞれの考証を試みた。相撲以外は現地調査に文献史料を併用したが、方法論からいえば地域民俗の歴史的変遷を調査と文献によって辿るということとなった。民俗学は広義の歴史学であるという視点から、過去の調査記録をも含めて可能な限り祖型に遡ることを意図して、その事象の持つ本質的な意味を探ることに意を用いた。例えば、「豊前今井津の祇園祭り」は現状からいえば破片にしか過ぎないといっていいほど消滅部分が多く、祭祀構造の復元は現地調査からだけでは全く不可能に近かったが、幸いなことに、行橋市教育委員会の丹念な文書調査・資料収集に助けられ、ある程度までそのメカニズムを探る作業を終えることができた。

他の各編も歴史性を重視して、その変遷過程から本質的意味を探る方法で一貫したつもりである。

本書は、在野の研究者による地域民俗の考証であるが、筆者にとって幸せだったことは、昭和二十五（一九五〇）年に文化財保護法が制定され、滅びゆく民俗が保護の対象となり、緊急民俗調査が始まったことである。当時田川市の田川郷土研究会に所属して英彦山修験道の調査・研究に専念していたのが、昭和四十年から三年間にわたる、田川郡添田町津野油木ダム水没地域緊急民俗調査に参加し、以後甘木市（現朝倉市）江川ダム、寺内ダム調査を経て、昭和五十一年、福岡県文化財保護審議会専門委員に任命され、文化庁の緊急民俗調査や、県指定の有形・無形民俗文化財調査に従事した。当時はまだ福岡県に民俗学専門の研究者が少なく、福岡市のほか、豊前・筑前・筑後九カ市町の文化財保護委員を引き受け、フィールドを広げることができた。筆者がアカデミックな学問に触れる機会を得たのは、西南学院大学で、山中耕作先生から国際文化学科の「日本民俗学」の講座を任せられたこと、九州大学文学部歴史学科で川添昭二先生から大学院ゼミの聴講をさせていただいたこと、福岡大学人文学部で白川琢磨先生から同じく大学院ゼミの聴講を許され、懇切なご指導を賜ったことなどである。末筆ながら録して感謝の意を捧げたい。

なお、今回の出版に当たって、煩雑な紙面構成、度重なる校正に快く応じて下さった、海鳥社の田島卓氏には心からの謝意を表する。

［初出文献］

「筥崎宮の御神幸」『福岡市立歴史資料館研究報告　第十集』昭和六十一（一九八六）年三月　福岡市立歴史資料館

「田川郡添田町落合の宮座」『郷土田川　第三十二号』平成元（一九八九）年三月　田川郷土研究会

佐々木哲哉（ささき・てつや）
大正12（1923）年、台湾台北市に生まれる。福岡第一師範学校、慶応義塾大学文学部（通信教育）卒業。福岡県内の公立高等学校の教諭を歴任。西南学院大学特任教授、福岡県文化財保護審議会委員、福岡市文化財保護審議会委員、福岡市歴史資料館嘱託などを歴任。主な著書に『鳥栖の民俗』『田川市史　民俗編』『福岡の民俗文化』『野の記憶──人と暮らしの原像』。その他共著に『山岳宗教史研究叢書』『太宰府市史』『筑紫野市史』『津屋崎町史』『鞍手町史』『椎田町史』『福岡県史　民俗資料編』など多数。

福岡《ふくおか》祭事《さいじ》考説《こうせつ》

■

2017年２月13日　第１刷発行

■

著　者　佐々木哲哉

発行者　杉本雅子

発行所　有限会社海鳥社

〒812-0023　福岡市博多区奈良屋町13番４号

電話092(272)0120　FAX092(272)0121

印刷・製本　モリモト印刷株式会社

ISBN978-4-87415-996-5

http://www.kaichosha-f.co.jp

［定価は表紙カバーに表示］